Eric Walz

Schwule Schurken

Eric Walz
SCHWULE SCHURKEN

MännerschwarmSkript Verlag
Hamburg 2002

Die Deutsche Bibliothek – CIP-Einheitsaufnahme
Der Titeldatensatz für diese Publikation ist
bei der Deutschen Bibliothek erhältlich.

Eric Walz
Schwule Schurken

Umschlaggestaltung: Carsten Kudlik, Bremen,
unter Verwendung einer Porträtgrafik
von Friederike Bavendiek
Druck: Interpress, Ungarn
1. Auflage 2002
ISBN 3 935596 04 9

MännerschwarmSkript Bartholomae & Co.
Neuer Pferdemarkt 32 • 20359 Hamburg
E-Mail: maennerschwarm@t-online.de
www.maennerschwarm.de

Vorwort

«Schwule Schurken» haben denunziert, haben Andersdenkende vor Gericht gestellt und andere Schwule verfolgt. Sie haben gemordet, gestohlen, ihr Volk tyrannisiert, ihr Land verraten und Kriege angezettelt. Sie haben versucht, Regierungen zu stürzen oder sie sich gefügig zu machen. Sie waren nicht besser oder schlechter als ihre nichtschwulen Kumpane, aber im Gegensatz zu ihnen wurde ihre erotische Neigung totgeschwiegen.

Der Streit um die vermutete Homosexualität Adolf Hitlers, des bislang schlimmsten Verbrechers aller Zeiten, ist das jüngste Beispiel dafür, wie unzureichend diese Dimension der schwulen Geschichte bisher aufgearbeitet wurde. Was haben wir nicht alles schon über Person und Verbrechen des Diktators erfahren: Angefangen bei seiner menschenverachtenden Ideologie und ihrer Folgen über seine Werkzeuge und Paladine bis hin zu seinen Essgewohnheiten ist dieser Mann durchdiskutiert worden. Doch obwohl man von Hitler wusste, dass er eine gestörte Beziehung zu Frauen hatte, und obwohl seine Neigung zu «Männerbünden» weitreichend bekannt war, hat es über sechzig Jahre gedauert, dass eine Debatte über seine Sexualität begann.

Dies ist verblüffend. Trotz aller Vorurteile gegen Homosexuelle, trotz der lang anhaltenden Verachtung und Verfolgung schwuler Männer in vielen Ländern der Erde hat sich die Geschichtsforschung nicht auf die ausgewiesenen

Verbrecher mit gleichgeschlechtlicher Neigung gestürzt, um sie an den Pranger zu stellen. Im Gegenteil: Berühmt wurden lediglich die Künstler, Wissenschaftler und Kultstars. Wer kennt sie nicht: Michelangelo, Winckelmann, James Dean ...? Dutzende Bücher oder Aufsätze gibt es über jeden von ihnen, mehrere Filme, unzählige Magister- und Diplomarbeiten. Ihre Büsten stehen in Museen, ihre Poster hängen an Jugendzimmerwänden, ihr Leben ist durchleuchtet, ihr Ruf verklärt. Mit «schwulen Schurken» ist das anders. Es wird wenig über sie gesprochen, und es gibt fast keine Bücher und Filme über sie. Wo doch, sind die meisten von ihnen kaum als Schwule erkennbar. Trotzdem sind sie – ob es uns gefällt oder nicht – unleugbar ein Teil schwuler Geschichte. Nur, wer die Souveränität besitzt, sich auch mit den dunklen Gestalten seiner Geschichte auseinander zu setzen, kennt die ganze Wahrheit. Darum entstand dieses Buch.

Die elf in diesem Buch porträtierten «Schurken» sind völlig unterschiedliche Menschen. Ein ausgeflippter Kaiser wie Heliogabal, Kriegergestalten wie Alexander und Friedrich der Große sowie die im Grunde unaggressive Figur des Spions Redl finden sich ebenso in dieser Sammlung wie Nazis und brutale Massenmörder. Es wäre absurd, die «Schurkereien» der einen mit denen der anderen auf die gleiche Stufe zu stellen, deshalb geschieht dies hier ausdrücklich nicht.

Aber einige Gemeinsamkeiten – neben ihrer Homosexualität oder Homophilie – haben unsere «Schurken» doch. Sie waren mehr oder weniger rücksichtslose Menschen, Egomanen, die keine Interessen neben ihren eigenen gelten ließen. Es liegt nahe anzunehmen, dass nicht zuletzt ihre erotische Außenseiterstellung und die fehlende Einbindung in das «normale» Leben ihrer Zeit ihre Haltlosigkeit und Rücksichtslosigkeit hervorgebracht haben. Viele unserer «Schurken» waren exzessiv in der Wahl ihrer Mittel und ihrer Zielsetzungen. Nichts ging ihnen schnell genug, nichts war ihnen rabiat genug, kein erreichtes Ziel stellte sie zufrieden: Alexander, der auszog, um ein paar griechische Städte zu erobern und am Ende in Indien Krieg führte; Robespierre, der die Harmonie im Staate wollte und zu diesem Zweck jeden Tag hunderte von Köpfen rollen ließ; Hoover, der aus dem Bewusstsein der eigenen Unfreiheit heraus die Freiheit aller abschaffen wollte.

Die mit der Maßlosigkeit einhergehende Selbstdarstellung als Held oder als Retter, ja sogar als Gott, haben unsere «Schurken» ebenfalls gemeinsam. Sie sind fast allesamt eitel, voll übertriebenen Stolzes auf ihre Stellung oder ihre vermeintlichen oder tatsächlichen Fähigkeiten.

Dieses Buch erhebt keinen Anspruch auf Vollständigkeit; die Liste «schwuler Schurken» umfasst weitaus mehr als nur elf Namen (über schwule Massenmörder allein könnte man ein ganzes Buch schreiben). Ich habe drei Kriterien bei der Auswahl zugrunde gelegt:

«Schurken» verschiedener Art: also nur *einen* Massenmörder, *einen* Spion, *einen* unheiligen Papst und so weiter;

«Schurken» verschiedener Zeitalter;

«Schurken» verschiedener Nationalität oder Herkunft.

Zum Schluss noch ein Wort zu möglichen Bedenken wegen der Auswahl. Gut die Hälfte der hier Porträtierten hat das zwanzigste Jahrhundert nie zu Gesicht bekommen, hat nie von einem Völkerrecht gehört, von Demokratie, von einem Rechtsstaat heutigen Verständnisses. Andere Epochen hatten eine andere Moral, und ihre «Schurken» handelten – so könnte man einwenden – gemäß den Vorstellungen ihrer Zeit. Und doch habe ich mich dazu entschlossen, diese Gestalten in das Buch aufzunehmen.

Zum einen kommt auf jeden in diesem «Schurkenbuch» porträtierten Herrscher vergangener Jahrhunderte ein Dutzend anderer, die fast zur selben Zeit regierten und es schafften, weitgehend friedlich und gerecht zu bleiben. So steht der weise Marc Aurel dem Tyrannen Heliogabal als positives Beispiel gegenüber, der fromme Papst Pius II. dem Ketzerjäger Sixtus IV., der gemäßigte Reformator Mirabeau dem unbarmherzigen Henker Robespierre. Zum anderen mag es zwar sein, dass das einzelne Menschenleben in früheren Jahrhunderten subjektiv weniger gegolten hat als heutzutage, dennoch sind die «Schurkereien», derentwegen diese Gestalten in diesem Buch stehen, schon lange vor unserem modernen Zeitalter geächtet worden.

Ich hoffe, dass dieses Buch auf unterhaltsame Weise dazu beiträgt, einen weiteren Baustein in das Mosaik der schwulen Geschichte zu setzen.

Ich möchte allen, die an der Entstehung des Buches mitgewirkt haben, herzlich danken, insbesondere Joachim Bartholomae vom MännerschwarmSkript Verlag sowie meinem Lebensgefährten Christian, der mir mehr Anregungen gegeben hat als ihm bewusst ist.

Alexander der Grosse: Der Besessene (356 – 323 v. u.Z)

Wenn dieses glückt, Hephaistion, dann ist das Ziel der Menschheit erreicht. Blut wird fließen, aber das Ziel ist erreicht.
(*Klaus Mann*: «Alexander»)

Frühling, im dreizehnten Jahr seiner Herrschaft.

Alexander liegt im Fieber, schon seit dreizehn Tagen. Diese Zahl, vor der die Orakel ihn gewarnt haben, bringt ihm wahrhaftig Unglück. Sein Körper kocht, die Eingeweide und das Geschlecht schmerzen. Am Tage quälen ihn Reuegedanken, und nachts verschwimmt ihm die Unterscheidung zwischen Vision und Realität, die ihm von jeher schwer gefallen ist. Nur eines weiß er jetzt genau: Er, der König von Makedonien, der Führer des griechisch-korinthischen Bundes, der Herr von Thessalien und Thrakien, ägyptischer Pharao, Großkönig des Persischen Reiches, Fürst von Indien, lebendiger Gott, wird noch heute sterben.

Sterbebetten sind schonungslos, denkt Alexander. Auch für Götter wie ihn. Das, auf dem er fiebernd liegt, ist kostbar, gewiss: ein Gestell aus reinstem Gold, besetzt mit Smaragden, die Matratze gepolstert mit den Fellen dutzender

Hermeline und die Decken gefüllt mit dem bunten Gefieder seltener Entenarten. Dieses Götterbett jedoch lässt ihn seine letzten Minuten nicht friedvoller erleben als die steinernen Stufen des Tempels von Aigai seinen Vater Philipp; der Dolch eines Attentäters hatte ihn dort ereilt – vor dreizehn Jahren. Alexander erinnert sich noch, wie er auf die Botschaft von diesem überraschenden Ereignis reagierte: Er verzog den Mund zu einem befriedigten Grinsen. Es war die erste kleine Rache für die überhebliche Ignoranz eines Vaters gegen seinen Sohn.

Am 6. Loios kam Alexander in Makedoniens Hauptstadt Pella auf die Welt, mitten im heißesten Sommer. Alexanders Vater war zu dieser Zeit nicht in seiner Hauptstadt, sondern zog es vor, den Pferderennen bei den Olympischen Spielen beizuwohnen. Später wird Alexanders Mutter dem Knaben erzählen, dass Philipp sich über den Sieg eines seiner Pferde mehr gefreut habe als über die Geburt des Prinzen. Dieser ersten, ständig wiederholten Geschichte folgten im Laufe der Jahre viele Sagen über die Welt der unsterblichen Götter und den ewigen Kampf der himmlischen Mächte. Olympias, die Mutter, war eine «echte» Erzählerin. Meistens plätscherte ihre Stimme sanft wie ein Gebirgsquell, aber zuweilen toste sie wie ein Mitternachtssturm; Olympias grub dann ihre Finger derart in die Handballen, dass Blut daraus floss.

Im Laufe der Zeit flocht sie in die Göttersagen auch höchst irdische Geschehnisse ein – dass Philipp, ihr Mann und König, sie nicht liebe, dass er zu anderen Frauen gehe, sie eines Tages verstoßen werde. Und so vermischte sich in Alexanders Vorstellung das Leben auf dem Olymp mit dem Leben der bedauernswerten Olympias; sie, er selbst und Philipp waren Teil der kämpferischen Götterwelt. Wie der Kriegsgott Ares seinen Vater Zeus hasste, so hasste Alexander bald Philipp.

Dabei sah er ihn kaum. Philipp war mit der Ausweitung seines Staates beschäftigt, eroberte angrenzende Länder, erstritt sich die Vorherrschaft über die Griechen, führte einen Feldzug nach dem anderen. Doch Alexander spürte die Allmacht seines Vaters, seine Willensstärke und Intelligenz ebenso wie seinen Jähzorn und die Wollust auch aus der Ferne. Meilen spielten hier keine Rolle, denn Philipp war *in* ihm, *in* Alexander. Da er ihn nicht aus sich rausreißen konnte, blieb ihm nur, ihn zu überdecken. Er tat, was Philipp nie getan hätte, schrieb Gedichte, spielte Zither, sang Hirtenweisen und ging noch mit dreizehn Jahren Hand in Hand mit seiner Mutter durch die Gärten des Palastes von Pella. Dann, in diesem dreizehnten Jahr, bestimmte der aus den Kriegen heimkehrende König, dass man ihn, Alexander, von einem Weibe in einen Thronfolger umerziehen solle, und traf zu diesem Zweck zwei bedeutende Entscheidungen.

Zum einen benannte Philipp den Philosophen und Wissenschaftler Aristoteles für das Amt des Erziehers und Lehrers. Glücklicher Weise vertrug sich Alexander mit seinem universell begabten Lehrer, da dieser ihn neben den ernsten Fächern Politik und Philosophie auch so Erfrischendes lehrte wie Medizin, Botanik und Zoologie. Gewiss, er war nicht immer einer Meinung mit ihm. Aristoteles war tief in seinem Herzen ein Demokrat, ein Zauderer und Zögerer, dessen Prinzip das «Maßhalten» war, ein Wort, das Alexander schon damals anwiderte, weil es nach

Unauffälligkeit und Gewöhnlichkeit klang. Aber schlimmer noch, Aristoteles versuchte, die Macht der Götter kleinzureden, ja er behauptete, dass das Universum nicht von den launischen Göttern beherrscht werde, sondern vernünftigen Gesetzen der Natur gehorche; gerade das empfand Alexander als persönliche Beleidigung. Die Ilias von Homer, dieses Buch der Helden und Götter, bezeichnete Aristoteles schlicht als Literatur; für Alexander war es ein heiliges, ein olympisches Werk, das keine mythischen Geschichten erzählte, sondern reale Geschichte lehrte.

Doch Alexander verzieh seinem Erzieher diese Unzulänglichkeiten. Die Person des Aristoteles war für ihn Beispiel und Beweis, dass selbst die klügsten Menschen weniger bewirken als der Funke des Göttlichen, der in ihm selbst, in Alexander war, und den er sich auch von Philipp und Aristoteles nicht austreten ließ.

Als zweite Maßnahme wurde Olympias fortgeschickt, verbannt, und Alexander erhielt statt ihrer zwei Gefährten in seinem Alter: Kleitos und Hephaistion.

Es strengt Alexander an zu lachen, und die umherstehenden Ärzte schütteln missbilligend den Kopf, aber beim Gedanken an diese Verfügung Philipps kann er sich ein Lächeln nicht verkneifen. Kleitos und Hephaistion, die Söhne zweier der bewährtesten Offiziere aus Philipps Heer, sollten die Abhärtung und Mannwerdung des Prinzen – den manche hinter vorgehaltener Hand auch das Prinzesschen nannten – unterstützen. Philipp ahnte nicht, dass diese beiden Knaben die Erotik in seinem Sohn erweckten. Neugierig besahen sich die Jungen bei ihrem ersten Zusammentreffen. Zu jener Zeit zeichnete sich bereits

Alexanders künftige, ein wenig widersprüchliche Statur ab: schlank war er, drahtig und standfest, obwohl er den Sport oft vernachlässigte; seine Augen dagegen glänzten melancholisch und blickten gerne in den Himmel, und seine wallenden blonden Haare gaben ihm sogar etwas Androgynes. Hephaistion, der Schöne, hatte einige Züge mit ihm gemeinsam. Ein einziger Blick in seine makellos hellen Gesichtszüge genügte Alexander, um zu erkennen, dass dieser Junge immer loyal zu ihm sein würde, ja, ihn einmal mit aller Kraft lieben würde. Und Alexander wusste, dass er schon deshalb nicht anders konnte als ihn widerzulieben.

Kleitos dagegen war robust, schon damals ein Athlet. Seine Muskulatur begann sich auszuprägen, und seine tiefliegenden, dunklen Augen leuchteten von innerem Widerstand. Oh, Kleitos mochte Alexander, aber er unterwarf sich nicht gerne, widersprach, korrigierte, und zeigte stets nur das Mindestmaß an Respekt für den Thronfolger und spöttische Verachtung für den fügsamen Hephaistion. Alexander hätte Kleitos fortschicken oder maßregeln lassen können, aber er freute sich darauf, Kleitos eines Tages zu zähmen, ihn zu besiegen und sich von ihm lieben zu lassen, und so nutzten diese beiden die letzten Jahre der Kindheit mit unschuldigem Kräftemessen, hinter dem sich bereits eine schwer kontrollierbare Leidenschaft verbarg.

Philipp sah nur, dass sein Sohn sich mit Kleitos im Schwertkampf übte und im Reiten maß, und dass Hephaistion der treueste Vertraute war, den ein künftiger König sich wünschen konnte; daher nickte er diesem in unsichtbarer, verworrener Hassliebe verbundenen Trio arglos und beifällig zu, wann immer er ihm begegnete.

Dieser Esel, denkt Alexander und hustet vor Belustigung und Aufregung. Konnte Philipp diese nur schlecht verborgenen Beziehungen der heranwachsenden Knaben nicht durchschauen? Was für ein begrenztes Begriffsvermögen dieser vollbärtige Hüne hatte! Bei Liebe dachte er nur an Vergnügen, bei Eroberung an ein paar Landstriche, Flusstäler und Bergketten, dachte an die kargen, nur von Zypressen und krüppeligen Olivenbäumen bewachsenen Böden Griechenlands, an ein paar hundert zusätzliche Hektar Land voller Geröll. Er war ein Provinzstratege, nicht eigentlich dumm und nicht schwach, aber ohne jede Phantasie, und sein blutiges Ende auf der Treppe eines unwichtigen Tempels in einer unwichtigen Stadt war seinem Leben, so fand Alexander, angemessen. Darum grinste Alexander an jenem Tag des Attentats; dieser Tod kam ihm so passend vor. Er fasste den Plan, die schlimmste denkbare Rache eines Prinzen an seinem königlichen Vater vorzunehmen: Ihn vergessen zu machen, ihn in den Schatten zu stellen, und sich selbst auf ewig in das Buch der Helden und Götter einzuschreiben. Er würde der Menschheit beweisen, wie gering im Vergleich zu ihm selbst ein mächtiger König war, und wie fehlbar die Philosophen, wenn sie behaupteten, Götter hätten keine Macht.

Alexanders erste Amtshandlungen als zwanzigjähriger König beschäftigten sich notgedrungen noch mit den gehassten Provinzgeschäften. Seinen Vetter Amyntas, seinen Halbbruder Karanos und seinen Onkel Attalos ließ er am Tage nach Philipps Beisetzung ermorden, um seinen Thronanspruch zu unterstreichen, und der aus dem Exil befreiten Olympias gestattete er, ihre Rivalinnen von einst samt deren Kindern und Säuglingen zu töten. Dass Olympias sogar so weit ging, das ungeborene Kind von Philipps letzter Gefährtin aus dem toten Mutterleib zu holen und auf einem Feuer zu verbrennen, fand er reichlich übertrieben, aber er maßregelte sie deshalb nicht. Im Gegenteil, sie wurde damit geehrt, zusammen mit dem alten Haudegen Antipatros die Regentschaft über Makedonien führen zu dürfen, solange er fort war. Und er plante, lange fort zu bleiben.

In seinen ersten zwei Jahren als König erreichte er, was Philipp in zwei Jahrzehnten nicht gelungen war: die diplomatische und militärische Niederzwingung der anderen griechischen Länder und die Installierung eines Staatenbundes, dessen Vorsitz natürlich er selbst innehatte. Das dazu notwendige Gespür für Taktik hatte er von seinem Vater geerbt, er ergänzte es lediglich um Ungeduld und Hemmungslosigkeit. Er hatte noch zu viel vor, um sich mit Bedenkenträgern auseinander zu setzen, erbärmlichen Demokraten und Bürokraten. Theben, das sich bis zuletzt gegen seine Vormachtpläne stemmte, wurde von seinem Heer erobert und vollständig niedergebrannt, seine verkohlten Steine eingerissen, seine Einwohner hingerichtet oder versklavt. Niemand nannte Alexander danach je wieder ein Prinzesschen. Jeder Widerstand gegen ihn erlosch und machte der Ehrerbietung oder gar der Furcht Platz. Aber Alexander hatte nicht die Absicht, ein griechischer Tyrann zu bleiben, er wollte mehr als ein Mensch werden, ein Gott.

Heute steht sein Bett in Babylon, einem der Zentren Persiens, als habe Alexander schon immer dort gelebt. Und tatsächlich kommt es ihm vor – besonders in diesen letzten Tagen der Benommenheit –, als sei er erst bei Beginn des Orientfeldzuges wirklich geboren worden. Das Vorher, die Jugend in Pella, die Krönung, der Balkanfeldzug, die Feuer in Theben, das war ihm nichts gegen die Unendlichkeit, die vor ihm lag, als er an der Spitze von fünfunddreißigtausend Mann jenseits des Hellespont in Abydos landete. Er hatte Europa verlassen – für immer. *Das* war seine eigentliche Geburt, der Orient seine seelische Heimat, denn nur die Orientalen kennen lebendige Götter.

Alexander hatte den Tross ganz nach seinen Vorlieben ausgestattet. Priester, um den Göttern täglich zu opfern; Wahrsager, die ihm Siege versprechen und Literaten, die sie aufschreiben sollten. Und sie sollten viel zu schreiben haben. Die Perser brauchten Wochen, um ihm ein gleich starkes Heer entgegenzusenden, und als es endlich eingetroffen war und Alexander am Fluss Granykos zur Schlacht stellte, fegte er ihre Streitmacht hinweg. Alexander hätte zufrieden sein können, doch er war es nicht. Während der Schlacht war es zu einer brisanten Situation gekommen: Fast hätte ihn ein gegnerischer Soldat mit dem Schwert erschlagen. Kleitos war dazwischen gegangen, hatte Alexander das Leben gerettet und ihm zugenickt wie ein gnädiger Gebieter. Statt zu Alexander aufzusehen, schien der Freund stumm zu verlangen, dass dieser zu ihm aufsah. Alexanders Wangenknochen mahlten, als er Kleitos' überlegenen Blick auffing. Ja, Granykos war ein großer militärischer Erfolg, die Küstenstädte Lydiens, Phrygiens und Kilikiens – seit einem Jahrhundert unter persischer Okkupation – fielen wie überreifes Obst in seine Hände, die Völker begrüßten ihn als Befreier, die Soldaten feierten ihn als Helden. Und dennoch war Alexander weit davon entfernt, diesen einen Mann zu erobern.

Die Zeichen mehrten sich, dass Alexander die festgefügte Welt des Orients umstürzen würde. In Gordion, einer weiteren eroberten Stadt, wartete die Priesterschaft schon auf ihn und führte ihn zum Gordischen Knoten. Wer ihn lösen könne, dem sei «ganz Asien» gewiss, hieß es. Nun, es sah unmöglich aus, dieses Gespinst wie aus hundert Schlangen aufzubinden. Und so tat er, was er mit jeder Schlange tun würde: Er zerschlug den Knoten mit dem Schwert. Zum ersten Mal konnte Alexander für einen Augenblick ein verblüfftes Blitzen in Kleitos Augen beobachten. Er hatte ihn überrascht. Das sollte nur noch bei zwei weiteren Gelegenheiten in den kommenden Jahren geschehen, am Tage des höchsten Triumphs und zu Beginn des unaufhaltsamen Abstiegs.

Ein ägyptischer Priester kommt herbei, kahlköpfig, barfüßig, unverständliche Verse murmelnd. Schwer quillt der gelbliche Rauch aus dem Kessel, den er in der Hand trägt, er breitet sich im ganzen Raum aus. Der Priester senkt im Angesicht von Alexanders gedunsenem Gesicht betroffen die Augen. Dieser Mensch wird es sein, der ihn einbalsamieren wird, schon morgen. Alexander weiß, was er denkt. Abschied vom Pharao, vom Licht, vom Sohn des Gottes Ammon. Zehn Jahre lang trug Alexander diese Titel, die wie alle Ehrungen unpersönlich klingen, aber doch das Höchste, Beste und Wärmste darstellen, das Ägypten zu geben hat. Auch dieses Reich hat Alexander gewonnen, damals, nach Issos.

Es ist im Grunde ein Schrecknis, denkt Alexander, dass man jahrhundertealte Kulturen an einem einzigen Tag zerschmettern kann. Persien war seit unzähligen Generationen ein Großreich, dessen politische und militärische Strahlkraft zwar verhasst, aber gerade darum wirksam war. Persien war der ordnende Faktor im Orient. Vom alten Troja bis hinunter zum Nil und ostwärts bis zum sagenumwobenen Indus verklammerte es mit gewaltiger Energie hundert Völker unter einer Krone. Und vor allem: Persien war nicht im Innern porös wie die vormaligen Reiche der Hethiter, Assyrer, Ägypter. Seine Geldmittel waren enorm, seine Soldaten gut bezahlt und hochmotiviert, der Handel florierte. Ein derart intaktes Imperium innerhalb nur weniger Stunden zunichte machen zu können, hatte etwas Beängstigendes. Denn welche Sicherheit konnte es für die Menschheit noch geben, wenn selbst ein solches Imperium im Nu verschwinden konnte? Es wäre übertrieben zu behaupten, Alexander habe an jenem windigen Novembertag von Issos um Persien getrauert, aber tatsächlich überkam ihn am Abend nach der Schlacht eine gewisse Melancholie.

Issos: Einhunderttausend Perser gegen dreißigtausend Griechen, ungeheure Menschenmassen. Großkönig Dareios III. selbst, Herr über ein Gebiet, das vierzig Mal größer als Makedonien war, führte die Armee an, oder besser gesagt, versteckte sich hinter ihr. Seine Truppen konnten Alexanders kleinem, aber wendigen Heer zunächst nichts entgegensetzen. Wie ein ungelenker Golem trampelten sie auf das Schlachtfeld, verwechselten Vehemenz mit Überlegenheit. Man kann noch so fest zuschlagen – wenn man nicht trifft, hilft es nichts. Alexander wich dort zurück, wo er keine Möglichkeiten sah, und er kämpfte dort, wo die Gegner sich schlecht deckten. Als er persönlich mit einer Eliteeinheit der Reiterei in der Nähe von Dareios Feldherrenhügel auftauchte, ergriff der Großkönig die Flucht und sog seine verbliebenen, nun mutlosen Soldaten mit sich. Dareios entkam, und er machte sich daran, ein neues Heer zu sammeln. Aber zunächst einmal lag nach Issos der ganze Orient wie ein weicher Rasen vor Alexander: Armenien, Syrien, Ägypten mussten nur noch aufgesammelt werden. Und so geschah es.

Den wichtigsten Triumph aber erstritt er nicht auf dem blutigen Schlachtfeld, sondern in seinem Zelt. Alexander hielt eine abendliche Lagebesprechung ab, an der Kleitos, Hephaistion und Parmenion, ein weiterer Offizier, teilnahmen, als eine Botschaft von Dareios eintraf. Darin bot der Perser seinem Bezwinger alles Land westlich des Euphrat, also sein halbes Reich. Was für ein Angebot! Kleitos und Parmenion stockte der Atem, und als sie wieder zu Luft kamen, bestürmten sie Alexander, sofort anzunehmen. Oh, was gackerten sie, alle beide. Noch heute klingt es Alexander in seinen fiebertauben Ohren nach: Ein Ostmittelmeerreich könnte errichtet, die kulturelle Hegemonie der Griechen über die orientalische Staatenwelt etabliert werden. Alexander hörte ihnen aufmerksam zu, lächelte wissend. Es waren treue Gesellen. Ja, sie hatten von Anfang an Zweifel am Erfolg des Feldzuges gehabt, aber bis Issos hatten sie ihm, ihrem König, gedanklich folgen können. Natürlich, ein solches Ostmittelmeerreich wäre stabil gewesen, ein schweres Fundament für soliden Staatenbau. Doch Alexander suchte nichts, das ihn am Boden hielt, sondern etwas, das ihn mit sich forttragen würde, etwas scheinbar Unerreichbares, die Weltherrschaft, die Unsterblichkeit.

Alexander teilte mit, er weise das Angebot zurück, er werde ganz Persien erobern, aber im Grunde teilte er es nur Kleitos mit. Dieser staunte mit großen Augen, in denen die Frage stand, wie man ein solches Angebot, Herr über Millionen zu werden, ablehnen konnte. Während Hephaistion in Treue und Liebe Alexanders Berührung suchte, seine Schulter streichelte und ihn sachte auf den Mund küsste, rückte Kleitos einen Schritt an Parmenion heran und nickte, als dieser sagte: «An Eurer Stelle, mein König, würde ich das Angebot annehmen.»

Alexander schmunzelte. Kleitos und Parmenion standen vor ihm, fast zu einer Einheit verschmolzen. Wenn er Parmenion treffen würde, träfe er auch Kleitos. Er antwortete: «Auch ich würde, wenn ich du wäre, das Angebot annehmen. Aber ich bin Alexander, und deshalb lehne ich es ab und nehme mir alles, statt mich mit der Hälfte zu begnügen.»

Der Satz tat seine Wirkung, Kleitos zornige Augen waren ein Zeichen seiner Ohnmacht. Er war gerade als Kleingeist beschimpft worden. Alexander liebte diesen sperrigen, starken, bodenständigen Mann mit Inbrunst, aber er genoss jede Sekunde seiner Wut.

Syrien war im Nu erobert. Eher resigniert als enthusiastisch ergaben sich die wie Perlen aneinandergereihten Küstenstädte; selten traf Alexander dort noch auf Gegenwehr. Wo es sie gab, wurde sie mit Geschick gebrochen und mit Grausamkeit gerächt. Die Einwohner von Tyrus ließ er einfach abschlachten – sie hatten die Geduld des Ungeduldigen mit ihrem lächerlichen Widerstand zu sehr strapaziert und in Gaza wurden die Verteidiger nach ihrer Bezwingung auf seinen Befehl hin mit durchbohrten Füßen an Wagen gebunden und zu Tode geschleift. In Ägypten erwartete ihn dagegen die Begeisterung eines von der persischen Okkupation befreiten Landes, die Krone der Pharaonen und die Erhebung zum Gott.

Dann wandte er sich wieder nach Norden, um den Euphrat zu überschreiten und sich den Rest des Persischen Reiches zu holen. Dareios hatte inzwischen ein gigantisches Heer gesammelt: zweihundertundfünfzigtausend Mann gegen Alexanders dreißigtausend. Als diese persische Mauer aus Menschenleibern in der Ebene von Gaugamela auf die Griechen zustürzte, hörte Alexander neben sich Kleitos entsetzte Stimme: «Das ist Wahnsinn, das ist unser Untergang.» Doch in der Schlacht stellte sich heraus, dass Dareios' Generäle nichts an ihrer Taktik geändert hatten. Es war, als hätten sie den schweren, ungelenken Golem von Issos durch einen noch schwereren, steiferen ersetzt. Alexander konzentrierte seinen Angriff auf das Zentrum des Gegners, hinter dem sich der angstvolle Dareios verbarg, und als sie dem Großkönig – wie schon bei Issos – gefährlich nahe kamen, ergriff er erneut die Flucht und zersprengte damit sein orientierungslos gewordenes Heer. Wenig später wurde Dareios von seinen eigenen Soldaten ermordet; der militärische Sieg war komplett – und Kleitos eines Besseren belehrt. Vielleicht, glaubte Alexander damals, vielleicht würde er nun erkennen, dass sein König kein gewöhnlicher Mann war, dass er das Recht habe, ihn zu lieben und von ihm geliebt zu werden.

Doch es wurde nur noch schlimmer. Kleitos ging mehr und mehr in die Opposition, und je höher Alexander in den Augen der Menschen stieg, umso stacheliger wurde Kleitos: Alexander marschierte quer durch das Perserreich, zog in Babylon ein, in Persepolis, in die Hauptstadt Susa, doch Kleitos schwieg. Alexander nahm den unzählbaren Goldschatz in Besitz, schüttete Belohnungen über sein Heer, doch Kleitos wollte nichts davon haben; Alexander legte sich den Titel eines persischen Großkönigs zu und gab seinen Offizieren hohe Ämter, doch Kleitos nahm das seine nur mit einem mürrischen Blick an. Je weiter sie nach Persien drangen, in dieses unermessliche Land mit seiner fremdartigen Kultur, desto verbissener blieb Kleitos ein Grieche, und desto mehr wandelte sich Alexander zum Orientalen. Kleinigkeiten bildeten plötzlich unüberwindliche Hindernisse. Kleitos störte sich an Alexanders neuer Gewohnheit, persische Gewänder zu tragen, und er verweigerte seinem König den Fußkuss nach persischer Sitte, steckte mit seiner Haltung auch andere Offiziere an. Alexander ließ diese anderen schließlich bedenkenlos hinrichten, unter ihnen auch Parmenion. Einzig Kleitos schonte er, und er hasste sich dafür. Erneut hatte er nachgegeben, wo er hatte dominieren wollen.

Rhoxane: Ihr Schritt, als sie sich dem Todkranken nähert, ist leise wie immer. Wie auf Wolken gleitet sie im gelben Qualm, der noch immer aus des Priesters Kessel quillt, an sein Bett, fährt ihm mit der kühlen Hand über die Stirn, mustert ihn sachte und sachlich mit ihren undurchdringlichen baktrischen Augen. Liebe ist nicht in ihnen, allenfalls Besorgnis. Ihr Mann stirbt, und mit ihm ihre Stellung. Es ist eine Ironie. Fünf Jahre lang hat sie sich vergeblich abgemüht, ein Kind von Alexander zu bekommen, und nun, wo sie dieses Ziel erreicht hat, wo das Kind in ihrem Bauch heranwächst, kann sie nichts mit dem Balg anfangen. Niemand wird einen Säugling – einen noch ungeborenen Säugling vor allem! – als Nachfolger Alexanders anerkennen. Pech! Er hat Rhoxane nie wirklich gewollt; nur seinem Gefährten zuliebe hat er sie zur Frau genommen, damals, als ganz Persien unterworfen war und Alexanders Gedanken bereits auf der Suche nach einer neuen Herausforderung waren: Indien.

Sie waren damals in Baktrien angelangt, nahe am Indus, Weiten von Griechenland entfernt. Alexanders Mutter, Olympias, sandte ihm Briefe, die beim Eintreffen viele Monate alt waren, und in denen sie auf Briefe Alexanders reagierte, die vor nahezu einem Jahr geschrieben worden waren und ihr von Erlebnissen berichtet hatten, die Alexander mittlerweile schon fast vergessen hatte. Er verstand kaum noch, was sie schrieb, diese fremde Mutter, was sie bewegte, erhoffte, fürchtete. Einen Thronfolger, bettelte sie, wir brauchen einen Thronfolger, einen Sohn von deinem Blut. Nein, er wollte Persien, Syrien und Ägypten für den Fall seines Todes Hephaistion vermachen, dem Sanften, dessen Liebe tief, ruhig und gleichbleibend war wie ein Strom. Von Kleitos war Alexander abhängig wie ein Süchtiger von einer Droge, von Hephaistion war er abhängig wie von einem Weib. Nun, die Makedonen, überlegte Alexander, würden Hephaistion wegen seines fehlenden königlichen Geblüts nicht anerkennen, aber dann sollten die Makedonen und dieser ganze Zwergenstaat eben zum Hades fahren in ihrer Kleinlichkeit. Der ganze Rest aber würde diesem über alles geliebten Menschen gehören.

Doch dann war es Hephaistion selbst, der Alexander bat, einen Erben zu zeugen. Dieser Gefährte war es so sehr gewohnt, im Schatten Alexanders zu stehen, dass er sich in der brennenden Sonne der Macht nur unwohl gefühlt hätte – und so heiratete Alexander die baktrische Fürstentochter Rhoxane.

Trotz murrender Truppen, die nicht verstanden, was ein Feldzug nach Indien noch mit dem Schutz der Heimat zu tun hatte – für den sie einst verpflichtet worden waren, – zog Alexander über den Hindukusch. Er wollte an das sagenumwobene Ende der Welt gelangen, an den Okeanos, das Weltmeer, wo die Fluten mit betäubendem Lärm in die Unendlichkeit hinabstürzten. Eines Abends teilte er seine Pläne den Offizieren mit. Er erwartete damals keinen Beifall, nur Gehorsam, doch Kleitos kam in Raserei, schimpfte ihn einen Verrückten. Eine Flut von Beschuldigungen erging über Alexander, er bevorzuge die Perser, er schätze seine Griechen gering, er wolle die Griechen mit den Persern verschmelzen, er habe seinen Vater Philipp verraten, als er sich als Sohn des Gottes Ammon titulieren ließ – und nun führe er sie wie ein Wahnsinniger von einem fremden Land zu nächsten, um es zu erobern. Wie zu lange gestautes Wasser brachen diese zornigen Worte aus Kleitos hervor. Ihm mochten sie Erleichterung gebracht haben, doch jedes von ihnen steigerte auf der anderen Seite des Tisches Alexanders Zorn. Niemals, niemals würde er diesen Mann dominieren, dachte Alexander, niemals ihn in die Knie zwingen, niemals das Feuer seiner Liebe spüren, sondern immer nur deren verkohlte Asche. Er griff nach der nächstbesten Lanze. Ein starker Stoß – und Kleitos, der geliebte und gehasste Dämon, blickte überrascht wie noch nie, blickte hilflos und endlich unterwerfend seinen König und Gebieter an. Doch schon einen Augenblick später war er Vergangenheit.

Kleitos Tod war für Alexander wie auch seine Umgebung gleichermaßen ein Dammbruch. Die Kritik des Gefolges an ihrem König wurde nicht länger hinuntergeschluckt, sondern harsch geäußert. Alexander reagierte auf diese Worte mit Taten. Wenn er Kleitos hatte töten können, würde er andere umso leichter beseitigen lassen. Ohne Zögern ließ er eine ganze Reihe junger Offiziere, die er der Verschwörung bezichtigte, hinrichten, und sogar der ältliche, harmlose Historiker Kallisthenes, der eigentlich Alexanders Ruhmestaten für die Nachwelt aufschreiben sollte, endete wegen eines einzigen falschen Wortes unter den Schlägen der königlichen Leibwache. Und nun ging es auch den Bedenkenträgern im fernen Griechenland ans Leben: Wer demokratisch gesinnt war, wer die Vergötterung Alexanders kritisierte oder bespöttelte, der hatte sein Leben verwirkt. Unter den Hingerichteten befand sich auch ein Neffe des Aristoteles, und beinahe hätte Alexander auch den einstigen Lehrer hingerichtet, hätte nicht Hephaistion ihn davon abgehalten.

Es gibt so einiges zu bereuen, denkt Alexander, als er Rhoxane ein letztes Mal nachblickt, wie sie den Raum verlässt. Diese vielen Toten, die seinen Weg säumen, diese tausend unsinnig hingeschlachteten Seelen, Amyntas, Parmenion,

Kleitos, Kallisthenes, die Thebaner, die Demokraten und Freigeister dieser Welt, wurden Opfer seines Jähzorns. Der Trieb, den er als Segen betrachtete, der ihn immer weitere Grenzen überschreiten und immer höhere Preise bezahlen ließ – war er nicht eher ein Fluch? Es wird ihm kaum noch Zeit bleiben, diese komplizierte Frage zu durchdenken. Was ihm zu tun bleibt, ist, die Abrechnung mit seinem Leben zu beenden.

Indien: Was für ein Feldzug! Zwei Jahre voller Wunder. In der Schlacht von Jalalpur, gegen irgendeinen Maharadscha, traf er zum ersten Mal in seinem Leben auf Elefanten, jeder von ihnen eine kleine Festung. Dennoch konnte er sich durchsetzen und weiterziehen. Der Okeanos, das Weltende, konnte nicht mehr weit sein, davon war er überzeugt. Sie kamen durch dichte Wälder mit riesigen Bäumen, die kein Licht durchließen; sie entdeckten seltsame Kreaturen, waren monatelangem Regen, tödlichen Schlangenbissen und einer nicht enden wollenden Strecke ausgesetzt. Die Truppen fühlten sich selten so verloren, Alexander selten so enthusiastisch wie auf dem Weg von Jalalpur zum Fluss Hydaspes. Eine weitere Schlacht wurde dort gewonnen, und nun glaubte Alexander, ganz Indien unterworfen zu haben. Doch Eingeborene sagten ihm, das sei nur der Pandschab, nach Süden ginge es noch unermesslich weiter, im Norden seien die hohen Berge, auf denen die Götter wohnten, und dahinter gebe es riesige Reiche, China, die Mongolei. Alexander war verwirrt. Hatte Aristoteles ihn nicht gelehrt, dass der Indus in den Nil mündete? War Indien nicht der Außenposten der Menschheit? Was war dieses China? Wo war der Okeanos? Schließlich standen sie dann doch noch an einem Meer, an der Mündung des Indus, doch Alexander wusste nun, dass diese Küste nicht das Ende der Welt war.

Also weiter nach Süden, weiter nach Indien hinein? Das Heimweh der Truppen nahm rebellische Züge an. Sie waren matt, lustlos, unwillig. Alexander würde sie wohl mit Gewalt weitergetrieben haben, hätte ihn nicht Hephaistion im Angesicht des Meeres umarmt, ihn zärtlich geküsst und gesagt: Es ist genug.

Genug, ein ebenso schreckliches wie wahres Wort, das Alexander so fremd klang wie die Stimme der Mutter in den Briefen, die rief: komm heim! Noch am gleichen Abend bei Sonnenuntergang fuhr Alexander allein mit einem Boot auf eine winzige, unbewohnte, der Küste vorgelagerte Insel, nur begleitet von Hephaistions sanften Augen, die ihn vom Ufer aus beobachteten. Dort, auf der stillen Insel, umweht von exotischen Winden, inmitten von Einsamkeit, erreichte Alexander seine Grenze, das Ende aller Möglichkeiten. Er starrte eine Stunde lang in das rot glühende Meer, und als er zurückfuhr, hatte er seinen Traum auf diesem Eiland zurückgelassen.

Auf die Stille des Abschieds folgte der Lärm der Feierlichkeiten. Alexander erklärte den Feldzug für beendet, das Heer wurde zum großen Teil mit reichem Sold entlassen. Auf dem Weg in seine persische Hauptstadt kam Alexander an etlichen neu gegründeten oder umbenannten Orten vorbei, die allesamt seinen Namen trugen: Alexandria, Alexandreia, Alexandropolis. Feste, wohin man sah, Jubel, wohin man hörte, jeden Abend Ströme von Wein. Mehr aus Frust denn aus Lust trank er mit, und deshalb auch trank er mehr und mehr, Hephaistions Bitten zum Trotz. Zum zehnten Mal seit dem Beginn des Perserfeldzugs brannte der heiße persische Sommer auf sein Haupt, aber nie zuvor war er ihm so gnadenlos erschienen, so zerstörend. Doch als er endlich ging, als die Feiern weniger wurden und der Herbst kam, brachte er den Tod. Hephaistion wurde krank, niedergeworfen von Fieber und von Schmerzen zwischen den Schenkeln. Er starb bald darauf.

Es ist ein Trost für Alexander, an der gleichen Krankheit zu leiden, an der Hephaistion vor acht Monaten gestorben ist. Ob er sie in einem der vielen wunderbaren gemeinsamen Nächte von Hephaistion empfangen hat oder umgekehrt, ist ihm gleichgültig. Irgendwie verbinden ihn diese gleichen Schmerzen in seinen letzten Stunden mit dem Menschen, den er stiller und mäßiger, doch gerade darum tiefer und zärtlicher als sonst jemanden geliebt hat.

Alexander weinte damals tagelang, fastete, hielt neben der Leiche des Geliebten Wache, richtete vor Schmerz den behandelnden Arzt hin, ordnete Staatstrauer an, verbot das Lachen im ganzen Reich, befahl, dass alle Soldaten sich die Köpfe kahl zu scheren hatten, erhob den toten Gefährten in den Rang eines Gottes, aber nichts davon brachte seiner Trauer Linderung. In Babylon sollte ein gigantisches Mausoleum für Hephaistion entstehen, aber nun, das weiß Alexander, wird der Geliebte darin niemals seine Ruhe finden, denn die Thronfolger werden es nicht zu Ende bauen und die Urne irgendwo verscharren.

Die Nachfolger, da sind sie ja. Getreue Wegbegleiter, Offiziere, so genannte Freunde. Sie kommen, um ihm die letzte Ehre zu erweisen, aber mehr noch, um ihm, dem sterbenden Gott, zu zeigen, dass sie weiterleben werden, während er machtlos in einem ägyptischen Prunkgrab in der Oase Siwah ruhen wird. So, wie Alexander vor vielen Jahren grinste, weil er vorhatte, ein gottregiertes Weltreich zu gründen und seinen Vater damit vergessen zu machen, so grinsen sie heute, weil sie vorhaben, dieses Weltreich zu zerschlagen und *ihn* damit vergessen zu machen. «Wer soll dir nachfolgen?», fragen sie ihn aus falscher Höflichkeit. Hephaistion, denkt er. Nur er hätte es vermocht, den Geist dieses Reiches zu erhalten, weil nur er ihn wenigstens ein bisschen verstanden hat. Stattdessen sagt Alexander: *«Der Stärkste»*, und schweigt. Jeder genannte Name wäre ohnehin nur Makulatur gewesen. Längst haben diese Schakale jede Landschaft seines griechisch-orientalischen Imperiums, das seit gerade acht Jahren besteht, untereinander ausgewürfelt: Ptolemaios soll Ägypten erhalten, Antigonos Phrygien, Eumenes Kappadokien und so weiter. Niemand also hört mehr auf das, was er zu sagen hat, wozu also sprechen? Diese Diadochen würden jeden seiner Wünsche, deren Erfüllung sie heute feierlich schwörten, schon morgen vergessen haben. Sie werden seine Mutter Olympias wie auch seine Frau Rhoxane und deren noch ungeborenes Kind entmachten und in den Tod treiben, werden das Reich zerstückeln, sich untereinander befehden, werden nicht die griechische mit der orientalischen Kultur verschmelzen. Doch gerade darum werden ihre Namen niemals wirklich überdauern, sondern nur Attribute in Alexanders Biografie sein. Nur er wird zu einer Sage werden, zu einem Legendengeschöpf, von dem greise Männer ihren

Enkeln einst erzählen werden, dass die Welt, so wie sie ist, zu klein war für einen Mann wie ihn.

Kaiser Heliogabal: der schöne Tyrann (204 – 222)

> Es gibt in der Weltgeschichte kein
> Gut und Böse. Es gibt nur das Böse.
> (*Gottfried Benn*)

Von allen Rauschmitteln, die der Mensch sich je erdacht hat, ist die Macht das gefährlichste. Überreich dargeboten, nagt sie der menschlichen Seele jedes Maß und jede Hemmung weg. Wer, egal was er tut, keinerlei Ablehnung mehr spürt, wen die Umwelt unbegrenzt verehrt und hofiert, dem kann rasch die Grenze zwischen Wahn und Wirklichkeit verloren gehen, und so bedeutet Widerstand der Umwelt zwar stets Reibung und Auseinandersetzung, aber immer auch Kontrolle und Orientierung.

Je größer die Macht, desto länger ist ihr Schatten. Die Macht des römischen Kaisers ist nahezu unbegrenzt. Von den nebligen Küsten Schottlands bis zu den sagenumwobenen Katarakten des Nils, von der glühenden maurischen Wüste bis zu den verschneiten Gipfeln des Balkans regiert er ein Reich, so groß, wie es keines davor und keines danach in Europa gegeben hat. Und doch ist es nicht nur die Größe des Imperiums, die das Kaiserdiadem so allgewaltig macht, so verführerisch für seinen Träger. Die Kaiser Roms sind nicht wie die Präsidenten unserer Tage an ein Recht gebunden, sind nicht wie die barocken Könige einem religiösen Sittenkodex unterworfen und unterstehen nicht wie die Fürsten des Mittelalters einer päpstlichen Aufsicht. Wie in Ägypten das Wort der Pharaonen, so ist auch bei den Römern das Wort des Imperators Gesetz, jeder Befehl ein Dogma. Wer schwach ist, leicht verführbar, erliegt diesen Möglichkeiten. Wie ein zorniger Golem greift sich der Cäsarenwahn aus der Reihe der hundert Kaiser ein Dutzend heraus und formt sie zu Ungeheuern: Caligula, Nero, der im Hollywood-Streifen «Der Gladiator» zu neuer Bekanntheit gelangte Commodus, um nur einige zu nennen.

Aus dieser Gruppe finsterer Gestalten leuchtet Heliogabal heraus wie ein phosphoreszierendes Pop-Art-Gemälde, bunt, schrill, überspannt, eher Figuren aus einer modernen Schwulensatire ähnelnd denn einem mörderischen Tyrannen. Nie ist er zurückhaltend, nie trocken, immer heiter, einfallsreich und raffiniert, ein Partylöwe und Männerschwarm, ein schöner und schlanker Halbwüchsiger, der in einer schwulen Diskothek Berlins oder Kölns unserer Tage begehrliche Blicke auf sich ziehen würde. Die wenigen Büsten, die von ihm erhalten geblieben sind, zeigen ein Gesicht, wie es heute einem jungen, schönen Türken gehören könnte: kurze, ein wenig gelockte Haare, einen halb gleichgültigen, halb verführenden Blick aus dunklen Augen, volle, leicht geöffnete Lippen. Und doch ist Heliogabal, auch wenn er das Gesicht eines exotischen Models hat, die Ausgeburt der Hölle.

Das Imperium Romanum im Jahre 217 unserer Zeitrechnung: seit neunhundertsiebzig Jahren ist es stets aufwärts gegangen mit römischer Kultur und dem Herrschaftsanspruch über die mediterrane Welt; gewaltige Tempel und Marmorpaläste sind entstanden sowie riesige Arenen, in denen pompöse Spiele abgehalten werden. Kaum ein Römer muss noch hart arbeiten, alles erledigen Sklaven und billige Handlanger aus fremden Gebieten. Das Leben ist ein Fest, eine Folge von Genüssen. Und doch, seit einigen Jahrzehnten schleifen innere und äußere Krisen den Glanz vergangener Jahrhunderte matt. Vom Norden drücken wandernde germanische Stämme gegen den Limes, in Vorderasien droht das Partherreich, doch schlimmer als die Gefahr der Feindvölker ist die innere Zerrüttung durch staatliche Willkür. Der gerechte und aristokratische Stern des ersten Kaisers, Augustus, leuchtet nur noch fern und schwach, längst hat der Senat jede Mitsprache verloren, längst haben proletarische Generäle nach dem Purpur gegriffen und ihre eigenen Dynastien errichtet.

Caracalla, der seit fünf Jahren regierende Herrscher, ist ein solcher Sohn aus soldatischem Geschlecht, er ist brutal und argwöhnisch und deshalb von allen gehasst – außer vom Heer, das er großzügig entlohnt. Lange vor Caracalla schon gibt es eine heimliche Rivalität um Einfluss zwischen den Militärs einerseits und der traditionellen Prätorianergarde, der verwöhnten römischen Leibwache der Kaiser andererseits, doch ein kleiner Vorfall lässt aus dem Gerangel einen blutigen Machtkampf werden.

Dem Gardekommandanten Macrinus wird von einem Wahrsager die Kaiserwürde prophezeit, eine gefährliche Weissagung, auf die der harmlose und gar nicht ehrgeizige

Macrinus gerne verzichtet hätte, zumal sie durch eine Indiskretion bekannt wird. Wenn er jetzt nicht sofort handelt, das weiß der ältliche Mann, wird der misstrauische, an Verfolgungswahn leidende Caracalla ihn umbringen lassen. Es ist wie bei einem Duell: der Schnellere siegt. Macrinus hetzt im Nu die Prätorianer auf und befiehlt ihnen, den Kaiser zu ermorden. So geschieht es auch, zum Entsetzen der Truppen. Da Caracalla keinen direkten Verwandten hat, keine Geschwister, keine Kinder, gilt die severische Dynastie als ausgestorben, und so erfüllt sich die Prophezeiung: Macrinus lässt sich im April 217 selbst zum Kaiser ausrufen.

Nicht selten jedoch steckt die Tücke im Detail. In der römischen Provinz Syria lebt eine Tante Caracallas, Julia Maesa. Ihr vierzehnjähriger Enkel Avitus, der Sohn ihrer Tochter Soemias, dient als Oberster Priester dem orientalischen Gott Baal; er ist ein strahlender Jüngling, fröhlich und beliebt. Als Sohn der Cousine Caracallas ist diese Verwandtschaft allerdings zu weitläufig, um in dem Knaben einen ernstzunehmenden Erben der severischen Dynastie zu sehen. Daher greift die ehrgeizige Großmutter auf einen ebenso geschickten wie infamen Kniff zurück: Sie behauptet, Avitus entstamme nicht der *Ehe* ihrer Tochter Soemias, sondern einem Verhältnis der Soemias mit Caracalla. Diese außereheliche Affäre ist zwar nicht gerade dem Rufe Soemias' zuträglich, doch sie erfüllt ihren Zweck. Einige Truppenteile, die mit Macrinus verfeindet sind, laufen zu dem vermeintlichen Sohn Caracallas über. In der Schlacht bei Immo prallen die Kräfte aufeinander, Macrinus wird besiegt und kurz darauf von seinen eigenen Soldaten ermordet. Rom hat einen neuen Kaiser, eine neue Hoffnung auf Harmonie.

Mit Heliogabal, wie sich Avitus in Anklang an seinen Gott fortan nennt, zieht der immer noch fremde, der mystische und sagenumwobene Orient in die Stadt Rom ein. Ein farbenprächtiges Spektakel begleitet den Einzug des jungen Imperators: Tausende Tänzer ziehen die mit Goldstaub bestreute Via Appia entlang, in ihrer Mitte der Wagen mit dem heiligen Stein von Emesa darauf, ein Meteorit, ein Stück Sonne also, Symbol des alleinherrschenden Sonnengottes Baal. Ohrenbetäubende Musik dröhnt in die Ohren der Römer, Weihrauch umweht die Parade. Auf einem hohen Prunkwagen thront Heliogabal in vielfarbige Seide gehüllt, schillernd, mit einem Diadem bekränzt. Zur Rechten sitzt seine Mutter Soemias, zur Linken die Großmutter, die ernste Maesa, denen beiden die schwierige Aufgabe vorbehalten ist, diesen exaltierten Kindkaiser fortan zu lenken. Tagelang werden aufregende Feste zu Ehren des Baal gefeiert, bei denen der Kaiser selbst tanzt wie ein Trunkener. Den plebejischen Römern gefällt er, dieser fremde, neue Baal, der die Exotik nach Rom gebracht hat, nur die Aristokratie schüttelt betroffen den Kopf und sieht wilde Zeiten aufziehen.

Im ersten Jahr geht alles noch relativ gut. Heliogabal ist, wie bei einem Vierzehnjährigen nicht anders zu erwarten, an Regierungsgeschäften nicht interessiert, aber er bekommt schnell mit, dass für ihn nichts unmöglich ist, dass er sich jeden Wunsch erfüllen kann. Nächtlich rauschen die Feste im kaiserlichen Palast auf dem Palatin, ein jedes in einer anderen Farbe gehalten, am einen Tag ein blaues, am anderen ein violettes, dann ein grünes und so fort. An jedem lauen Sommerabend sind die Gärten des Palatinischen Palastes erfüllt vom Duft kostbaren Räucherwerks, feiner Speisen und seltener Öle, der Wein fließt in Strömen, der Kaiser selbst spielt den Gästen etwas auf der Flöte vor oder er gibt eine seiner verzückten tänzerischen Darbietungen. Fröhlich muss alles sein, ausgelassen. Bald schon wandeln die Feste sich zu Orgien, und der schöne Heliogabal verfällt ganz den Männern. Den Gefährten seiner Nächte vergibt er Ämter, ein Tänzer wird Gardekommandant, ein Wagenlenker kommandiert die Wache, ein Friseur wird für die Kornversorgung der Stadt zuständig. Um Nachschub an Männern zu bekommen, baut er eine öffentliche Therme dem Palast an und sucht sich dort die Liebhaber der nächsten Woche aus. Wer gut aussieht, wer stark ist und liederlich, ist willkommen auf den Partys der Majestät. Ringkämpfe finden in den Gärten statt; der Sieger, gleich, ob Schuhputzer oder Stricher, findet sich am selben Abend in den duftschwangeren privaten Gemächern des mächtigsten Herrn der Welt wieder, darf den jungen Kaiser mit Rosenöl massieren und lieben.

Nach wenigen Monaten schon umgibt Heliogabal eine Schar von ausschweifenden Satyrn, mit denen er sich eine orgiastische und luxuriöse Traumwelt erschafft, und von denen der Geschichtsschreiber Aurelius Victor berichtet, es seien die «obszönsten Menschen des Erdkreises». An Geld wird nicht gespart: die Schwimmbassins sind parfümiert, der Wein mit damaszenischen Rosenblüten verfeinert, die Kleidung mit Juwelen bestickt oder mit Gold durchwirkt. Festmahle werden wöchentlich gegeben, kaum eines, das nach heutiger Rechnung weniger kostet als fünfzigtausend Euro. Zweiundzwanzig Gänge sind keine Seltenheit: Storchenköpfe, Flamingozungen, in Honig eingelegte Haselmäuse, Meerbrassen, Muränenmilch, Drosseln in gepfeffertem Eidotter, serviert von hübschen, nackten Sklaven, nichts ist Heliogabal schrill genug, immer verrückter, immer närrischer muss alles sein. Wenn er mit seinen Lustknaben ausfährt, lässt er nicht länger Pferde vor die Wagen spannen, sondern nackte Frauen, die er mit Rufen und Peitschenknall antreibt. Und als er mitten im herrlichsten Frühling Lust auf eine Schneeballschlacht mit Freunden bekommt, lässt er sich aus den Hochalpen Kübel der weißen Pracht herantransportieren. Alles ist möglich am Hofe Heliogabals.

Irgendwann aber sind alle Farben durchgefeiert, alle Speisen probiert, alle Männer geliebt und jeder Luxus genossen. Das Gehabte ist langweilig für Heliogabal, ihn fasziniert nur das Neue, das Unbekannte und Verbotene. Was Geld ermöglichen kann, hat er sich bereits erfüllt, nun ist Kreativität gefragt. Lange braucht er nicht, um auf neue Ideen zu kommen. Seit einiger Zeit schon liebt er den Gladiator Aurelius Zoticus, einen gut aussehenden, muskulösen Römer, dessen Charakter sich am besten dadurch beschreiben lässt, dass die Nachwelt diesem Mann das Wort zotig (schlüpfrig) verdankt. Knapp eintausendachthundert Jahre, bevor in Deutschland die Homo-Ehe eingeführt wird, heiratet Heliogabal in einer bis dahin noch nie gesehenen Zeremonie den Gladiator Aurelius und macht ihn zu seinem wichtigsten Berater. Zwei Männer sind in einen bisher einmaligen Bund eingetreten.

Wäre er so geblieben, Heliogabal, der bunte Sonnenkaiser, würde er nicht in dieses Buch gehören, sondern vielleicht als die schwule Star-Ikone der Antike gefeiert werden, ein altrömischer Elton John, schillernd wie Katzengold. Dem schönen Kaiser aber verschwimmt die Grenze vom Ungewöhnlichen zum Ungeheuerlichen. Schwofen im Garten und schwule Heirat reichen ihm nicht mehr zum Kick. Die Späße werden ihm zu fade, und so sinnt er auf Steigerung.

In den großen Speisesaal lässt er heimlich eine umkippbare Decke einbauen und lädt bald darauf zum Festmahl ein. Die Gäste treten ein, Senatoren und Spielgefährten, der Kaiser aber ist noch nicht im Raum. Die Türen werden von außen verschlossen, ein Hebel wird betätigt, und die Decke beginnt zu kippen. Ein Guckloch ermöglicht Heliogabal beste Sicht auf das folgende Geschehen. Von der kippenden Decke rieseln hunderte Blüten in den Raum hinunter, Veilchen, Rosen, Chrysanthemen, ein wunderbarer Duftregen geht auf die Gäste nieder. Jubel bricht aus. Wie freuen sie sich! Welch eine luxuriöse Idee! Jedoch, aus den Hunderten werden Tausende Blüten, Zehntausende, Hunderttausende. Der Regen nimmt kein Ende, das Blütenmeer steigt und steigt, und aus dem feinen Schauer wird eine wahre Sintflut aus Blumen, die nach wenigen Minuten bis zum Hals steigt, dann über das Kinn und die Lippen und schließlich alle Köpfe bedeckt. Panik bricht aus. Manche der Gäste bekommen keine Luft mehr, sie rütteln an den Türen, würgen und schreien und – ersticken in der Blütenflut. Heliogabal aber findet es schrill. Der Tag ist gerettet, viele Tage von da an.

Der Kaiser sprüht plötzlich voller Ideen. Bei einem anderen Festmahl lässt er plötzlich Löwen und Bären in den

Raum ein. Die Tiere sind harmlos, gezähmt, außerdem hat er ihnen vorher Zähne und Krallen entfernen lassen. Der Schock jedoch tötet mehrere Gäste. Heliogabal findet das witzig. Unter das Essen seiner Gäste lässt er unauffällig Perlen und Bernstein einstreuen, erfreut sich an den ausgebissenen Zähnen. Monatelang sammelt er Schlangen und lässt sie während der Spiele im Circus Maximus in den Zuschauerrängen aussetzen. Ein entsetzlicher Tumult entsteht, bei dem viele Besucher sterben. Kein Scherz ist ihm mehr grausam , kein Tod extravagant genug. Unaufhörlich schmieden sein Mann Aurelius und er an perfiden Plänen und bemerken in ihrer grausamen Albernheit überhaupt nicht, wie sich um sie herum eine Mauer des Hasses aufbaut. Eine Leiche nämlich fragt nicht danach, wie ungewöhnlich ihr Sterben war, und die Lebenden tun es auch nicht, wenn sie befürchten, bald an die Reihe zu kommen.

Mit reichlichem Unbehagen sieht die alte Maesa, wie sich politisches Gewitter über dem jungenhaften Kaiser zusammenbraut. Mehrmals warnt sie ihn, mehrmals redet sie auf ihre Tochter Soemias ein, den Zügellosen zu zügeln, jedoch ist Soemias inzwischen selbst den Verlockungen des ausschweifenden Hofes verfallen. Maesa weiß, sollte Heliogabal stürzen, dann stürzt auch sie selbst mit ihm, dann ist auch ihr eigener Kopf nichts mehr wert. Sie hat noch eine weitere Tochter, Mammea, und diese hat auch einen Sohn, Alexianos. Mit viel Geschick überredet Maesa ihren mittlerweile siebzehnjährigen kaiserlichen Enkel, seinen zwölfjährigen Vetter Alexianos zu adoptieren, um die Nachfolge der severischen Dynastie zu sichern.

Dieser Alexianos nun ist von ganz anderem Schlage. Statt sich dem Taumel des Hofes anzuschließen, treibt er lieber Sport, studiert Geometrie oder Astrologie und füttert die Ringeltauben in seinen Volieren. Kein Fetzen Seide hängt an seinem Körper, Stoff tut es auch. Wo er hinkommt, grüßt er die Menschen freundlich. Er mag ein wenig langweilig sein, dieser Knabe Alexianos, aber wenigstens bringt er niemanden um, mag sich der Senat denken und macht heimlich Stimmung gegen Heliogabal. Angriffspunkte bietet der exzentrische Kaiser genug: die Idee, die römischen Götter dem allmächtigen Baal unterzuordnen beispielsweise; oder sein Plan, eine der Keuschheit geweihte römische Priesterin der Vesta zu ehelichen, um mit ihr «göttergleiche» Kinder zu zeugen. Die Prätorianergarde beginnt schon zu murren. Ohnehin ist dieser Heliogabal nicht von ihnen ernannt und gestützt worden, sondern von den Truppen.

Die Stimmung wendet sich gegen den Kaiser, und irgendwann zwischen seinen Orgien scheint er das auch tatsächlich zu bemerken. Ein von ihm in Auftrag gegebener Mord an seinem Vetter und Adoptivsohn Alexianos scheitert jedoch. Bald darauf wird Heliogabal von einem Wahrsager prophezeit, er werde eines gewaltsamen Todes sterben. Heliogabal fährt der Schreck durch die Glieder, doch anstatt irgendetwas an seinem Betragen zu ändern, sorgt er lieber auf andere, skurrile Weise für den Fall einer Revolte gegen ihn vor. Er richtet sich auf einen Selbstmord ein, der aber nicht gewöhnlich sein darf, sondern nur ausgesprochen luxuriös. Ein Turm wird gebaut, auf den er sich im Ernstfall flüchten und in dessen Innenschacht er sich stürzen kann. Der Boden aber wird mit geschliffenen Diamanten und Rubinen gepflastert, so dass Heliogabal wenigstens auf den teuersten Steinen der Welt sterben darf. Ständig trägt er einen goldenen Dolch bei sich sowie ein Saphiramulett mit schnell wirkendem Gift darin, und schließlich befiehlt er, im ganzen Palast Schnüre zu befestigen, an denen er sich notfalls erhängen kann – natürlich sind die Schnüre aus Seide.

Am 11. März 222 schlägt die Laune der Prätorianer endgültig gegen Heliogabal um. Maesa, die gewiefte Taktikerin, ist bereit, ihre Tochter Soemias und deren Sohn zu opfern, wenn nur die severische Dynastie mit ihr als grauer Eminenz im Hintergrund weiterregiert. Die Garde rebelliert, zieht durch den Palatinischen Palast, jeden mordend, der zur Clique des Imperators gehört. Heliogabal flüchtet sich in die Arme seiner Mutter, sein Mut zum Freitod schwindet. Gemeinsam verstecken die beiden sich in einer Latrine, doch es hilft nichts. Die Wachen stöbern sie auf, schlagen mit Schwertern auf sie ein, ziehen sie aus, schleifen die nackten Körper durch die halbe Stadt und werfen sie schließlich von der Aemilischen Brücke in den Tiber. Der exzentrischste und geilste, der ungeheuerlichste und der schönste Imperator, der je auf dem römischen Thron saß, ist tot.

Heliogabal hat bis heute sichtbare Spuren hinterlassen, die allerdings den wenigsten auffallen. Auch wenn der römische Senat die «damnatio memoriae» über den Toten verhängte, also die Auslöschung des Andenkens, die Tilgung aller Inschriften mit seinem Namen, die Zerstörung aller seiner Statuen, so hat er doch sein Vermächtnis hinterlassen. Der Stein des Gottes Baal kehrte zwar nach Emesa zurück, aber die Idee, in der Sonne den allgewaltigen Gott zu sehen, gefiel einer religiösen Gruppe im alten Rom, die auch nur einen einzigen Gott anbetete. Heliogabal hatte während seiner Regierungszeit einen bestimmten Tag des Jahres zum Feiertag seines Baal ernannt, an dem man tanzen und sich freuen sollte, und diese gewisse religiöse Gruppe setzte nun für ihre eigenen Riten jenen Feiertag als Geburtstag ihres eigenen Gottes fest: den 25. Dezember, unser Weihnachtstag.

Papst Sixtus IV.: Der unheilige Vater (1414 – 1484)

Die Kirche will herrschen, und da muss sie eine bornierte Masse haben, die sich duckt und geneigt ist, sich beherrschen zu lassen.
(*Johann Wolfgang von Goethe*)

Zur Mitte des fünfzehnten Jahrhunderts fallen nach eintausend Jahren der Herrschaft des christlichen Dogmas endlich die mittelalterlichen Mauern. Fröhlichkeit dominiert über Frömmelei, ein neues Denken erfasst von Süden nach Norden ganz Europa. Selten ist eine Gesellschaft optimistischer und übermütiger als jene des italienischen Quattrocento. Wie immer sind Architektur, Dichtung und Musik die Vorboten der neuen Lebenslust. Bunten Pilzen gleich schießen prächtige Paläste aus dem Boden und verdrängen die waffenstarrenden Burgen als Wohnsitze der Edlen und Reichen; die Männer lassen sich weniger Rüstungen beim Schmied zusammenhämmern als Kostüme beim Schneider nähen. Der Adel tanzt in den Spiegelsälen der Villen, das Volk auf den breiter und heller werdenden Straßen, an niemandem geht der Aufbruch vorüber. Selbst in den Kirchen, diesen Orten kulturhistorischer Windstille, ist nun der warme Wind der Veränderung zu spüren: Von den bisher fast farblosen Kuppeln leuchten plötzlich die Malereien Francescas und Botticellis und statt der monotonen Mönchsgesänge erklingen die vielstimmigen Choräle eines Tromboncino.

Diese neue Epoche erwachender Selbstbestimmung braucht daher einen passenden, einen symbolischen Namen: Renaissance wird das Zeitalter von seinen optimistischen Menschen genannt, Wiedergeburt. Die Antike, mit der Auflösung des Römischen Imperiums untergegangen, soll nun auferstehen samt ihres feinen Kunstsinns und ihrer spielerischen Leichtigkeit.

Doch wie eine Herde dunkler Wolken schieben sich plötzlich die grausamen Edikte eines Papstes über die sonnigen Kinderjahre dieser Zeit. Das Pontifikat Sixtus IV. gilt selbst der katholischen Kirche als eines der schwärzesten ihrer Geschichte.

Dabei hat alles so unscheinbar angefangen. Francesco della Rovere, der spätere Sixtus IV., wird als Sohn einer einfachen Familie geboren. Seine Eltern, die nicht weit von Genua leben, sind derart verarmt, dass sie ihren neunjährigen Spross in die Obhut von Mönchen geben. Hier wächst Francesco auf. Das Bild, das man heutzutage vom Leben in den mittelalterlichen Klöstern hat, ist vielfach verzerrt. In den kahlen Hallen der meisten Klöster wird – anders als in den Palästen der Bischöfe und Kardinäle – nicht geprasst und gehurt, nicht intrigiert und Schabernack getrieben, sondern stundenlang ernsthafte Andacht gehalten und hart gearbeitet. Francesco schrubbt die steinernen Böden des Kreuzgangs, baut Gemüse an, zieht Kräuter, serviert Speisen. Außer den andächtigen Gesängen der franziskanischen Mönche erreicht ihn keine Musik, kein Luxus umgibt ihn, keine Eitelkeit ist gestattet. Seine ganze Jugend verbringt er als Novize inmitten von Kargheit, Askese und spiritueller Frömmigkeit, aber auch inmitten von aufrichtiger Zuneigung und unverfälschter Herzlichkeit. Die Franziskaner sind seine geliebte Familie, unter ihnen fühlt er sich wohl und geborgen. Noch als Jugendlicher tritt er endgültig in den Orden ein, mit dem Vorsatz, sein genügsames Leben fortzuführen.

Doch er ist zu Höherem bestimmt. Zunächst schicken die frommen Brüder ihn zum Studium der Philosophie und Theologie, mit der Absicht, ihn zum theologischen Lehrer ausbilden zu lassen. Und tatsächlich erhält er im Alter von dreißig Jahren seinen Doktorhut und beginnt, im Namen seines Ordens an verschiedenen Universitäten im Norden Italiens zu dozieren. Nach und nach steigt Francesco in der Ordenshierarchie auf, bis er im Mai 1464 schließlich General der Franziskaner wird, der höchste Vertreter des Ordens.

Bis dahin ist Francesco allen seinen Idealen treu geblieben. Weder eine Lust an Ämterkauf, Intrige oder Mord ist belegt – was in Anbetracht seiner mittlerweile hohen Stellung durchaus nicht selbstverständlich ist –, noch eine Neigung zum Favoritentum, ja nicht einmal der Bruch des Zölibats. Doch in jenem Jahre 1464, als Francesco das höchste Amt seines Ordens übernimmt, geschehen noch zwei andere Ereignisse, die das Leben des züchtigen Franziskanergenerals verändern werden, und in denen die Ursache für seine Verwandlung zu suchen ist.

Im August 1464 wird Paul II. zum neuen Papst gewählt. Insgeheim wird der noch relativ junge sowie gut aussehende und eitle Mann schon seit langem «die fromme Maria» genannt, weil seine Neigung zum männlichen Geschlecht nicht verborgen bleibt. Als Papst tritt sie nun deutlich hervor. Paul II. veranstaltet bevorzugt Sportfeste und bewundert aus nur geringer Entfernung die schwitzenden Körper der Ringer und Läufer. Er gibt auch die Anweisung, ihn sofort zu benachrichtigen, wenn junge Männer im Rahmen von Verhören gefoltert werden. Bekleidet mit Tiara und Soutane, über und über mit Rubinen und Smaragden besetzt, betritt er dann die dunklen und schmutzigen Kerker und sieht den Folterknechten bei ihrem brutalen Handwerk zu. Wo ein nackter männlicher Körper zu sehen ist, muss Paul II. hinsehen, wo ein wildes Fest rauscht, kann er nicht fernbleiben, und vielleicht führt er auch aus diesem Grunde den seit Jahrhunderten verbotenen römischen Karneval wieder ein, eine orgiastische Veranstaltung, bei der er selbst ausgelassen mitfeiert. Die Römer kümmern seine Neigungen ohnehin nicht – sie sind ganz anderes von den Oberhirten gewohnt.

Dieser Paul II. ist es nun auch, der sich der Karriere Francescos annimmt und ihn völlig überraschend zum Kardinal ernennt. Über die Art der Beziehungen zwischen Paul II. und dem Kardinal Francesco della Rovere ist nichts Genaues bekannt, aber es ist sicher kein Zufall, dass sowohl Paul II. und der spätere Sixtus IV. als auch die ihm nachfolgenden drei Päpste Innozenz VIII., Alexander VI. und Julius II. schwule oder bisexuelle Neigungen haben. In jedem Fall ist diese Ernennung zum Kardinal eine außerordentliche Auszeichnung für Francesco, vor allem in Anbetracht der Tatsache, dass das damalige Kardinalskollegium lediglich etwa zweiundzwanzig Kardinäle umfasst, und nicht hunderte wie in heutiger Zeit. Francesco zieht nach Rom und lässt sich in einem Palast neben der Kirche San Pietro in Vincoli nieder. Hier kommt er erstmals mit dem pulsierenden, fast durchweg unheiligen Leben der Ewigen Stadt in Kontakt. Die Metropole am Tiber, die seit fast zweitausend Jahren als das Zentrum der Welt gilt, hat mit ihren Verlockungen schon so manchen rechtschaffenen Prälaten in einen Wüstling verwandelt: Korruption, Begünstigung, Ämterschacher, Betrug, Vielweiberei und unerhörter Luxus sind hier an der Tagesordnung. Die Verwandlung Francescos von einem aufrechten Franziskanergeneral in einen dekadenten Kardinal findet in seinen stillen Jahren zwischen 1464 und 1471 statt, auch unter dem Einfluss des zweiten, einschneidenden Ereignisses.

Ebenfalls um 1464 treten seine jungen Neffen Pietro und Girolamo Riario auf. Die beiden hübschen und vollblütigen Söhne seiner Schwester besuchen den lieben Onkel immer häufiger und nehmen einen zunehmend wichtigeren Platz in seinem Leben ein.

Der eine, Pietro, ist sein besonderer Liebling. Um ihn fördern zu können, bewegt er den jungen Mann zum Eintritt in den Franziskanerorden, doch niemand ist dort so deplaziert wie dieser Neffe. Pietro wird von allen als witzig und geistreich gelobt, aber früh schon dominiert seine Neigung zur Selbstzerstörung. Er denkt nicht daran, wie ein Mönch zu leben, jede Nacht macht er mit Huren und Strichern durch, säuft und klaut, kennt keine Hemmung. Der andere Neffe, Girolamo, ist Gemüsehändler, und wenn er seinen Lebenswandel auch besser unter Kontrolle hat, so bildet sich auch bei ihm eine wenig liebenswerte Eigenschaft heraus, nämlich das Bedürfnis nach Gewalt. Francesco jedoch liebt beide über alles, und wenn es in den Jahren bis 1471 noch scheint, als würde er seine Neffen in Anbetracht seiner hohen Stellung im Griff haben, so stellt sich schon bald heraus, dass es sich genau umgekehrt verhält.

In einer Julinacht des Jahres 1471 erleidet Paul II. in den Armen seines bevorzugten Lustknaben (angeblich beim Analverkehr) einen tödlichen Schlaganfall, und am 6. August tritt das kleine Konklave der Kardinäle zusammen, um einen Nachfolger für den Stuhl Petri zu wählen. In diesem Augenblick betritt der lasterhafte Pietro die Bühne der Weltgeschichte, denn in seiner Verliebtheit hat Kardinal Francesco della Rovere seinen ältesten Neffen, den Franziskanerpater, zu seinem Verhandlungsführer bei der Wahl ernannt. Pietros wüster Lebenswandel ist wohlbekannt, aber was überall sonst und zu fast jeder anderen Zeit zu einem Nachteil geworden wäre, das wird hier, im Rom der heiteren Renaissance und besonders im wenig frommen Kollegium der Kardinäle zum Vorteil. Pietro, der keine Hemmungen kennt, feilscht um jede Stimme für seinen Onkel und Gönner, verspricht Geld und Ämter, Würden und Titel für die Kardinäle und deren Anhang. Dem einen bietet er die Begleichung all seiner Schulden, dem anderen ein Bistum für den heimlichen Sohn, dem dritten Baugenehmigungen für mehrere Bordelle in der Ewigen Stadt. Und tatsächlich: Nach drei Tagen hat der skrupellos-fleißige Neffe eine Mehrheit beisammen. Francesco della

Rovere wird am 9. August 1471 zum Papst gewählt und gibt sich den Namen Sixtus IV.

Seine erste Amtshandlung ist die Ernennung des fünfundzwanzigjährigen Pietro zum Kardinal mit einem Jahreseinkommen von fast zweieinhalb Millionen Dukaten und des Gemüsehändlers Girolamo zum Grafen und Befehlshaber der päpstlichen Truppen. Ein weiterer junger Neffe, Giuliano della Rovere, wird von Sixtus ebenfalls sehr geschätzt und zum Kardinal ernannt. Giuliano wird über dreißig Jahre später selbst als Julius II. Papst werden und sich bald nach seiner Wahl vor einer Synode wegen Homosexualität im Amt verantworten müssen.

Sixtus scheint die Vergabe von Würden also nicht allein vom verwandtschaftlichen Verhältnis abhängig zu machen, sondern auch von der intimen Zuneigung zu ihm. Der mittlerweile siebenundfünfzigjährige Sixtus ist Päderast, und seine Gunst erhalten nur die «Werkzeuge seiner infamen Vergnügungen», wie ein Historiker seines Zeitalters niederschreibt, also nur jene, die seine Sucht nach männlicher Jugend befriedigen. Wie weit seine Liebe geht ist nicht belegt, aber verschiedene Zeitzeugen beschimpfen ihn heftig wegen seiner «Vergnügungen».

Fest steht: Wer einmal seine Gunst gewonnen hat, der hat sie für immer, der kann mit Sixtus machen, was er will. In den Händen seiner Neffen ist dieser ansonsten strenge Papst nur Wachs. Die päpstliche Kasse reicht schon bald nicht mehr aus, um die Verschwendungen Pietros und die maßlose Landgier des frischgebackenen Grafen Girolamo zu bezahlen. Der persönlich schlicht lebende Papst kommt überhaupt nicht auf die Idee, seine hübschen Günstlinge zur Sparsamkeit anzutreiben, sondern verhätschelt sie wie eine Mutter und macht sich auf die Suche nach zusätzlichen Einnahmequellen.

Schon seit Jahrhunderten kennt die Kirche jener Tage den Ablass. So werden beispielsweise Kreuzfahrer mit der Vergebung ihrer Sünden belohnt. Natürlich bringt eine solche Maßnahme kein Geld in die Kasse, und daher würde sie in der gegebenen Form nicht Sixtus' monetären Zwecken dienen. Und wer will schon noch auf einen Kreuzzug gehen, um sich von Sünden zu befreien? Er erfindet also ein erweitertes System des Ablasshandels: Ein jeder kann sich fortan einen Ablass für fast jede Schuld erkaufen. Hat man geflucht, kostet es vielleicht einen Dukaten, hat man geklaut vielleicht zwei, hat man die Ehe gebrochen vielleicht zehn. Für nahezu jedes Verbrechen werden Ablässe gewährt, wenn mit klingender Münze gezahlt wird, ja, es ist sogar möglich, den Ablass auf Vorrat zu kaufen, also bereits bevor die Tat begangen wird.

Noch ist das Volk nicht aufgeklärt, noch ist die Erde für die vielen Ungebildeten eine Scheibe und der Papst ein Heiliger, noch gibt es die Bibel nur in lateinischer Sprache und sie kann von den Geistlichen nach Belieben interpretiert werden, ohne dass irgendein frommes Bürgerherz dagegen Einsprüche erheben könnte. In Massen werden die Ablässe gekauft, und gerade die lasterhaften Reichen freuen sich über diese Methode, ihr Leben weiterhin der Lust und der Gewalt zu widmen und dabei dennoch frei von Schuld zu bleiben – oder zumindest zu scheinen. Ein unerschöpflicher Geldstrom ergießt sich in die päpstlichen Schatzkammern. Doch damit nicht genug: Sixtus steigt selbst ins Zuhältergeschäft ein, indem er reichen Männern die Erlaubnis verkauft, «gewisse Matronen in Abwesenheit ihrer Ehemänner trösten zu dürfen», wie es wörtlich heißt. Und dem Kardinal von St. Lucia verkauft er die Genehmigung, während drei Monaten im Jahr homosexuellen Beischlaf zu haben.

Im Jahre 1474, drei Jahre nach Sixtus' Pontifikatsantritt, stirbt Pietro Riario achtundzwanzigjährig «an den Folgen seiner Ausschweifungen», wie ein Zeitgenosse orakelt. Für die päpstliche Kasse bringt das Ableben des Verschwenders zwar etwas Erleichterung, aber dafür gerät Sixtus nun unter den Einfluss seines anderen Neffen Girolamo.

Das Italien jener Tage ist kein geeintes Land, sondern zersplittert in zwei Dutzend großer und kleiner Einzelstaaten, zum einen Teil Herzog- und Fürstentümer, zum anderen Teil Republiken. Savoyen, Mailand und Venetien dominieren den Norden der Halbinsel, das Königreich Neapel den Süden. In der Mitte konkurrieren Florenz und Siena um die Vorherrschaft, und nicht zuletzt auch der Kirchenstaat, das «Patrimonium Petri», der mit einer Fläche von etwa fünftausend Quadratkilometern bedeutend größer ist als der Vatikan heutzutage.

Girolamo besitzt nicht, wie sein totgesoffener Bruder, die Liebe zum Geld, dafür aber zu Land und Titeln. Mittels übler Gaunereien und unterstützt vom knabenliebenden Onkel erschwindelt sich der kaum volljährige Girolamo die Fürstentümer Imola und Forli. Doch schon bald reicht ihm auch das nicht mehr aus und er giert nach angrenzendem Land, das zum mächtigen Florenz gehört, wo die Medici regieren. Da er an eine kriegerische Eroberung in Anbetracht der militärischen Machtverhältnisse nicht denken kann, reift ein ganz anderer, ein mörderischer Plan in ihm.

Inwieweit Sixtus IV. in die folgenden Geschehnisse verstrickt ist, gehört zu den ältesten ungelösten Kriminalfällen der Kirchengeschichte, und wenn auch nicht bewiesen ist, dass dieser Papst die so genannte Pazzi-Verschwörung in Auftrag gibt, um seinem schönen Geliebten einen Gefallen zu tun, so ist doch gesichert, dass er zumindest davon weiß und passive Unterstützung leistet. Für den 26. April 1478 ist nicht weniger geplant als die blutige Auslöschung der herrschenden Medici in Florenz, und zwar während der Sonntagsmesse im Dom.

Außer Girolamo, der seine Sache vom sicheren Imola aus steuert, sind noch ein Erzbischof, zwei Priester und einige florentinische Adelige, die Familie der Pazzi, in das Mordkomplott verstrickt. Sie alle haben im Voraus die Absolution des Heiligen Vaters empfangen.

In einem der heiligsten Augenblicke, den die katholische Liturgie überhaupt kennt, als nämlich die Hostie zur Wandlung gehoben wird und alle Frommen demütig die Köpfe beugen, erfolgen die tödlichen Dolchstöße auf die Medici. Aber die Tat misslingt. Einem der Familienoberhäupter, Lorenzo di Medici, gelingt schwer verletzt die Flucht aus dem Dom und die Mobilisierung des Volkes gegen die Verschwörer. Der Erzbischof und die Pazzi werden vom Mob gelyncht, die Verantwortung Girolamos wird aufgedeckt. Vergebens, dass Sixtus IV., halb ohnmächtig vor Wut, den Bannstrahl gegen die Medici und das ganze florentinische Volk wirft, dass er seine Truppen vorrücken lässt, dass er den florentinischen Botschafter einkerkert und andere Staaten aufzuhetzen versucht. Es gelingt ihm nur, die ganze Halbinsel in bürgerkriegsähnliche Zustände zu treiben, aber nicht, Girolamos Wunsch nach mehr Land zu erfüllen. Der junge, aggressive Abenteurer wird ebenso wie sein Bruder Pietro nicht alt; er wird wenige Jahre nach dem Tod seines päpstlichen Onkels und Schutzpatrons ermordet.

Die größte Schuld Sixtus' IV. jedoch, derentwegen er heutzutage von seiner eigenen Kirche verdammt wird, ist nicht in dem Konflikt mit einem italienischen Kleinstaat zu sehen oder darin, dass er – wie so viele Päpste vor und nach ihm – korrupt war, sondern darin, eine Jahrhunderte überdauernde Institution geschaffen zu haben, in deren Namen unzählige Verbrechen gegen die Menschlichkeit begangen wurden.

Die Kirche des Jahres 1478 steht längst nicht mehr so unangefochten da wie noch ein Jahrhundert zuvor. Ihre Autorität löst sich am Rande und im Kern auf. Die Macht des päpstlichen Wortes schwindet, weil Papsttum und Kardinäle prunksüchtig und verweltlicht sind und Rom ein einziges Bordell ist. Schon pochen einige Bistümer auf Veränderungen, schon werden eigenmächtig Konzile ins Leben gerufen, um die Prunksucht und Unmoral der Kirchenführung anzuprangern. Ganz dringend sind jetzt liberalisierende Reformen nötig, Maßnahmen, die die Christenheit vereinen und ihren ursprünglichen Gedanken neu beleben.

Doch das Rom jener Jahre ist – wie der Hof von Versailles im achtzehnten Jahrhundert – eine abgeschlossene Welt, die sich nur um sich selbst dreht. Völlig unverständlich ist

Sixtus und den anderen hohen Prälaten der Ewigen Stadt daher die Anmaßung dieser anderen Welt jenseits von Rom. Sixtus IV. ist bei all seinem wüsten privaten Treiben dennoch ein durch und durch konservativer Mensch. Aufgewachsen in der strengen Hierarchie der Franziskaner, erscheint ihm jede Forderung Außenstehender, jede Einmischung in seine päpstliche Politik wie Rebellion, ja wie Ketzerei. Wie viele Potentaten der Geschichte reagiert auch er mit Härte statt mit Dialog auf die Kritik von Gelehrten und Diözesen. Nicht nur, dass er per strengem Dekret und bei Androhung von Gewalt jeden Versuch eines unautorisierten Konzils unterbindet, nicht nur, dass er die ohnehin schon läppischen Kirchenreformen eines bereits stattgefundenen Konzils in Konstanz für ungültig erklärt, er schickt der unter den dogmatischen Lasten murrenden Christenheit eine unbarmherzige Waffe an den Hals: die Inquisition. Sie soll jedes Murren unterdrücken, jedes Aufbegehren gegen päpstliche Dogmen im Keim ersticken. Genau in jenem historischen Augenblick, als der Nebel der mittelalterlichen Welt sich zu lichten beginnt, treibt die Kirche ihre Völker mit der Keule der Ketzerverfolgung zurück in das Dunkel des Dogmas und der totalen Unterwerfung.

Am 1. November 1478 erlässt Sixtus IV. eine Bulle, in der die Errichtung einer Inquisition in Spanien verkündet wird, und setzt damit eine Verfolgung gegen seine eigenen Glaubensbrüder in Gang, wie sie nicht einmal im Römischen Reich gegen die ungeliebten Christen betrieben wurde. Unter dem von Sixtus bestallten Großinquisitor Tomas de Torquemada, «der schlimmsten Gestalt, die je über gut und böse zu Gericht saß», wie es von Historikern heißt, wird das iberische Königreich binnen weniger Jahre in einen Überwachungsstaat verwandelt.

Die Liste ketzerischer Verfehlungen ist umfassend: Liberale Gedanken sind es ebenso wie wissenschaftliche Neugier, jüdische Lebensweise, unehelicher Beischlaf, Astrologie, fahrlässige Rede, Witzeleien über das Zölibat, unchristliche Philosophie, Flüche, Besessenheit, Zweifel an der unbefleckten Empfängnis und natürlich jede Kritik an Dogmen, um nur einiges zu nennen. Man erkennt, worauf Papsttum und Kirche abzielen: jede Eigenständigkeit des Geistes, jede moderne theologische Auseinandersetzung mit dem Glauben und jede theologische Verwässerung durch scheinbar konvertierte Juden soll verhindert werden.

In den ersten Jahren der Inquisitionstätigkeit werden bereits etwa neuntausend Menschen bei lebendigem Leibe verbrannt; wer in letzter Minute bereut, wird gnädig erdrosselt, bevor die Flammen ihn verzehren. Weitere siebzigtausend Menschen werden in einer ersten Verfolgungswelle inhaftiert, auf Galeeren geschickt oder vollständig enteignet, nachdem sie ihre vermeintlichen Verbrechen auf der Folter gestanden haben. Im Laufe der Jahrhunderte sterben Hunderttausende, Millionen erleiden das Schicksal eines Häftlings.

Von Spanien aus breitet die Inquisition sich im Laufe der Jahrhunderte in die südamerikanischen Kolonien, nach Portugal, Italien, dem Deutschen Reich und zeitweise auch nach England aus.

Etwa zur selben Zeit als Sixtus die Ketzerbulle erlässt, ordnet er eine Untersuchung darüber an, ob es Hexen gibt und wie sie ihr Unwesen treiben. Es ist eine interessante Frage und wäre ganz sicher auch einer näheren psychologischen Betrachtung wert, warum es gerade ein homoerotisch veranlagter Papst ist, der so genannte Ketzer verfolgt und nun auch einen Feldzug gegen die Frau führt. An dieser Stelle seien aber nur die sichtbaren Tatsachen genannt.

Sixtus betraut die deutschen Inquisitoren Heinrich Institor und Jakob Sprenger mit der Ermittlung über das Hexenwesen, da es «ihr Spezialgebiet» sei. Seit Jahrhunderten schon werden immer wieder angebliche Hexen, also Bräute des Teufels, identifiziert und verbrannt, doch das sind seltene Urteile, die meist aus politischen Motiven heraus gefällt werden, wie beispielsweise im berühmten Fall der Jeanne d'Arc. Das ländliche, abergläubische Volk des Spätmittelalters hat keinen Zweifel an der Existenz von Hexen, von Blocksbergritten und Teufelshochzeiten, von zauberischen Tränken und magischen Flüchen, doch man traut diesen wenigen bösen Frauen, die es irgendwo geben mag, nicht viel mehr zu als Tränke zu brauen und junge Männer für ihre lästerlichen Liebesspiele zu missbrauchen.

Institor und Sprenger wollen das ändern und alle Frauen unter den Generalverdacht der gefährlichen Hexerei stellen. Frauen sind für diese beiden Männer verderbte Geschöpfe, egal ob es sich um Mädchen handelt oder Greisinnen, ob sie schön sind oder hässlich, fromm und still oder heiter und lebensfroh. Sprenger schreibt: «Eine Frau ist die personifizierte Fleischeslust. Wenn eine Frau keinen Mann bekommen kann, wird sie sich mit dem Teufel selbst zusammentun.» Sie hassen Frauen. Ihre Analyse, die sie Sixtus einige Jahre nach ihrer Ernennung vorlegen, ist eindeutig: Jede Frau kann zu jeder Zeit eine Hexe werden.

Sixtus IV. hat ein offenes Ohr für die Anliegen Institors

und Sprengers. Längst hat er ja begonnen, die Frauen zu verachten, hat angeordnet, dass sie nicht mehr auf der Bühne stehen dürfen und stattdessen Kastraten ihren Platz einnehmen müssen. Der Papst stimmt den Inquisitoren zu. Schon also ist der Entschluss zur Verfolgung gefallen, schon bereiten dienstbeflissene Sekretäre eine der furchtbarsten Bullen der Kirchengeschichte vor, schon schreiben Institor und Sprenger genüsslich an ihren aufklärenden Büchern, woran man eine Hexe erkennt und was sie anzurichten vermag, da stirbt in letzter Stunde Francesco della Rovere, der sich als Papst Sixtus IV. nennt, am 12. August 1484 unerwartet in Rom. Aber er hinterlässt einen Erben, von dem er weiß, dass er sein Werk vollenden wird.

Innozenz VIII., bisexueller Günstling und Schüler von Sixtus IV., ist ebenso frauenfeindlich eingestellt wie sein Vorgänger und Vorbild. Er stellt rasch jene Bulle fertig, die das brutalste und diskriminierendste Machwerk der Kirche gegen die Weiblichkeit darstellt. Am 5. Dezember des gleichen Jahres sind Institor und Sprenger am Ziel. Die Bulle «Summis desiderantes affectibus» sowie die von den Päpsten autorisierte Schrift der «Hexenhammer» leiten eine noch nie da gewesene Hetze gegen Frauen ein. Hexen sind von diesem Tag an Bestandteil kirchlichen Glaubens und kirchlicher Verfolgung, ein Dogma, das sich drohend gleich im Einleitungssatz des Hexenhammers wiederfindet: «Das Leugnen der Hexerei ist Ketzerei.» Geschickt werden auf diese Weise Hexen- und Ketzerverfolgung miteinander verbunden, stärken sich gegenseitig den Rücken. Kein Priester, kein Bürgermeister, kein Herrscher kann nach einem solchen Satz noch gefahrlos dem Fanatismus Widerstand leisten, und so reisen bald scharenweise die vermeintlichen Teufelsaustreiber durch die Lande, predigen Argwohn gegen die Frauen und rufen zur Denunziation auf. Schätzungsweise zwei Millionen Frauen werden in den nächsten zweihundert Jahren verbrannt.

Der Traum eines neuen, heiteren Lebensgefühls ist ausgeträumt und das finstere Mittelalter kehrt dank der schwulen Päpste noch einmal und für lange Zeit zurück. Natürlich bleibt die Zeit nicht vollends stehen, natürlich lässt sich die Weiterentwicklung von Kunst und Kultur nicht völlig aufhalten, und nicht wenige der Päpste sind sogar wahre Kunstnarren, doch vor allem in Spanien und Italien, wo die Inquisition am schlimmsten wütet, und im Deutschen Reich und England, wo die Hexenjagd ins Uferlose gerät, herrscht die nächsten Jahrhunderte ein Klima der Angst unter dem einfachen Volk. Für zwei weitere Jahrhunderte hält die Institution Kirche damit erneut die Macht, die ihr zu entgleiten drohte, in den erstarrten Händen – wenn auch um den Preis von Leichenbergen. Erst Napoleon wird der Inquisition und der Hexenjagd nach über dreihundert Jahren des Terrors ein Ende bereiten.

Es ist ein grausiges Vermächtnis, das Sixtus IV. (zusammen mit Innozenz VIII.) hinterlassen hat. Bei allen juristischen und moralischen Verbrechen, die er zu verantworten hat, ist es eine bittere Ironie des Schicksals, dass viele Menschen von heute diesen Papst, ohne es zu wissen und zu wollen, ihre Ehre erweisen. Denn jeder Rombesucher geht staunend durch jenen herrlichen Raum des Petersdoms, den Sixtus in Auftrag gegeben hat, und der nach ihm benannt worden ist: die Sixtinische Kapelle.

Friedrich der Grosse: der Kriegsherr (1712 – 1786)

Hat dieser Eroberer einen einzigen Freund? Muss er nicht aller Welt misstrauen? Was für ein Leben, aus dem die Menschlichkeit verbannt ist!
(*Maria-Theresia von Österreich*)

Die Währung des Herrscherruhms ist Blut. Groß werden in der Geschichte fast immer die genannt, die viel Untertanenblut vergossen haben, und kaum einmal jene, die den Bürgern Frieden und Wohlstand brachten. Karl, Konstantin, Kyros, Ramses und Alexander bekamen ihre Beinamen, weil sie den Kampf suchten und gute Feldherren waren, weil sie mit gewaltiger Energie Völker niederwarfen und sie ihren Imperien einverleibten. Unter diesem Gesichtspunkt hat sich Friedrich II. von Preußen seine Mitgliedschaft im exklusiven Club der Großen verdient. Die drei Kriege, die er führte, machten sein Land bedeutender, sie brachten ihm Ruhm und einen Platz in den Geschichtsbüchern. Noch heute finden sich in Berlin und Brandenburg allenthalben die Statuen des Königs, noch heute schmeicheln ihm die Politiker in gesalbten Worten.

Aus der bequemen Entfernung der Jahrhunderte mag er

ja tatsächlich seiner Eroberungen wegen groß erscheinen und berechtigt als Begründer von Preußens Gloria verehrt werden. Doch welchen Preis haben die ihm anvertrauten Untertanen dafür zahlen müssen? Was sagten seine Zeitgenossen, ja sogar seine Verbündeten über ihn? «Attila» nannten sie ihn, einen «Nero» oder ein «bösartiges Ungeheuer», er sei «abstoßend und Schrecken erregend».

Welchen unter der Kriegssteuer und dem Schlachtentod der Söhne ächzenden Bauer der Friedrichszeit interessierte es schon, wenn in fünfhundert Kilometer Entfernung ein Fetzen Land an Preußen fiel? Was kümmerten diesen Untertan die erfolgreichen taktischen Winkelzüge seines Kriegsfürsten in Potsdam, wenn die Feinde seinen Hof niederbrannten, und er ihnen nicht einmal böse sein konnte, weil der eigene Herr der Aggressor war? Nein, die «Großen» werden von ihren Zeitgenossen nie geliebt.

Am 24. Januar 1712 wird Friedrich – oder Fritz, wie seine Eltern ihn nennen – als Sohn König Friedrich Wilhelms I. von Preußen und Sophie-Dorothea von Hannover im Berliner Schloss geboren. Es ist die Zeit des leichtlebigen Rokoko. Vergessen ist die finstere Epoche des Dreißigjährigen Krieges, der Europa in eine Trümmerwüste verwandelt hat, vergessen auch der schwere Stil des Barock mit seinen wuchtigen, goldüberladenen Sälen, dem massiven Innendekor der Kirchen und den schwerfälligen Gedanken. Überall in Europa bricht jetzt die Sinnenfreude an den Höfen aus. Wasserspiele und Theaterfeste, frivole Romane und kecke Galanterie erobern die Herzen des sorglosen Adels. Versailles erstrahlt im Feuerwerk der Feste, in England liebt man es, die prachtvollen Händel'schen Konzerte auf den funkelnden Wassern der Lakes zu genießen, in Venedig rauschen die Kostümfeste, in Dresden die Opernbälle, in Wien die kaiserlichen Soireen. Vorbei ist die Herrschaft der Politik, sie ist Nebensache, viel zu fade, um sich damit die Spaziergänge in den zauberhaften Gärten zu vergällen. Stattdessen wird überall flaniert und getrunken, gekichert und gespielt.

Überall? Nur an einem Land geht die Sinnlichkeit vorüber: Der preußische Hof jener Jahre ist ungewöhnlich und mit keinem anderen zu vergleichen. Friedrich Wilhelm I. ist kein Rokokofürst, sondern eine bäuerliche Natur, die die seidene Welt der gezierten Manieren und der heiteren Schäferspiele verabscheut. Kaum ein Konzert erklingt an seinem Hof, kaum ein Dichter wärmt mit seiner Stimme die kalten, spartanisch eingerichteten Räume des Schlosses, stattdessen hallen von morgens bis abends die zackigen Rufe der Feldwebel durch die Straßen. Seine Truppen sind diesem Mann alles. Zwar führt er sie niemals in den Krieg, aber wenn sie mit blitzenden Säbeln und den königsblauen Röcken an ihm vorbeiparadieren, geht ihm das Herz auf.

Selbstverständlich wünscht sich ein solcher Monarch, den alle Welt den «Soldatenkönig» nennt, einen gleich gearteten Sohn in seinen Fußstapfen. Zu Fritzens fünftem Geburtstag schenkt er ihm daher ein ganzes Bataillon Spielzeugsoldaten, die sich der Kleine einen Moment ansieht und dann gleichgültig zur Seite schiebt. Seine Mutter hingegen beschenkt ihn mit einer Flöte, und die gibt er nicht mehr aus der Hand. Vielleicht ist es diese Begebenheit, die den strengen Vater veranlasst, die Zügel der Erziehung ein wenig straffer zu ziehen. Statt der vielen zivilen Lehrer, die den Kronprinzen umgeben, sollen nun militärische Erzieher das Kommando im Unterricht übernehmen: Artilleriewesen wird Hauptfach, und die Körperertüchtigung wird aufs Fechten beschränkt. Früh schon nehmen die Obristen den uniformierten Jungen auf die staubigen Exerzierplätze mit, lehren ihn die Kommandos, lassen ihn stundenlang im Kreis reiten und bläuen ihm militärische Taktik ein. Von diesen nüchternen Gesellen erwartet ihn kein mildes Lächeln und kein freundliches Wort, vom Morgen bis in den späten Nachmittag empfängt der Siebenjährige, der Zehnjährige, der Zwölfjährige bloß zackige Befehle und freudlosen Lernstoff.

Doch am Abend, wenn er frei hat, wenn der Lärm der Kasernen verklungen ist und die letzte Uniform ihm den Rücken zugedreht hat, da wirft Fritz den ganzen militärischen Plunder von sich, kleidet sich in feine Röcke und tritt ein in den eleganten Salon der Königin. Das ist seine wahre Welt. Die höfischen Damen sind entzückt vom kleinen Thronfolger, der ihnen bei Kerzenschein ein sentimentales Adagio auf der Flöte bläst oder ihnen in perfektem Französisch aus den unbeschwerten Romanen von Mariveaux liest. Mit seiner königlichen Mutter und der über alles geliebten Schwester Wilhelmine plaudert er dann über die neuesten Opern oder die spielerische Malerei Watteaus. Zwischen den raschelnden Fächern und rauschenden Kleidern fühlt er sich wohl, sie sind ihm der ganze Trost des Daseins.

Doch wie der Blitz des Zeus, so fährt eine Anordnung des Königs auch in dieses letzte Refugium der Entspannung hinein. Kurz nach Friedrichs dreizehntem Geburtstag stellt der Vater Friedrich Wilhelm grimmig fest, dass sein Sohn noch immer nicht diesen «nutzlosen, weibischen Kram» abgelegt hat, noch immer lieber mit Flöte und Buch hantiert als mit Bajonett und Degen. Das Reglement wird verschärft. Persönlich stellt Friedrich Wilhelm das Programm zusammen, welches nun eher dem eines Strafgefangenen gleicht denn dem eines künftigen Königs: «Um fünf Uhr aufstehen. Sogleich vor dem Bette auf die Knie fallen und laut hörbar ein Gebet sprechen. Geschwind und hurtig anziehen. Proper waschen. Das alles muss in einer Viertelstunde abgehandelt sein –» Auf diese Weise wird der ganze Tag Friedrichs durchgeplant. Alles hat auf die Minute zu beginnen und zu enden, das Lernen wie das Essen, das Schlafen wie das Beten, das Reiten wie das Waschen. Die geringste Abweichung ist streng verboten, ebenso das Flötenspiel und das Lesen. Anweisung an die Lehrer: «Vor Opern und Komödien ist dem Thronfolger ein riesiger Abscheu einzuprägen.»

Ja, prägen, dem Sohn das väterliche Siegel mit harter Hand aufdrücken, das ist das Ziel dieses Vaters. Seine Neigungen sollen Friedrichs Neigungen werden, und so organisiert der König ein undurchlässiges Netz aus Spitzeln um den Sohn herum. Jede Person, die mit Friedrich zu tun hat, gleich ob Lehrer oder Beichtvater, ob Lakai oder Fechtmeister, ist direkt dem König unterstellt und erstattet jeden Abend pünktlich wie ein Uhrwerk Bericht. Wenn etwas nicht genau nach dem vorgeschriebenen Plan vor sich geht, gerät der Monarch in wilde Jähzornsausbrüche, prügelt die Schuldigen ohne Rücksicht auf deren Stellung zur Türe hinaus und lässt ein entsetzliches Donnerwetter über den jugendlichen Friedrich los. Auch Friedrich selbst ist bald vor den Schlägen des bulligen Königs nicht mehr sicher.

Doch wie schon zwei Jahrtausende zuvor bei Philipp und Alexander: Je verbissener sich die Faust des Vaters um den Sohn krallt, desto frecher schlüpft ihm dieser durch die Finger, desto verächtlicher und aufmüpfiger reagiert er. Selten waren Vater und Sohn in Stil und Auffassung so verschieden wie diese beiden: Liebt der Vater die Jagd, verabscheut der Sohn blutige Vergnügungen; zerstreut sich der Vater am liebsten beim Zechgelage mit Freunden, sind dem Sohn solche derben Vergnügungen zuwider; ist der eine sparsam, so der andere verschwenderisch, der eine laut und polternd, der andere still und unauffällig, der König unkultiviert, der Prinz feinsinnig, der König auf naive Weise gottesfürchtig, der Prinz atheistisch. An keinem Punkt ihrer Existenz berühren sich diese beiden Seelen, sie sind einander beziehungslos und fremd. Hätte Friedrich Wilhelm I. die Fähigkeit, Druck zu mindern, wo er Gegendruck spürt, würde er sich vom Brechen aufs Biegen verlegen und Friedrich das Nötige lehren, ohne ihm das Vergnügen zu nehmen, so würde sich eine gestörte Beziehung noch retten und ein pubertärer Charakter formen lassen. Aber dieses Vermögen besitzt der Vater nicht. Friedrich Wilhelm ist kein Taktiker, kein Diplomat. Er erwartet Gehorsam und noch einmal Gehorsam, jede Eigenständigkeit, jede Form von Kreativität lehnt er kategorisch ab und ahndet sie mit strenger Strafe.

Bei einem solch explosiven Verhältnis bedarf es nur eines Funkens, um die Katastrophe auszulösen. Eines Abends missachtet Friedrich das Verbot zu musizieren. Mit dem Hofmusikus Quantz spielt er fleißig Duette auf der Flöte; überall hat er «Wachen» aufgestellt, niemand anders als die königlichen Prinzen und Prinzessinnen nämlich, seine jüngeren Geschwister. Doch etwas geht schief: Der König, der zwar nicht mehr gut bei Gehör ist, aber Musik wie Kloakengestank auf eine Meile zu riechen vermag, überrascht das Musikantenpaar und fällt einer Hyäne gleich über die Gesellschaft her. Die Flöten fliegen zerbrochen in die Ecke, Quantz flieht vor den Fäusten des Königs, die Geschwister bringen sich verängstigt in Sicherheit, doch Friedrich wird gepackt, geschlagen und an den Haaren durch die Gänge geschleift – eine Demütigung, die er nie verzeiht. Die Atmosphäre zwischen Vater und Sohn nimmt Dostojewski'sche Züge an.

Düstere Gedanken beschäftigen den Achtzehnjährigen von diesem Tag an. Insgeheim wünscht er dem Vater den Tod an den Hals, aber der Rüstige ist noch weit entfernt vom Sterben. Gibt es denn keinen Ausweg? Friedrich kann nicht länger in diesem Käfig der bedrückenden Zeiteinteilung leben, allem beraubt, was ihm gefällt. Doch inmitten dieser Dunkelheit sendet ihm das Schicksal einen Menschen zum Trost: Hans Hermann von Katte.

Sobald dieser Name von den Biografen Friedrichs des Großen genannt wird, werden die sonst beredten Autoren zumeist einsilbig. Noch in den Neunziger Jahren des 20. Jahrhunderts werden dicke Bücher über den berühmten Preußenkönig verfasst, und Katte, der eine so bedeutende Rolle in der Entwicklung Friedrichs spielt, findet lediglich auf einer einzigen Seite deutliche Erwähnung, versehen mit kurzen, ominösen Beschreibungen. Wir erfahren, Katte habe «ein lockeres Leben» geführt, sein Einfluss sei «nicht wohltätig» gewesen und das Verhältnis zum Thronfolger «innig». Was hat es auf sich mit dem Prinzen und seinem Leutnant?

Um 1729 herum lernen die beiden jungen Männer sich kennen, vermutlich auf dem Kasernenhof, wo Friedrich sich zumeist aufhält. Katte ist Leutnant im Garderegiment des Königs, ein hübscher, sechsundzwanzigjähriger Bursche mit gewinnendem Wesen, heiter, intelligent, musisch, ein Lebemann wie aus dem Bilderbuch, dessen einziger sichtbarer Fehler seine übergroße Eitelkeit ist. Er stellt etwas dar und er weiß es. Für Friedrich ist Katte ein Vorbild. Er hängt an seinen Lippen, egal, was er sagt.

Es gibt keine eindeutigen Zeugnisse dafür, aber womöglich ist es Katte, der Friedrich in die Geheimnisse der Sexualität einweist – und sei es nur verbal, da Friedrich unter strenger Aufsicht steht. Je wichtiger Katte für den Prinzen wird, je mehr Sonne er in seine schnöden Tage bringt, desto stärker erscheint Friedrich der Kontrast zwischen dem Leben, das er zu führen genötigt ist, und dem, das er führen könnte. Niemand weiß, ob Katte der letzte Auslöser für das geheime Vorhaben Friedrichs ist, oder ob es ohnehin stattgefunden hätte: Friedrich, der Kronprinz, plant die Flucht aus seinem eigenen Land, und Katte wird sein Komplize.

Am 5. August 1730 versucht das Paar nach Frankreich zu fliehen, doch sie werden gestellt und dem König vorgeführt. Friedrich Wilhelm I. ist in dieser Situation nicht mehr Herr seiner Sinne. Er gerät dermaßen in Aufwallung, dass er seinen Säbel zieht und versucht, den Sohn zu durchbohren, doch ein hoher Offizier kann ihn davon im letzten Augenblick abhalten. Dennoch fliegen wieder einmal die Fäuste des Despoten, er schleudert den Sohn von einer

Ecke in die andere und beendet sein blutiges Werk erst, als seine Kräfte ermatten. Danach lässt er Friedrich und Katte in die Festung Küstrin einsperren, wild entschlossen, beide als Deserteure hinrichten zu lassen.

Es kommt anders. Bestürmt von der Familie, von den auswärtigen Botschaftern und seinen Ministern und Generälen legt der König für Friedrich eine Kerkerhaft auf unbestimmte Zeit in der Festung Küstrin fest. Doch die schlimmste Strafe ist eine andere. Von zwei Grenadieren festgehalten, das Gesicht an das Kerkerfenster gepresst, soll Friedrich mit ansehen, wie im Hof unten Hans Hermann von Katte mit dem Schwert enthauptet wird. Friedrich schreit, er verlangt, dass ein Bote zum König geschickt wird, mit der Nachricht seiner totalen Unterwerfung, wenn nur Katte nichts geschieht. Doch es hilft nichts. Niemand reagiert. Katte besteigt das Blutgerüst. Friedrich ruft unter Tränen: «Tausendmal Verzeihung. – Verzeih mir.» Und Katte sieht zum Fenster hinauf, wirft dem Gefährten eine letzte Kusshand zu, bevor man seinen Schopf auf den Block legt und das Schwert niedersaust.

Friedrichs Zusammenbruch ist vollständig, er wird ohnmächtig und fällt in ein tagelanges schweres Fieber. Nichts behält er bei sich, alles erbricht er. Wahnvorstellungen suchen ihn heim, Albträume quälen ihn, er macht sich Vorwürfe und ruft immer wieder, dass er alles dafür geben würde, wenn Katte nur wieder zurück käme. Von einer solch gepeinigten Seele könnte man erwarten, dass sie den König verflucht und verdammt, dass sie ihm jede Gefolgschaft, jede Treue, jeden Respekt aufkündigt, ihn nicht länger als Souverän und Vater anerkennt. Und tatsächlich:

Wäre der Vater jetzt vor Ort, greifbar und angreifbar, würde der Sohn seinen ganzen Zorn über ihn ergießen können. Doch der König lässt sich nicht blicken, und so bleibt diesem Zorn nichts anderes, als zu erstarren. Von dem Tag von Friedrichs Genesung an, wird aus seiner Missbilligung für den Vater eisiger Hass. Aber er zeigt ihn nicht, denn er weiß, dass seine einzige Möglichkeit, diesen Despoten zu überleben die äußere Unterwerfung ist. Und so heuchelt er – wie er später selber sagt – einen Gehorsam, den er nie verspürt. Seine Briefe an den Vater sind von ausgesuchter Höflichkeit, seine Grüße sind herzlich, seine Treue ist viel beschworen. Und in der Tat lässt Friedrich Wilhelm sich nach einigen Monaten überzeugen, dass der Sohn einsichtig geworden ist. Dieses Soldatenherz ist nur in der Lage, die äußeren Anzeichen menschlicher Handlungen wahrzunehmen, die Worte, die Bewegungen, nicht aber die feinen Zwischentöne. Er sieht nicht, dass Friedrichs früher so frisches Lachen zu einem sarkastischen geworden ist, dass sein Humor zynisch ist, seine Verbeugungen scheinheilig sind. Der König wollte aus dem seidenen Menschen einen hölzernen machen, doch er hat einen aus Eisen geschaffen, dem jedes Gefühl erkaltet ist. Jetzt, im Jahre 1730, ein Sohn und Untertan Friedrichs Wilhelms I., ist dieser junge Mann ein bemitleidenswertes Opfer; doch zehn Jahre später wird man die bemitleiden müssen, die nun seine Untertanen sind.

1732 wird ihm vom Vater befohlen, Elisabeth-Christine von Braunschweig zu heiraten. Friedrich folgt, ohne laut zu murren, insgeheim aber vertraut er seiner Schwester Wilhelmine an: «Man will mich mit Stockschlägen zum Liebhaber machen. – Es wird nicht gelingen. – Eine unglückliche Fürstin mehr in der Welt.»

Die Braut aus Braunschweig ist warmherzig, sanft und zurückhaltend, sie liebt Friedrich mit ganzem Herzen, und Friedrich selbst kommt auch leidlich mit ihr aus, aber die Ehe wird nie vollzogen. Friedrich wird in seinem ganzen Leben keine einzige Frau körperlich lieben, und nur eine geistig: seine Schwester Wilhelmine. Ansonsten spricht er von den Frauen respektlos: «Man riecht sie auf zehn Meilen.»

Die ersten Jahre lebt das Ehepaar noch Seite an Seite im Schlösschen Rheinsberg, doch als König Friedrich Wilhelm am 31. Mai 1740 verstirbt, ist eine der ersten Handlungen des neuen Monarchen, Elisabeth-Christine auf ein anderes Schloss einzuquartieren.

«Salomon hatte einen Harem von tausend Frauen und war der Ansicht, dass sei noch nicht genug. Ich habe nur eine, und das ist mir zu viel.»

Elisabeth Christine ist verzweifelt: «Mein Herz ist unverändert geblieben», schreibt sie einer Freundin, «und es wird immer gleich für ihn schlagen, und ich hoffe immer noch, dass alles doch noch anders wird.» Diese Hoffnung wird sich nie erfüllen. Friedrich holt die Königin nur zu bedeutenden Staatsanlässen herbei und schreibt ihr selten und auch dann äußerst kalt. Kein freundliches Wort, kein freundlicher Blick geht zu dieser Frau, die gar nicht mehr verlangt als eine gelegentliche Unterhaltung und einen warmen Händedruck. Das Potsdamer Schloss Sanssouci, das er bald nach seinem Herrschaftsantritt in Auftrag gibt und anschließend vierzig Jahre lang bewohnt, bekommt

Elisabeth-Christine nie zu Gesicht. Als er nach vielen Jahren der Abwesenheit wieder einmal mit ihr in Berlin zusammentrifft, begrüßt er sie vor dem versammelten Hof mit den Worten: «Madame sind korpulenter geworden», dann dreht er sich weg und sieht sie erneut jahrelang nicht wieder.

Die eisige Kälte wird fortan Friedrichs Aura. Einzig Michael Fredersdorff, sein Vertrauter und Gefährte, «ein großer und schöner Mensch – geschickt und überall brauchbar», wie Voltaire schreibt, vermag es noch, ein zärtliches Gefühl in diesem Mann zu wecken. Wer immer sonst mit ihm zu tun hat, bekommt seine Schärfe und Härte zu spüren: Geschwister, Generäle, Minister. Der britische Botschafter schreibt: «Ich möchte lieber sein Postpferd als sein erster Minister oder sein Bruder oder seine Gattin sein. – Er lässt keine Gelegenheit entgehen, die unschuldige Königin zu kränken. – Alle sind hier gleich unglücklich, alle verabscheuen in gleicher Weise seine eiserne Regierung. – Er macht seine Untergebenen heute so unglücklich wie er es selbst früher war.» Und der französische Botschafter schreibt: «Er hat ein spöttisches und bitteres Lächeln. – Sein besonderer Fehler ist seine Menschenverachtung. – Gegen seine Brüder ist er streng und gebieterisch und hält sie in einer Abhängigkeit, der er sich in den Tagen seines Vaters selbst nicht beugen wollte.»

Friedrich, selbst ein gequältes Kind, quält nun die anderen. Besonders Heinrich, der schöne und politisch begabte, wahrscheinlich schwule Bruder, bekommt die Abneigung Friedrichs zu spüren. So, wie Friedrich selbst verheiratet wurde, verheiratet er nun auch Heinrich mit einer unbedeutenden Prinzessin und ignoriert die Klagen dieses Bruders. Kein gutes Haar wird an denen gelassen, die irgendetwas besser können als der König. Jeden Fehler schiebt er auf andere, jede eigene Mittelmäßigkeit erhebt er zur Übergröße. Jahrzehnte der Aggression, der Unterdrückung machen sich Luft, doch sie entladen sich nicht bloß in familiären Eisstürmen. Der junge Monarch strebt auch nach politischer Macht, nach europäischer Macht. Ebenso wie Alexander der Große ist er ein vom Vater unterdrückter Sohn, und ebenso wie der junge Makedonenkönig will auch Friedrich Ruhm erwerben – um jeden Preis.

Bei seinem Herrschaftsantritt findet Friedrich II. eine zementierte geopolitische Lage vor. England und Österreich sind die beiden verbündeten Großmächte auf der einen Seite, Frankreich und Russland auf der anderen. Das Heilige Römische Reich Deutscher Nation hingegen ist ein großer, zahnloser Tiger und nur auf dem Papier imposant. Ein bedeutungsloser, weil machtloser Kaiser regiert über drei Hundertschaften Mittel- und Kleinstaaten, von denen jeder souverän ist. Preußen ist einer davon. Juristisch zwar dem Kaiser unterstehend, ist der preußische König jedoch faktisch frei in seinen Entscheidungen, und dieser neue preußische König entscheidet sich für einen spektakulären Alleingang, um in dem Konzert der großen Mächte mitzuspielen.

Friedrich will größer werden als der Peiniger von einst, sein Vater und Vorgänger, er will kein nebensächlicher Duodezfürst sein, dessen Soldaten zwar Bestnoten in punkto Reinlichkeit und Exerzieren erzielen, aber ansonsten untätig bleiben. Im Dezember 1740, wenige Monate nach seiner Krönung, fällt er grundlos und ohne Vorwarnung ins österreichische Schlesien ein, wissend, einen kontinentalen Krieg damit auszulösen.

«Meine Begierde nach Ruhm und das Vergnügen, meinen Namen in der Geschichte zu sehen, haben mich verführt» – «Ja, ich liebe den Krieg um des Ruhmes willen.»

Das achtzehnte Jahrhundert ist eine Zeit der Vergnügungen. Kriege werden mit einer nebensächlichen Handbewegung begonnen und wieder beendet, aber niemand führt sie unmotiviert, verbissen und um des Krieges selbst willen. Schlachtenruhm ist unmodern. Bis Friedrich daherkommt. Selbst für die damalige Moral ist diese Besitzergreifung einer Provinz völlig rechtswidrig und gegen jeden Kodex. Zunächst ist die europäische Staatenwelt perplex. Dass Preußen Österreich angreift, wirkt in der damaligen Zeit so, als würde heute Luxemburg Frankreich attackieren. Aber nicht nur die Frechheit des Angriffs überrascht, sondern auch die Tatsache, dass dem Angriff kein sachlicher Grund beigegeben ist, kein eindeutiger Erbanspruch, kein schwelender Konflikt, keine vorausgeschickte Kriegserklärung. In Frankreich ist man zunächst entzückt, denn Österreich ist schon seit Jahrhunderten ein Erzfeind. So steht Maria-Theresia, die junge Königin, zunächst allein da, um mit dem Frechdachs fertig zu werden, per Bündnis lediglich mit dem fernen England verknüpft. Aber nach achtzehn Monaten Kampf hält Friedrich noch immer Schlesien besetzt. Es ist dem kleinen Imperium Maria-Theresias nicht gelungen, die Preußen zu besiegen, und so schließen die beiden Kontrahenten zu Breslau einen Frieden.

Doch Friedrichs Gier nach Ruhm stillt man nicht mit einem Happen. Er hat Blut geleckt. Dieser erste Krieg, diese Annexion Schlesiens, nimmt sich im Vergleich zum kommenden noch harmlos aus: Zehntausend Tote, für Friedrich kein zu hoher Preis. Kaum zwei Jahre nach dem Friedensschluss fällt der Preußenkönig erneut in Österreich ein, diesmal in Böhmen. Auch hier überrascht Friedrich durch seine Härte, und obwohl er die Provinz nicht halten kann, bringen ihm seine Triumphe auf dem halben Dutzend Schlachtfelder den Nimbus der Unbesiegbarkeit ein.

Es ist fast immer die Torheit der Siegreichen, übermütig das Schicksal herauszufordern. Modernen Glücksspielern gleich, verlangen sie mehr und mehr, und hören auch dann noch nicht auf, wenn das Gewonnene wieder zerronnen ist und jede weitere verlorene Runde an die Reserven geht.

Friedrich hat im ersten Krieg Schlesien gewonnen und hat es im zweiten Krieg behauptet. Sein Name ist bekannt, sein Mut bewiesen. Wozu müsste er nun einen dritten Krieg beginnen und alles Eroberte wieder aufs Spiel setzen? Österreich, das blamierte Imperium, ist isoliert und kann in den nächsten Jahrzehnten im Grunde nicht die Kraft zu einer Rückeroberung der schlesischen Provinz finden. In Frankreich und England lacht man sich kaputt über die Niederlagen. Friedrich könnte mit einer großzügigen Geste, einer Teilabtretung vielleicht, auf Lebenszeit den Frieden sichern, doch der vermeintlich Unbesiegbare wird in jenen Jahren zwischen 1745 und 1756 immer strenger und zynischer. Er überwirft sich mit den Brüdern und stellt sie vor aller Augen bloß, er weist den von ihm einst so geschätzten Dichter Voltaire aus dem Land, und er beginnt, bösartige Satiren über Europas Mächtige zu verfassen und in Zeitungen des In- und Auslands zu veröffentlichen. Friedrichs Narrheit, die mächtige Mätresse des mit ihm verbündeten Franzosenkönigs, Madame Pompadour, in einer seiner publizierten Satiren zu beleidigen führt dazu, dass die Geschmähte mittels ihrer weiblichen Waffen eine unheilvolle Allianz gegen Friedrich schmiedet: plötzlich verbünden sich die einstigen Erzfeinde Frankreich und Österreich.

Friedrich bleibt unbeeindruckt, paktiert mit England und erzürnt die feindliche Koalition mit einem neuerlichen Angriff: Am 29. August 1756 überfällt der Preußenkönig Sachsen, beschießt rücksichtslos Dresden mit schwerem Geschütz und löst damit das Novum eines Weltkrieges aus. Von nun an schlagen sich britische und französische Truppen in Indien und in Kanada, weil ein einziger Mann aus Potsdam sich strikt weigert, widerrechtlich besetztes Land zurückzugeben. Doch vor allem in Europa bricht ein mitleidloser Kampf aus. Alle haben genug von dem kriegslüsternen Mann: Die Russen stellen sich gegen Preußen und marschieren bis Berlin, die Schweden kommen hinzu und stehen in Pommern, die Franzosen marschieren bis Magdeburg, aber Friedrich bleibt stur: keine Abtretung oder auch nur Teilabtretung Schlesiens, und Rückzug aus Sachsen nur unter der Bedingung, dass Schlesien ihm auf immer garantiert werde. Alles andere würde seinen Ruf beschädigen.

Und so nimmt die Katastrophe ihren Lauf. In den schlimmsten Zeiten dieses Siebenjährigen Krieges besteht sein Staat nur noch aus dem Feldlager seiner Armee, während um ihn herum die Dörfer brennen und die Ernten zugrunde gehen. Der Haushalt Preußens geht zu siebzig

Prozent im Unterhalt für die Armee auf. Die Bevölkerung leidet Mangel, die Bauern müssen nicht nur Friedrichs Truppen verpflegen, sondern auch die Heere der einmarschierenden Feinde.

Nie ist Friedrich widersprüchlicher als in diesen sieben Kriegsjahren. Während dieser König einerseits die Todesstrafe abschafft, befiehlt er andererseits den Feldärzten, Verwundete lieber sterben zu lassen, damit sie nicht allzu sehr seine Invalidenkasse belasten; er hebt zwar die Foltergesetze auf, lässt aber den kriegsmüden Deserteuren Ohren und Nase abschneiden; er weint über einen totes Pferd und kann doch am gleichen Tag einen ganzen Landstrich zum Inferno machen. In unzähligen Schlachten voller Siege und Niederlagen behauptet er sein Land und auch Schlesien vor der Übermacht der Feinde, aber nach sieben Jahren Krieg sind fast sechshunderttausend Preußen getötet worden, fünfzehn Prozent der Gesamtbevölkerung, eine Summe, die in Relation die deutschen Toten des Zweiten Weltkriegs noch übertrifft. Weltweit hat dieser letzte Krieg, der Preußen nicht einen einzigen Quadratmeter zusätzliches Land eingebracht hat, über eine Million Menschen getötet und die mehrfache Anzahl von Existenzen ins Elend gestürzt. Eine Katastrophe. Friedrich, der große König, ist deprimiert, aber gleichzeitig spricht er von einem «Aderlass», so als sei der Krieg eine medizinische Kur gewesen.

In den verbleibenden dreiundzwanzig Jahren seiner Herrschaft entwickelt Friedrich sich zum «Alten Fritz», wie er in späteren Jahrhunderten genannt wird. Er selbst nennt sich den «Eremiten von Sanssouci». Jedes vertraute Gesicht ist ihm während der Kriege weggestorben: der geliebte Fredersdorff ist tot, die Schwester Wilhelmine, die Mutter. Allein streift der König durch den Park seines Schlosses, am chinesischen Teehaus vorbei zum neuen Palais und über die Orangerie zurück. Am Abend spielt er bisweilen Flöte mit dem Bachsohn Carl-Philipp-Emanuel, und ab und an wird ein junger Kadett, in dem er vielleicht das trügerische Abbild Kattes erblickt, der Gefährte für eine Nacht – so behauptet es zumindest Voltaire. Glücklich ist Friedrich nie geworden. Als Feldherr und Organisator erfolgreich, ist er, den einige Schmeichler jetzt bereits «der Große» nennen, als Mensch und als Fürsorger für die ihm anvertrauten Untertanen gescheitert. Er stirbt am 17. August 1786.

MAXIMILIEN ROBESPIERRE: DER TERRORIST (1758 – 1794)

> Der gefährlichste Mensch ist derjenige, der nur eine einzige Idee hat.
> (*Friedrich Sieburg*)

Es gibt Menschen, die nach ihrem Tod nichts als Abscheu hinterlassen. Man kann suchen, wo man will, nirgendwo findet sich nach dem 27. Juli 1794 ein gutes Wort über Maximilien Robespierre und seinen Gefährten Antoine Saint-Just. Die entthronten Bourbonen nennen sie «Teufel», ihren Revolutionskameraden gelten sie als «Todesengel» oder «Ungeheuer», die Historiker bezeichnen sie schlicht als «Terroristen».

Und tatsächlich, wohin man diesen beiden Gestalten der Unterwelt anhand der Originaldokumente auch folgt, läuft man einer Spur von Terror hinterher, von Dogma, Gewalt und Blut. Zehntausende von Verhaftungsbefehlen tragen ihre Unterschrift, tausende von Hinrichtungsdekreten, hunderte von totalitären Gesetzen, dutzende von Entwürfen für eine straffe, lieblose Welt, in der nur die Vernunft herrschen darf. Vergeblich fahndet man nach rührenden Anekdoten, die jeden noch so brutalen Tyrannen sonst überdauern, oder nach trauernden Nachrufen, die auch der unsympathischste Politiker noch von seinem Klüngel erhält. Doch kein anerkennendes Wort, keine wehmütige Beschreibung, kein sentimentales Erinnern findet sich in den Schriften, nirgendwo verleiht ein gnädiger Zeitgenosse diesen beiden unheimlichen Gefährten ein menschliches Antlitz. Wer immer ihrer gedenkt, schüttet kübelweise Dreck über sie aus; und nur ein oder zwei Memoirenschreiber lassen sich nach großer zeitlicher Distanz herab, ihnen solche neutralen Attribute wie «rätselhaft» oder «aufrecht» zuzugestehen.

Geht man dann daran, ihre Briefe zu sichten, ihre persönlichen Notizen, ihre literarischen Hinterlassenschaften, bietet sich zunächst dasselbe Bild: Politik und Dogma, Strenge und Kälte, Vernunft und Tugend. Kein herzliches Wort für andere in ihren Briefen, kein warmer Gedanke in den Notizen.

Mit einer Ausnahme: Sobald Maximilien und Antoine *einander* schreiben, sobald sie *miteinander* reden, sobald sie ihre Zweisamkeit beschreiben, ändert sich alles. Plötzlich ist Maximilien, der Reife, verletzlich; und Antoine, der Junge und Schöne, mild. Und während man noch staunt über diese unerwartete Änderung des Tons, fällt einem dieses eine, dieses einzige Dokument wieder ein, das ein Zeuge ihres Untergangs niedergeschrieben hat, und das man fast vergessen hat, weil es nur eine knappe Momentaufnahme ist, eine Sache von Sekunden. Als schließlich alle Kräfte sich gegen Robespierre und Saint-Just verbünden, als der Konvent rebelliert und sie von rechts und links beschimpft werden, als die Verhaftung droht, alles verloren ist und nur noch Minuten sie von ihrem Ende trennen, da erinnert sich dieser Zeuge eines liebenden Blicks, den Maximilien und Antoine inmitten des Tumults um sie herum tauschen, und eines stummen Lächelns, das sie sich schenken. Schon besiegt und dem Tod gewiss, spenden sie dem anderen, dem Freund und Gefährten, Gefühl und Trost. In diesem Augenblick sind sie nur mit sich allein, mag die Welt sie auch am Kragen packen und dem Schafott entgegenschleudern.

Nirgends findet sich eine zweite, eine ebenso kuriose Freundschaft zwischen zwei Terroristen wie diese zwischen den beiden führenden Männern der französischen Revolution. Die mönchischen Inquisitoren, die Rassenfanatiker Deutschlands und die zahllosen Diktatoren des zwanzigsten Jahrhunderts in Armeeuniformen, sie alle bleiben immer mit sich allein, den Verrat, das Gift und den Dolch fürchtend. Terroristen haben keine Freunde, denn zur Freundschaft gehört Vertrauen, und wer täglich das Vertrauen Hunderttausender mit Füßen tritt, bringt seinerseits keines mehr auf. Politisch gewalttätige Menschen dulden allenfalls Bündnispartner neben sich, aber auch diese nicht für lange: Ein Che Guevara hat einem Castro ebenso weichen müssen wie ein Röhm seinem Hitler. Jeder Terrorist kennt daher jene, die ihm zu Diensten sind, aber niemanden, der sich ihm aus reinem Herzen anschmiegt, jene, die ihn achten, aber keinen, der ihm Wärme gibt. Große Terroristen kennen nur ein Licht, nämlich sich selbst, ein anderes darf nicht neben ihnen strahlen. Umso außergewöhnlicher erscheint diese fast anrührende Liebe, die auf den Trümmern des «ancien regime», der alten Monarchie entsteht. Es ist die aufrichtige Zuneigung eines kalten Herzens zu seinem Zwilling, Maximiliens zu Antoine.

Der 26. Juli 1794, vorletzter Tag im Leben Maximilien Robespierres: Maximilien Robespierre wacht auf. Schweißperlen rinnen ihm von der Stirn die knochigen Wangen hinab. Er sieht sich um, ohne den Kopf zu bewegen, nur seine Augen rollen nach rechts und links. Er ist wieder heimgekehrt aus dem Reich der schlimmen Träume, heim in seine große Stube mit dem Schreibtisch, dem voll gestopften Regal, den paar Stühlen, der kleinen Chaiselongue an der Wand und dem Cembalo gegenüber. Hier wohnt er, isst er, arbeitet er, hier träumt er schlimm, der Herr und Henker Frankreichs, der Präsident des Konvents, der Führer des Wohlfahrtsausschusses, graue Eminenz des Jakobinerklubs und kalter Verwalter einer Nation. Stumm liegt er einige Minuten da, dann taucht er ein Leintuch in die neben dem Bett bereitgestellte Waschschüssel, wringt es aus, breitet es über das Gesicht und bleibt weitere Minuten liegen.

Nervöse Störungen, nennt sein Arzt das Leiden, das Maximilien periodisch durchmachen muss. Wenn er den Arzt nach der Ursache fragt, wirft der ihm nur einen Blick zu, hinter dem Robespierre Angst erkennt, und stammelt etwas von Überarbeitung. Maximilien lächelt dann immer verächtlich. Er ist nicht überarbeitet, die Terrormaschine funktioniert von selbst, so wie jene fremdartigen Dominosteine, die er als kleines Kind vom Vater geschenkt bekam und unter dem Weihnachtsbaum ausprobierte. Er legte sie nicht mit ihren Zahlen aneinander, sondern stellte sie in immer neuen Mustern aufrecht hintereinander auf. Das war zunächst mühsam, aber war es einmal getan, brauchte er nur eine unbedeutende Bewegung mit dem Zeigefinger zu tun, und schon fielen die Steine in herrlichen Figuren um. Nein, überarbeitet ist er nicht. Würde noch einer jener Pfarrer des alten, königlichen Regimes leben und nun bei ihm sitzen, dann würde dieser es wohl schlechtes Gewissen nennen. Und stimmt es etwa nicht, dass er, Maximilien, diese nervösen Störungen immer dann hat, wenn ein großes Ereignis bevorsteht? Als die Abstimmung über die Verurteilung des Königs anstand hatte er diese Beschwerden ebenso wie vor dem Sturz der Girondisten und dem Prozess gegen Danton.

Jedoch, so einleuchtend diese Theorie auch ist, sie hat den Nachteil, dass keiner der alten Pfarrer noch lebt und sie aufstellen kann. Und daher tut Maximilien lieber so, als schließe er sich Antoines Meinung an, wie so oft. Der schöne, junge Antoine Saint-Just hat nämlich kein Gewissen und bestreitet darum, dass es eines gibt; für ihn sind Maximiliens Gebrechen nichts anderes als die Anspannung des Kriegers vor der Schlacht. Auch die kennt Antoine zwar nicht, wie er immer behauptet, aber immerhin räumt er ein, dass andere sie verspüren könnten. Armer Antoine, denkt Maximilien, seine Jugend macht ihn bisweilen arg unlogisch, aber das darf man ihm nicht sagen, denn sonst ist er verärgert, und das will Maximilien nicht. Er liebt Antoine.

Schließlich steht der nervös Gestörte doch auf. Zum einen geht es ihm nicht besser, wenn er einfach nur daliegt und grübelt, und zum anderen sieht sein Tagesplan das vor. Und an den hält er sich penibel. Aufstehen acht Uhr. Also bitte. Waschen. Maximilien taucht sein Gesicht in die Schüssel, reibt es. Er hebt den Kopf und blickt in den Spiegel. Zwar hat er den Fensterladen noch nicht geöffnet, aber er erkennt dennoch sehr gut, was er sieht. Wieder muss er lächeln, wie er einst den Arzt anlächelte. Niemand hat diesem Gesicht je zugetraut, Angst verbreiten zu können. Die Nase ist die eines Schelms, nicht eines Terroristen, sie ist spitz und schmal, durchgebogen wie eine Schanze; die hellgrauen Augen können nicht scharf blicken, nur aufmerksam; die Stirn ist nicht stark wie eine Mauer, sondern fliehend, als hätte ein dauernder Wind sie platt gedrückt. Maximilien sieht trotz seiner sechsunddreißig Jahre eher weich aus, feminin sogar. Fast wie die Mutter, meinen seine Schwestern.

Das kann Maximilien nicht beurteilen, denn seine Mutter ist gestorben, als er fünf war. Und der Vater, ein kleiner, unbedeutender Adeliger, gleich mit ihr. Zwar ist er nicht wirklich gestorben, aber er war so deprimiert über den Tod seiner lieben Frau, dass er es nicht mehr aushielt, Hals über Kopf die Familie verließ und nie wieder zurückkam. Die Kinder bedeuteten ihm wohl nichts, sonst wäre er geblieben, meint Robespierre. Dass er und seine Geschwister dann zusammen mit den Möbeln unter der Familie aufgeteilt wurden, fand er anfangs sogar spannend. Als er aber merkte, dass der Bier brauende Großvater ihn zwischen Gerstensäcken schlafen ließ und wie einen Spatz fütterte, und dass die Großmutter nur an ihm herummäkelte und ihn als Hilfskraft für ihre blöden Häkelarbeiten einsetzte, fühlte er sich gar nicht mehr glücklich.

So trist und streng wie die beiden Greise war auch die Gegend, dieser französische Nordosten, der weder das Licht der Provence noch die Sonne Burgunds kennt, weder die Heiterkeit der Loiretäler noch den Charakter der Bretagne. An die häufigen Nebel erinnert er sich und an die Tristesse der Menschen, deren Hauptbeschäftigung es tagein und tagaus war, genügend Holz für den Ofen zu sammeln. Ach, wäre er bloß in Marseille geboren worden und nicht in einer Gruft namens Arras! Dort also, im Vorhof der ewigen Starre, wuchs er auf, wurde groß, schmal und knochig, wurde engherzig und humorlos, und nichts hätte für ihn gesprochen, wenn nicht sein Adelsprädikat gewesen wäre, dieses altehrwürdige, dieses zauberhafte, glückbringende «de». Maximilien de Robespierre. Wenn das nicht gewesen wäre, hätte sich wohl kaum ein Bischof der Provinz seiner erbarmt und ihm eine freie Stelle als Schüler der berühmten Pariser Schule Louis-le-Grand ermöglicht. Da hatte dieses alte, überkommene Feudalsystem mal etwas Gutes, denkt Robespierre. Aber er spricht es nicht aus, denn das wäre ja Verrat an der Idee, die er selber propagiert, und außerdem klopft der Friseur an seine Stubentür. Pünktlich um acht Uhr dreißig.

Er rasiert ihn täglich und richtet ihm die Haare, kräuselt zwei große Locken zur linken, zwei zur rechten, ganz im alten Stile. Acht Uhr fünfzig drückt Robespierre dem Barbier eine Münze in die Hand und kleidet sich an, auch im alten Stile: ein weißes, vorne gerüschtes Hemd, darüber eine rotschimmernde Weste, darüber ein blauer Gehrock mit hochgestelltem Kragen. Und unten eine elegante hellgraue Pufferhose, die bis zu den Knien reicht; darunter weiße Seidenstrümpfe und schließlich die schwarzen Schuhe, die auf dem Pariser Pflaster klacken wie Pferdehufe. Zuletzt der feierliche Hut, den mit den Federn, aber er trägt ihn zumeist nur unter dem Arm, da er sonst die Frisur zerstören könnte. Fertig. Noch einmal prüft er, ob der Kragen auch makellos weiß ist. In Ordnung. Jetzt erst fühlt Robespierre sich wohl in seiner Haut, jetzt darf der Tag beginnen.

Er öffnet den Fensterladen und lässt das Licht herein. Gleich über seinem Fenster haben Schwalben ein Nest gebaut und er beobachtet sie eine Minute. Vögel hat er immer geliebt. Unten, im Hof seines Wirtes, des wackeren Schmiedes Duplay, herrscht schon ein wenig Betriebsamkeit. Ein paar Gesellen schrauben an irgendwelchen Konstruktionen herum, es wird vermessen, gebogen, gestreckt und geschliffen, aber nicht gehämmert, nein, darauf achtet Monsieur Duplay. Kein Hämmern vor neun Uhr fünfzehn. Da nämlich öffnet Monsieur Robespierre gewöhnlich seinen Fensterladen, sieht sich um, blickt nach unten und ruft: «Madame Duplay.» Mehr braucht es nicht. Sie sitzt immer da unten, wenn Robespierre im Hause ist und achtet darauf, dass kein Unbefugter ihn in seiner Wohnung stört. Der Barbier darf durch, ein paar Jakobinerkameraden und natürlich Antoine Saint-Just, sonst niemand. Es soll Robespierre schließlich nicht ergehen wie dem armen Marat, der im Bade von einer Konterrevolutionärin erstochen wurde, in Wirklichkeit einer Adelstochter, deren Eltern unter der Guillotine starben. Einmal kam auch so eine zu Robespierre in die Rue Honoré 398, aber die schimpfte und beschimpfte nur, rief irgendwas über beschränkte Freiheit und ballte ihre Fäuste. Die robuste Madame Duplay hielt sie unsanft fest und übergab sie ohne Zögern und auf eigene Initiative dem Revolutionstribunal, das immerzu nur eine Strafe verhängt, den Tod. Nie ist einer freigesprochen worden. Anklage ist gleich Verurteilung. Auch so eine

Erfindung des genialen, des wunderbaren Antoine Saint-Just.

«Madame Duplay», ruft Robespierre und weiß, dass die Getreue ihr Schälmesser samt Kartoffel auf der Stelle von sich werfen wird und sofort heraufkommt, das Tablett mit dem Spatzenfrühstück darauf. Er isst nie viel, hat es damals beim Großvater abgewöhnt bekommen und nie wieder damit angefangen. Und da ist sie auch schon, die Madame. Wenn sie ihn anblickt, dann nie wie einen Gast, auch nicht wie einen Mann, sondern ein bisschen wie einen Knaben, der immer brav ist und gerade eine gute Note mit nach Hause gebracht hat. Aber vielleicht bildet Robespierre sich das auch nur ein. Denn als er damals gute Noten schrieb, in der ehrwürdigen Louis-le-Grand, brachte er sie nirgendwohin und empfing kein gutmütiges Lächeln, sondern immer ein verächtliches – vielleicht jenes, das er heute selber benutzt. Er war eben der Ärmste unter den fünfhundert Sprösslingen der vornehmen Schule und musste jahrelang den Hochmut des Reichtums über die Armut erdulden. Feudalsystem, ungeschminkt, denn wo Kinder sind, gibt es wenig Verstellung. Sie brauchten keinen Finger zu rühren und wussten doch, dass ihnen die Karriere gewiss ist, und dass selbst die Dümmsten, Verschwenderischsten und Flegelhaftesten unter ihnen noch tausendmal größere Chancen haben, eine wohlgenährte und hochdekorierte Zukunft zu erleben als die Klügsten und Tugendhaftesten unter den Bürgerlichen.

Die einzige Möglichkeit, solchen Pubertierenden ihre Unzulänglichkeit vor Augen zu führen und sie damit ein bisschen zu ärgern, war, sie ihre Dummheit selbst spüren zu lassen. Wie kein anderer lernte Maximilien darum in diesen Jahren. Gingen die Jungen spielen, saß er in seiner Stube und lernte Latein oder Philosophie, machten die einen ein Späßchen, blieb er ernst, blickten die anderen auf ihre Lehrer herab, sah er zu ihnen auf, gönnten jene sich irre Eitelkeiten, knauserte er mit jeder Münze. Oh, wie raste sein Herz vor Stolz, als er in fast allen Fächern Primus wurde, als er Bestnoten erhielt in Geschichte, in Philosophie und Literatur, als er Gedichte schreiben konnte für ein Journal, als er als einer der Gebildetsten seines Alters von der Schule abgehen konnte, während die anderen dumm und dumpf blieben und beleidigt auf ihre Châteaus kutschierten. Oh, wie hasste er sie, diese Attrappen der Würde, wie sehr missgönnte er den Mutlosen die Lorbeeren und den Faulen das Lob. Wo in diesem Land hatte sich die Gerechtigkeit versteckt, wo das Gewissen? Robespierre glaubte es bald zu wissen: in Ermenonville.

Dort nämlich lebte Rousseau, der Autor des «Gesellschaftsvertrages». Jedes Wort seiner Werke hatte Robespierre verschlungen, jeden Satz zum Heiligtum erhoben. Eines Tages konnte Robespierre nicht mehr an sich halten, nahm die Kutsche und pilgerte zu ihm hin, dem alten Philosophen in seinem einfachen Häuschen. Der Halbwüchsige und der Greis, sie unterhielten sich eine Weile über Politik und Theorien. Natürlich freute sich der fast vergessene Rousseau, dass sich überhaupt noch jemand für seine Arbeiten interessierte, und zum Abschied klopfte er seinem Jünger vor Dankbarkeit sogar auf die Schulter. Ob der Alte wohl geahnt hat, dass er dem Tod nachwinkte, dem Beil, das eines Tages jede Silbe seiner niedergeschriebenen Ansichten rücksichtslos in die Tat umsetzen würde?

Es ist ein Tag für Wahrheiten, denkt Robespierre, während er den Rest seines Hörnchens verspeist. Man muss auch einmal neben sich treten können und alles betrachten, was man tut. Nein, natürlich hat Rousseau es nicht geahnt, denn hätte er, dann würde dieser müde, harmlose Rousseau seine Schriften genommen und dem hungrigen Kamin überantwortet haben. Oh ja, Rousseau besaß viel: Geist, Interesse, Phantasie. Nicht aber Konsequenz. Er konnte sich bis zum Schluss nicht entscheiden, ob er den Menschen das Eigentum entreißen oder belassen soll, ob er den Umsturz oder die Romantik will. Nein, man darf es ihm nicht verübeln, denn das Wort findet so selten den Mut für die Tat, stattdessen bedarf es der Vollstrecker. Mit einem Gefühl des Aufbruchs verließ das Schwert, verließ Robespierre damals seinen ahnungslosen, geistigen Befehlshaber.

Nach der Schule änderte sich erst einmal nichts. Während Robespierre als Advokat in seine Heimatstadt Arras zurückkehrte, um dort in kleinen Prozessen Erbschaftsangelegenheiten zu klären, Besitzfragen zu regeln und kleine Verbrecher zu verteidigen, gingen die anderen auf die Jagd, während er nachts noch über seinen Plädoyers für den nächsten Tag saß, tanzten die anderen auf den rauschenden Hofbällen in Versailles. Jahre der Bitterkeit. Und es wäre immer so weitergegangen, wenn nicht – ja, wenn nicht zu viel getanzt worden wäre, zu viel geprasst. Denn 1789 war der Staat nicht nur pleite, sondern nicht einmal mehr kreditwürdig, und der dicke und einfältige Ludwig XVI., König der Dummen und Dumpfen, berief die seit Jahrhunderten nicht mehr herbeizitierte Nationalversammlung nach Versailles ein, Vertreter des Adels, der Geistlichkeit und des Bürgertums, um über Lösungen zu beraten.

Er ahnte ja nicht, dass er sich damit die Revolution ins Haus holte – und unter anderem auch den Mann, der ihn einmal den Kopf kosten würde – Maximilien Robespierre, einen der Abgeordneten des dritten Standes, der Bürgerlichen. Von dem Tag an, da er als Abgeordneter die Versammlung betrat, hat er nie wieder als Advokat gearbeitet, niemals wieder einen Menschen verteidigt, sondern nur noch angeklagt, verurteilt, vernichtet.

Robespierre sieht auf die Uhr: Zeit zu gehen. Er packt ein Manuskript in die Tasche, das er für seine heutige Rede vor dem Konvent benötigt, nimmt den Hut und verlässt die Stube. Als er den Hof überquert grüßt ihn Meister Duplay noch ehrerbietiger als sonst. Vielleicht, denkt sich Robespierre, liegt das ja daran, dass er dem tüchtigen Mann einen Auftrag zum Bau einer jener Tribünen verschafft hat, die dem Volk eine gute Sicht bei den Hinrichtungen ermöglicht. Oder hat es etwas damit zu tun, dass Meister Duplay auf Fürsprache Robespierres hin seit einigen Wochen nebenberuflich als Geschworener des Revolutionstribunals fungiert, wo er fleißig für schuldig stimmt, bestimmt zwanzig Male pro Tag, hundert Tage im Jahr, was ihm ein jährliches Salär von über sechstausend Franc einbringt. Das sind immerhin drei Franc für einmal Hand heben, rechnet Robespierre geschwind aus. Aber was, um Himmels willen, bedeutet schon Geld im Vergleich zu der revolutionären Aufgabe, die der gute Duplay mit seinem Amt erfüllt? Robespierre ist sich sicher, dass Duplay das genauso sieht.

Er biegt in die Straße ein und läuft in Richtung der Tuilerien, wo die Regierung, der Wohlfahrtsausschuss, ihren Sitz hat und Antoine Saint-Just schon auf ihn wartet. Ein paar Leute, die ihn kennen, grüßen ihn recht freundlich und hoffen, damit nicht schon zu viel seiner Aufmerksamkeit auf ihre Person gelenkt zu haben. Denn Robespierres Aufmerksamkeit zu haben, bedeutet ja auch immer, kein falsches Wort sagen zu dürfen, keine unbedachte Geste zu tun, den Rücken nicht zu sehr zu krümmen und trotzdem nicht gänzlich steif zu bleiben. Biedert man sich nämlich bei Robespierre zu sehr an, macht man ihm Komplimente, stimmt man ihm allzu häufig zu, so wittert Robespierre ebenso Verrat wie wenn man ihn gänzlich ignoriert oder gerne widerspricht.

Ein schwieriger Mann, gewiss, aber er hat ja auch eine schwierige Zeit hinter sich. Damals, im Frühjahr 1789, als die Nationalversammlung in Versailles zusammenkam, da war er ein Niemand, ein einfacher Advokat aus einer unbedeutenden Provinzstadt. Wie sie ihn anschauten! Wie sie mit ihm sprachen! Wie sie ihn schnitten, den kleinen Provinzadvokatus! Daran änderten auch die weiteren Ereignisse nichts, der Sturm des verarmten, unzufriedenen Volkes auf die Bastille, die Beschneidung der königlichen Rechte, die Erhebung der bis dahin bloß beratenden Nationalversammlung zu einer Art Parlament mit Beschlussrechten, die freien Wahlen, in denen Adel und Geistlichkeit fast vollständig aus der Versammlung hinausgewählt wurden. Nein, das alles schmälerte die Arroganz der reichen Bürgerlichen gegenüber ihrem armen Mitglied nicht, sondern verstärkte sie nur. Wo früher die Arroganz der Titel regierte, herrschte nun die Arroganz des Geldes. Zu revolutionär war er ihnen, zu besserwisserisch, zu vorlaut – und zu unwichtig, um ihn ernsthaft zu bekämpfen. Was stellte er schon dar, dieser Robespierre? Welches Gewicht hatte das Wort eines so kleinen, so hageren Männleins? «Doch nicht mehr, als sein Körper Pfunde zählt», witzelten sie. Sie begnügten sich damit, seine Reden zu belachen, seine Ideen zu ignorieren. Man solle die Keule des Herkules nicht gegen einen Floh schwingen, spottete der Dickste, der Reichste, der Konservativste unter diesen Salonrevolutionären, Condorcet, und sollte es später einmal bitter bereuen.

Ja, Robespierre erinnert sich gut, worüber sie sich mokierten: Über seine gedämpfte Fistelstimme, über seinen Eifer, sich in jedes Thema zu vertiefen – von der Außenpolitik angefangen über das Postwesen bis hin zu den Nonnenpensionen, überall mischte er sich ein, alles kommentierte er, niemals konnte er schweigen –, doch nirgendwo wurde er gehört. Wie ein Missionar unter Pygmäen predigte er in diesen Jahren 1790 und 1791, ohne dass sich einer davon bekehren ließe.

Wirklich nirgendwo wurde er erhört? Man darf nicht ungerecht sein, denkt Robespierre und wirft im Vorbeigehen einen Blick auf das Gebäude des Jakobinerklubs, schon damals Treffpunkt der linken Kräfte der Revolution. An keinem anderen Ort in Frankreich atmete die Revolution mehr Leben und war sie sinnbildlicher als in diesem ehemaligen Kloster, das vor 1789 ein Ort der Ruhe und Besinnung war und später dann vom Kampfgeschrei der radikalen Jakobiner erzitterte. Hier fand er, Robespierre, die erste Bühne, das erste Publikum, das ihn beklatschte.

Freilich, einfach war es nicht, inmitten dieser rohen, ruhelosen Horde zu sprechen. Niemals wird er vergessen, wie skeptisch sie ihn in seiner ganz und gar unrevolutionären, feinen Kleidung beäugten; wie sie ihn musterten, wenn er mit vor Aufregung zitternden Knien das Podium betrat, umständlich seine Brille hervorholte und auf die Nase setzte und schließlich mit schwacher Stimme gegen das kneipenhafte Gelärm anzureden versuchte, wie ein Zwerg gegen den Donner. Nun ja, wie ein Held wirkte er tatsächlich nicht, aber dass er in der Zurschaustellung seiner Unscheinbarkeit unermüdlich war, dass er dreimal in der Woche redete, Monat auf Monat, das fanden diese schlichten Jakobinergemüter dann doch irgendwie heroisch. Sobald er gemerkt hatte, vor welchem einfachen Publikum er dort sprach, ließ er seine Ausführungen über die Nonnenpensionen lieber in der Schublade zugunsten einer viel simpleren Botschaft: Die Jakobiner sind die Revolution, die anderen sind sie nicht. Das wiederholte er, immer und immer und immer wieder, vor den Jakobinern und vor den Pariser Bürgern. Natürlich variierte er seine These, legte die Betonung mal auf den einen Gegenstand, mal auf den anderen.

Langsam wie das Märzgras, so begann dann endlich im Frühling 1792 auch seine Anhängerschaft in- und außerhalb des Klubs zu wachsen, und im Spätsommer, rechtzeitig zu den Wahlen zum Konvent, wie das Parlament jetzt genannt wurde, hatte er die Ernte eingefahren und den Schober voll. Die Jakobiner bekamen eine beachtliche Zahl an Abgeordneten zusammen, und den Girondisten, diesen laschen Gemäßigten unter Condorcets Führung, verging das Lachen, obwohl sie noch immer die stärkste Gruppe bildeten.

Wieder lächelt Robespierre. Er steigt die breite, herrschaftliche Treppe zu den Tuilerien hinauf, wo auch der Konvent seinen Sitz hat – heute freilich mit ganz anderen Mehrheitsverhältnissen als damals. Robespierre atmet durch. Gleich wird er bei ihm sein, bei Antoine, und erneut Kraft tanken. Wie mühsam früher alles war, wie steinig. Und wie leicht alles geworden ist, seit er ihn kennt, diesen hübschen, immer gefassten Jungen. Wie viel anders ist die Welt – auch Robespierres Welt – seit diesem 21. September 1792 geworden, als der Konvent zum ersten Mal seit den Wahlen zusammentrat.

Wirklich Revolutionäres, findet Robespierre, war bis dahin nicht passiert. Der König, wenngleich seiner Macht beraubt, trug noch immer seinen Kopf; der Adel, wenngleich beleidigt, hockte noch immer quietschlebendig auf seinen Schlössern; und die Gesetze waren zwar gerechter geworden, aber das war nur ein Fingerhut gegen den Berg von radikalen Reformen, der nach Robespierres Ansicht noch zu beschließen war. Jeder Kompromiss war ihm Verrat am Ideal, jede Hand, die sich den alten Tyrannen zur Versöhnung ausstreckte, hätte er am liebsten abgehackt. Doch er war allein, verdammt allein. Der eine Teil des Konvents war gemäßigt, der andere Teil eine gemischte, unabhängige Gruppe unbekannter, nicht sonderlich engagierter Individuen, und nur der dritte und kleinste Teil waren Jakobiner.

Und selbst denen konnte Robespierre nicht wirklich vertrauen; sie waren wild und roh und gerade deswegen dem feinsinnigen, selbstkontrollierten Robespierre zuwider, wenngleich er sie natürlich brauchte. Und andersherum: wirklich gemocht haben sie ihn ja auch nicht, obwohl er einer ihrer besten Redner war, ihrer begabtesten Theoretiker. Aber, verflixt, er glich ihnen nicht und in nichts: Brüllten sie ihre Gegner nieder, traf er lieber mit Argumenten; benutzen sie ihre Tische im Konvent dazu, um mit der Faust daraufzuschlagen, holte er Feder und Papier hervor um Tabellen zu erstellen; redeten sie vor dem Konvent wie ihnen der Schnabel gewachsen war, saß er tagelang an der Formulierung eines Manuskripts; gingen sie nach der Sitzung noch ins Wirtshaus, mühte er sich stets, einer solchen Einladung zu entgehen; umarmten sie sich zur Begrüßung, suchte er, jede Berührung ängstlich zu vermeiden – ja, sogar der Händedruck war ihm immer schon verhasst. «Der Unterschied», spöttelte der bärbeißige Jakobiner Danton im Freundeskreis, «ist ebenso simpel wie beträchtlich: Wir leben – er existiert bloß.»

Diese Bemerkung war zwar geschmacklos, aber nicht der Grund, dass auch Danton später die Guillotine küssen musste. Nein, Robespierre gab und gibt ihm in diesem Punkt sogar Recht. Er kennt ja tatsächlich keine Leidenschaften, und er ist stolz darauf. In seinem Leben ist kein Platz für Tänze und Spiele, keine Lust am Reisen, keine Freude am Schnaps. Jede Lautstärke ist ihm verhasst, jede Unordnung zuwider. Am meisten gilt ihm Strenge und Selbstdisziplin, Eigenschaften also, die keine Wärme geben und keine verlangen.

Aber dann geschah das Unerwartete. Inmitten dieser ungewaschenen, schlecht gekleideten und lärmenden Jakobinerbande, die dem hageren Robespierre ständig zur Begrüßung auf die Schulter klopfte, verbeugte sich plötzlich am ersten Sitzungstag des Konvents vor ihm ein junger Mann mit blonden Locken und einem Engelsgesicht. Er richtete sich wieder auf, blickte ihn freundlich, aber gemessen mit seinen türkisblauen Augen an und stellte sich höflich vor: «Antoine Saint-Just.»

Der Name kam Robespierre zwar bekannt vor, aber er konzentrierte sich zunächst darauf, den Mann zu mustern. Monsieur Saint-Just war schlank, ging gerade, war adrett angezogen und sprach mit ruhiger kristallklarer Stimme. Eines spürte Robespierre sofort: Dieser junge Mensch ist eine verwandte Seele. Und da fiel es ihm auch schon ein, wo er diesen Namen gehört, oder besser gelesen hatte. Etwa zwei Jahre vor diesem Septembertag und der Verbeugung Saint-Justs war Robespierre ein Brief auf den Schreibtisch geflattert, der aus einem Nest namens Blérancourt stammte und von Saint-Just unterzeichnet war. Der Brief begann: «Sie, der Sie die schwankende Nation gegen den Strom von Despotismus und Intrigen aufrechterhalten, Sie, den ich, wie Gott, nur durch Ihre Wunder kenne.»

Du lieber Himmel, diesen schwülstigen Stil kannte Robespierre aus hunderten anderer Briefe, aus Bittgesuchen, Lobeshymnen, Dankbarkeitsadressen, ja sogar von Heiratsanträgen. Kaum halb gelesen warf er solche Schreiben gewöhnlich ins Feuer. Schmeicheleien! Mal nannte man ihn «Messias», mal einen «leuchtenden Stern», mal wurde ihm Geld versprochen, mal Verehrung. Saint-Justs Brief, der zum Zweck hatte, Robespierres Fürsprache zum Erhalt des Marktes von Blérancourt zu erlangen, unterschied sich in nichts von allen anderen, war ebenso schmeichelnd, ebenso bittend. Doch war es der einzige Brief, den er jemals aufbewahrte wie einen Schatz, obwohl er ihn nie beantwortet hatte. Vielleicht rührte ihn Saint-Justs Angebot, sein ganzes Geld dafür herzugeben, wenn nur das Marktrecht nicht dem Städtchen genommen würde. Einerlei, Robespierre weiß es heute selbst nicht mehr, jedenfalls fühlte er wohl schon damals, welcher Mensch hinter den Zeilen steckte.

Und da stand er nun. Mit ihm bekam Robespierre endlich jenen Dünger, den er brauchte, um über sich hinauszuwachsen und zum Führer zu werden. Denn einerseits glich der Jüngere ihm genug, um sein Vertrauen zu verdienen, war genauso zielstrebig, diszipliniert und von den gleichen Idealen fasziniert; und andererseits brachte er eine Eigenschaft mit, die Robespierre abging, nämlich absolute Kaltblütigkeit. Ja, dieser Saint-Just schien gar nicht von dieser Welt zu sein, sondern von irgendeinem eisigen Stern, auf dem das «Zeitalter der Vernunft» bereits verwirklicht war.

Binnen zehn Tagen wurden sie eine verschworene Gemeinschaft, Tage, die Robespierre benötigte, um Saint-Justs Vergangenheit auskundschaften zu lassen. Die groben Umrisse von Saint-Justs Leben waren nichts sagend. Geboren in diesem winzigen Blérancourt, der Soldatenvater früh verstorben, die Mutter fürsorglich und im Rahmen ihrer Mittel auf eine gute Erziehung bedacht. Ausbildung zum Advokaten. Dass Saint-Just sich vom Zeitpunkt des Bastillesturms an – da war er gerade zweiundzwanzig Jahre alt – für öffentliche Angelegenheiten zu interessieren begann und schließlich diverse Ämter in seinem Provinznest belegte, sah Robespierre als Beleg für dessen Ehrgeiz an. 1792 dann also seine Bewerbung für die Wahl zum Deputierten in den Konvent – erfolgreich.

So weit, so gut. Aber Robespierre wusste, dass das Bedeutende an einem Menschen nie an der Oberfläche zu finden ist. Welcher blutige Kampf brodelte hinter diesen ruhigen Augen, welcher Vulkan unter den blonden Locken? Robespierres Spione waren daher viel gründlicher und gruben allerlei Kleinigkeiten aus, angefangen von Gerüchten über Briefe bis hin zu geheimen Vorlieben des Jünglings. Wunderschöne Details! Was zum Beispiel sollte man davon halten, dass Saint-Just als Jugendlicher gerne den Kopf des Antinous zeichnete, des schönen Liebhabers Kaiser Hadrians? Malte der ebenso schöne Saint-Just sich damit selbst? War er in dieses Gesicht verliebt? In sein eigenes Gesicht? Reizte ihn die Vorstellung, selbst der Gefährte eines Mächtigen zu sein – oder zu werden? Und was bedeutete diese geheimnisvolle Kammer, die Saint-Just sich etwa zur selben Zeit einrichtete? Sie war ganz spartanisch ausgestattet mit einem Tisch, einem Bett, einem Stuhl, zwei Kerzen, und der Jüngling hatte ringsherum an den Wänden und den Fenstern schwarzen Stoff aufgehängt und ihn mit etlichen kleinen weißen Tränen bemalt. Meditierte er dort? Feierte er dort schwarze Messen? Bedeuteten Tränen Traurigkeit? Was schlummerte in den Tiefen dieses merkwürdig gelassenen Menschen? Fragen über Fragen.

Immerhin, eine Antwort erhielt Robespierre dann doch, und er fand sie in einem Brief, den Saint-Just seiner Mutter geschrieben hatte. Der Junge war einmal aus Blérancourt abgehauen, ohne Einverständnis seiner Mutter nach Paris durchgebrannt, um sich dort irgendwie durchzuschlagen. Aber natürlich ließ seine Mutter nach ihm fahnden, und es war Saint-Just bald klar, dass sie ihn früher oder später aufspüren würde. Also griff er zu einem ebenso raffinierten wie eiskalten Trick. Er schickte seiner Mutter unter falschem Namen einen Brief. Darin gab er sich als Arzt aus, der der besorgten Frau Mama mitteilte, dass ihr Sohn sterbenskrank sei. Jede Aufregung sei tödlich. Der vermeintliche Arzt bat Madame de Saint-Just, die Verfolgung einzustellen, er selbst wolle, sollte es dem Kranken besser gehen, für eine Rückkehr sorgen. Zwar wurde der Schwindel schnell durchschaut und Saint-Just erreichte sein Ziel damit nicht; aber das Mittel, das er eingesetzt hatte, war unglaublich. Der eigenen Mutter fälschlich den baldigen Tod des Kindes anzukündigen, war selbst für Robespierre starker Tobak. Saint-Just war offenbar unbeschränkt in der Wahl seiner Mittel, er konnte ohne Zögern verletzen, er würde auch ohne Zögern töten.

Als Robespierre die Tür zum Sitzungssaal des Wohlfahrtsausschusses öffnet, schlägt die Uhr zehn Mal. Zuerst sieht er das Chaos auf dem Sitzungstisch, die Unordnung der Revolutionäre. Dann erst bemerkt er Antoine. Er sitzt fast bewegungslos auf seinem Platz und kritzelt etwas auf. Als er Robespierre hereinkommen hört, hebt er seinen Kopf und lächelt. Ja, er lächelt, aber viel schöner und viel ehrlicher als Robespierre, der es verlernt hat und es bedauert, seit er Antoine kennt. Er, Robespierre, müsste seine Zuneigung stärker zeigen als er es tut, das weiß er, aber ihm fehlt die Idee, wie. Er hat ja nur eine einzige Idee – Politik –, und die füllt sein Leben aus wie der Sand die Wüste. Immerhin, seine Briefe an den jungen Mann sind immer warm, manchmal Rat suchend, manchmal hilfeschreiend, aber stets persönlich. Heute zeigt er seine Liebe anders, er geht zu Antoine und fährt dem Sitzenden von hinten über die Locken.

«Du konntest nicht schlafen?», fragt Antoine und schließt die Augen, wohl um die Präsenz von Robespierres Hand stärker zu spüren.

Robespierre verneint stumm.

«Es wird schon alles gut gehen», tröstet ihn Antoine. «Ich arbeite an meiner Rede für morgen. Hast du deine für heute fertig?»

Robespierre nickt. «Ja, ich hoffe, sie tut ihre Wirkung.»

«Wie immer.» Wieder lächelt Antoine. Im Konvent gibt es bösartige Menschen, die behaupten, dass jedes Mal, wenn Antoine Saint-Just lächelt, ihm ein neuer Name für seine Todesliste eingefallen ist. Aber das ist ein ebenso falsches Gerücht wie jenes, das behauptet, Robespierre habe als kleiner Junge Vögel gefangen, um sie auf einem winzigen, selbst gebastelten Apparat zu guillotinieren. Was jedoch stimmt, ist, dass Antoine tatsächlich immerzu an einer Liste neuer Verdächtiger schreibt. Robespierre hat sie selbst gesehen. Er findet das allerdings absolut gerechtfertigt, denn wie will man die Namen so vieler Staatsfeinde auch im Kopf behalten.

Saint-Just öffnet die Augen wieder, kritzelt weiter. Robespierre geht zu einem der mächtigen Fenster und sieht in den kleinen Garten hinab. Es ist still, schwer drückt die Hitze bereits vom Himmel herab, obwohl es noch früh am Tage ist und die Decken in den Sälen der Tuilerien etwa sechs Meter hoch sind. Minuten vergehen, in denen nur die Feder des Jünglings mit leichtem Kratzen die Anwesenheit von Leben verkündet.

«Wo bleiben die anderen?», fragt Robespierre irgendwann.

«Sie kommen immer zu spät. Allerdings haben sie gestern auch bis weit nach der Dämmerung hier gearbeitet.»

Die Dämmerung. Gestern zu dieser melancholischen Zeit hat er mit Antoine einen Spaziergang gemacht und etwas Merkwürdiges getan: er hat die unmittelbare Nähe gesucht. Zunächst hakte er sich bei dem Jüngling ein, dann nahm er die Hand, dann umfasste er die Schulter, schließlich die feste Taille. Und als ahnte Antoine die Frage, die ihm, Robespierre, so auf der Zunge brannte, flüsterte er schon die Antwort: «Für immer.» Und sah ihm tief in die Augen. Vielleicht das einzige Mal in seinem Leben fand Robespierre Gefallen am sattgrünen Laub der Bäume, am feuchten Waldboden, an dem Luftzug, der die hereinbrechende Dunkelheit so oft begleitet. Aufhören, Hinwerfen, Wegrennen. Ein Landgut, etwas Ackerbau, etwas Advokatus, ein Haushalt, ein Herz, das für ihn schlägt. Was bedeutet Macht, wenn es um Liebe geht? So viele Romanciers hatten diese Frage bis dahin gestellt, doch Maximilien stellte sie sich gestern zum ersten Mal. Die Antwort ernüchterte ihn. Denn leider: Antoine verlangte ja keineswegs nach dieser Kapitulation, im Gegenteil, er forderte das Festhalten an der Macht, die Fortsetzung des Gestaltens. Die Liebe sollte Robespierre nicht am Weitermachen hindern, sondern ihn anspornen. Warum nur spürte Robespierre dann plötzlich diese Müdigkeit? Warum gingen ihm seit gestern Abend all diese Geschehnisse durch den Kopf, so, als wollte er mit sich und allen toten und lebenden Gegnern ins Reine kommen, so als schriebe er ein Testament?

Was hatte Antoine eben erzählt? Ach ja, die Arbeit des Wohlfahrtsausschusses. Robespierre erkennt die Zeichen dieser Arbeit, die verstreuten Papiere, die Briefberge, die Gesuche, die Rechtfertigungen, die Entwürfe, die Tassen mit verkrustetem schwarzen Inhalt dazwischen und ein Teller mit abgenagten Lammkeulen. Von früh bis spät arbeiten sie, das stimmt schon. Die einen koordinieren die Verteidigung des Landes gegen die Österreicher und die Preußen, die keine Ruhe geben wollen und diesen gefährlichen Präzedenzfall einer Revolution mit Bajonetten zu bezwingen versuchen. Die anderen kümmern sich um die Ruhe in den Provinzen oder die Ausarbeitung neuer Gesetze, um Propaganda oder Lebensmittelversorgung, um Ernennungen oder Absetzungen. Saint-Just ist unter anderem zuständig für die Polizei und damit für Verhaftungen, für Anklagen, für Verurteilungen, für Hinrichtungen, für rollende Köpfe. Und für Theorien. Er ist der Visionär im Wohlfahrtsausschuss, und Robespierre hat keine Ahnung, ob er gerade den Namen eines treu sorgenden Familienvaters auf seine Liste schreibt oder an einem Traktat über die Harmonie im Staat arbeitet. Robespierre findet das alles bisweilen widersprüchlich, aber sobald Saint-Just den Mund aufmacht, wird alles logisch und verständlich.

Das ist vielleicht Antoines herausragende Eigenschaft, jeden überzeugen zu können, sogar seine Feinde von der Notwendigkeit ihrer Vernichtung. Robespierre erinnert sich noch gut an Saint-Justs erste Rede vor dem Konvent. Zuerst belächelten die Deputierten von damals den Neuling, als er in der ganzen Schönheit seiner unreifen Jugend zum Podium schritt. Er wirkte ja immer schon elegant in seiner Schlankheit, aber seine feine Kleidung machte ihn zu einem Engel; nein, das ist eigentlich nicht das richtige Wort, sie machte ihn eher zu einer Art Opernfigur. Auf der Zuschauertribüne wisperten sich die Mademoiselles kecke Sprüche zu, Sie verliebten sich in seine aristokratisch anmutende Gestalt, in die gerade, römische Nase, die feinen Augenbrauen, die herrlichen Locken. An beiden Ohren schaukelte ein großer Ohrring zum Takt seines ruhigen, gemessenen Schrittes, als ginge er einer Prozession voran. Am Pult angekommen, bewegte er sich kaum noch, hielt wie so oft seine Hände auf dem Rücken zusammen.

Und dann begann er, die Augen unbeirrt auf dem Manuskript ruhend. Manchmal machte er eine Pause und suchte sich einen aus der Masse der Deputierten aus, um ihn drei Sekunden schweigend anzustarren. Und noch ehe die Männer im Saal so recht verstanden, wovon er redete, lief ihnen ein eisiger Schauer über den Rücken. Robespierre spürte dieses Gefühl rechts und links von dem Platz, auf dem er saß. Ein leises Raunen ging herum, ein ständiges Zurechtrücken auf dem Stuhl, ein Widerwille zuzuhören und ein Unvermögen wegzuhören. Selbst die Jakobiner waren kalt berührt. Ja, kalt ist das richtige Wort. Alles, was Saint-Just verbreitete war Kälte. Seine Stimme war klar und schön, aber frostig wie ein Januartag. Jedes Wort saß, alles war prägnant formuliert, rundum geschliffen, aber ohne jede Wärme, ohne Anteilnahme. Dabei war das, wovon er sprach, nicht weniger als ein purer Gewaltakt. Was forderte Saint-Just? Den Kopf des dummen Königs, die Zerschlagung von dessen ganzer Familie: die Einkerkerung der lebensfrohen Marie Antoinette, die Verschleppung des kleinen Kronprinzen und Übereignung an irgendeinen Handwerker, die Verbannung der beherzten, hübschen, unschuldigen Prinzessin. Oh, was hatten die Deputierten da zu schlucken und zu staunen.

Es dauerte lange, bis irgendein Wicht sich erhob und fragte, mit welchem Recht das alles denn geschehen solle, welches Gesetz Saint-Just für so etwas heranziehen wolle, welchen Verbrechens er den König beschuldige? Schweigen bei Saint-Just. Er blickte den unseligen Menschen einige Sekunden lang an, und Robespierre erinnert sich noch, wie er dachte: Tja, jetzt sitzt der liebe Antoine aber in der Klemme. Robespierre selbst wusste nicht, ob man den König verurteilen *solle*, und wenn, wie man den König verurteilen *könne*.

Endlich antwortete Saint-Just, zunächst mit einer Geste. Er zuckte mit den Schultern, einfach so. Es war ihm egal, wie man es zustande brachte: «Die Menschen schaffen zu viele Gesetze und zu wenig Beispiele.» Man solle es einfach tun, ohne Recht; den Abgesetzten aus dem Gefängnis zerren und unter das Schafott stopfen. Das Ignorieren des Wegs zugunsten des Ziels wurde seine große Stärke. Er sagte bloß: «Dieser Mann muss entweder herrschen oder sterben. Falls der König wirklich unantastbar ist, dann war es ein Verbrechen, ihn zu stürzen. Wenn er unschuldig ist, dann ist das Volk schuldig.» Das hatte er geschickt formuliert. Also, forderte ein anderer Wicht, dann solle man den König halt vor Gericht stellen, wie alle Menschen. Saint-Just entgegnete: «Ein König ist kein Mensch. Allein schon durch sein Amt macht sich ein König des schlimmsten Verbrechens schuldig.» Und dann forderte er eine Abstimmung im Konvent über die Frage der Hinrichtung.

Es war schon unfassbar, was da passierte. Der Tod sollte die Folge einer Parlamentsabstimmung werden: ein einmaliger Vorgang. Bei Antoine war der Mord nicht das letzte Mittel, sondern das erste, keine Tat, sondern eine bürokratische Maßnahme, ähnlich wie der Stempel auf einem Dokument. Robespierre war verblüfft und begeistert. Als Antoine die Rede beendete, war der Saal für einige Sekunden still wie ein Grab. Wie im Schockzustand harrten die Deputierten aus, entsetzt von der Mitleidlosigkeit eines so engelhaften Körpers. Instinktiv spürten diese vielen korrupten Intrigantenherzen auf ihren gepolsterten Stühlen, dass hier einer ankam, der niemals und mit nichts zu kaufen war, weder mit Geld noch mit Titeln, einer, der zu der gefährlichsten und seltensten Kategorie Mensch gehörte, den Ideologen, die für eine Theorie ihre Mütter, Ammen, Gatten unters Beil bringen, die alle und jeden abschrecken, die bei so vielen aber Faszination auslösen.

Es dauerte eine Weile, ehe die Deputierten wieder zu Atem kamen, dann aber begann eine verleitete Seele mit dem Klatschen und der Saal stimmte geräuschvoll ein. Geräuschvoll, ja. Ehrlichen Herzens, nein. Robespierre hatte ein Ohr für solche Feinheiten. Es wäre ja auch zu viel von Antoine verlangt gewesen, innerhalb einer einzigen Redezeit aus Hasen Wölfe zu machen. Was die Deputierten zum Applaus verleitete, war nicht die Idee Saint-Justs, sondern der Schrecken, den er ihnen eingeflößt hatte. Die schwachen Menschen spürten die Festigkeit eines anderen und gaben nach, ja, vielleicht spürten sie sogar schon die Sense im Nacken. Denn was taten die Claqueure, kaum dass Saint-Just mit schaukelnden Ohrringen, bewegungsloser Miene und kalten, türkisblauen Augen das Podium verlassen hatte? Sie beschlossen – nichts. Niemand entgegnete Saint-Just, keiner widersprach ihm, niemand forderte eine sofortige Abstimmung, niemand stellte einen Antrag. Nur nicht sich auf eine solche Diskussion einlassen, bloß keine Stellung beziehen. Denn was, wenn man sich für den Tod des Königs entschied und die Monarchie würde eines Tages zurückkehren? Und wie, wenn man sich dagegen aussprach und das Volk würde ihn doch lynchen? Haha, diesen Saint-Just, das verstanden die meisten gleich am ersten Tag seines Auftritts, konnte man nicht ohne Risiko bekämpfen. Und welche dieser Mimosen wollte schon Risiken in unsicheren Zeiten eingehen? Wer andererseits wollte ihm beipflichten und damit sein Mordkomplize werden? Nur eines konnten sie tun, ihn totschweigen, ihn Beklatschen und den Mund halten, nicken und nichts tun, lächeln und wegsehen.

Und sie sahen häufig weg in den nächsten Monaten, denn Saint-Just schlug so lange in die Kerbe des königlichen Baumes, bis er fiel. Immer und immer wieder forderte er den Tod des Königs, bis eines Tages Robespierre selbst ihm zur Seite sprang und ihn unterstützte. Die Jakobiner machten Stimmung, die Debatte griff auf die Straße über, entflammte das Volk, dieses entflammte den Konvent und schließlich half Stillsein nicht mehr. Draußen kochte der Volkswille und schrie nach Blut, drinnen wurde den Deputierten die Luft langsam heiß. Saint-Just hatte, was er wollte: Der Konvent stimmte ab und tat dem Apostel der Guillotine den Gefallen.

«Narren, Narren, Narren», denkt Robespierre, wenn er sich an jenen Tag zurückerinnert. Sie glaubten, dass ein Durstiger sich mit einem Tropfen zufrieden geben würde. Doch was weder das Volk noch die Deputierten bedacht hatten, war, dass wo *ein* Kopf ohne Gesetz gefallen ist, der nächste schon zu Wackeln begonnen hat. Als am 21. Januar 1793 die Klinge der Guillotine auf einen Hals niedersauste, auf den königlichen Hals, war dies der heimliche Auftakt der Herrschaft Robespierres und des lieben Gefährten, des treuen und wunderbaren Saint-Just.

Am Abend jenes glorreichen Tages lud Maximilien den schönen Antoine zum ersten Mal zu sich ein und gab Madame Duplay die Anweisung, diesen jungen Menschen künftig ohne Anmeldung durchzulassen und außerdem ein schönes Abendessen für sie beide zu bereiten. Die Madame staunte nicht schlecht, aber sie behielt ihre Gedanken für sich und trug mit der neutralsten Miene die Speisen auf. Nach dem Dessert sagte Robespierre, sie könne sich zurückziehen, und sie tat es, nicht ohne Antoine noch einmal neidisch anzublicken. Neidisch? Ach ja, das war die Zeit, in der Madame versuchte, ihre Jüngste, Eleonore, mit Robespierre zu verkuppeln. Sicherlich wünschte sie sich die Tochter auf dem Stuhl, den Antoine von da an besetzt hielt. Arme Eleonore. Robespierre war immer freundlich zu ihr und nahm sie bisweilen sogar auf einen Spaziergang mit, aber bloß, um mit ihr über die Politik der Maximallöhne zu reden oder die Grundstücksreform. Da konnte sie noch so hübsch Liedchen trällern oder Sonette schreiben, sie war eben nichts anderes als eine gefühlvolle, einfache, herzensgute, junge – Frau. Und eine Frau kam niemals näher an ihn heran als auf Armeslänge. Antoine hingegen lächelte damals unentwegt, zeigte seine herrlich weißen Zähne und bewegte sich noch graziler als sonst. Er sprach nicht viel. Im Grunde schwieg Antoine sich an jenem Abend in Maximiliens Herz.

«Oh», stöhnt Robespierre kurz auf. Er hat ein Geräusch gehört, das von draußen kam und an das Klacken seiner Dominosteine erinnerte. Klackaklackaklacka. Er sieht auf die Uhr. Zehn Uhr dreißig. Die Guillotine beginnt gerade mit der Arbeit. Die Henker arbeiten schnell, jeder Handgriff sitzt, sie schaffen eine Hinrichtung pro Minute. Der Delinquent wird auf die Bühne gezerrt, bekommt das Tuch über den Kopf, wird unter die Guillotine geschoben, der Hebel wird gelöst, die schwere Klinge saust herab, der Kopf fällt in den Korb, und noch während die Klinge wieder hinaufgezogen wird, zerren die Helfer schon den nächsten Todgeweihten herbei. Nach zehn Hinrichtungen kommt eine Putzkolonne und wischt rasch alles auf. Doch den rötlich-braunen Fleck, der das Holz durchtränkt, können sie nicht wegwischen; ebenso wenig den Geruch, der über dem Platz liegt, der die Fliegen anzieht und nicht mehr weicht, nicht tags, nicht nachts, nicht im Winter.

Nicht, dass Robespierre jemals selbst eine Hinrichtung mitangesehen hätte, nein. Weder er noch Antoine. Ein Fluch liegt auf den Augen, die das Werk der Guillotine sehen. Wie die Menschen beim Anblick der antiken Medusa zu Stein erstarrten, wie bei der göttlichen Zerstörung Sodoms alle Beobachter in Salz verwandelt wurden, so verwandeln die Augen auch jene, die den Hinrichtungen zusehen, in Memmen. Der jakobinische, der gewaltige, der riesenhafte Machtmensch Danton, der selbst die Einführung der Revolutionstribunale eifrig befürwortet hatte, begann nach dem ersten Fallen der Guillotine jammernd auszurufen: «Lieber guillotiniert werden als guillotinieren» – zur Memme geworden. Der Blutsäufer Marat, der in seinem Hetzblatt noch den Tod von vierhunderttausend Franzosen als Leim für das republikanische Fundament gefordert hat, versuchte, kaum dass die Maschine in Gang gesetzt war, jeden Einzelnen zu retten, der ihr erliegen sollte – zur Memme geworden. Fouché, dieser eklige Ehrgeizling, schmetterte wochenlang die fürchterlichsten

Hasstiraden von der Kanzel runter, bis auch er Gast einer Köpfung wurde und von da an nicht einen einzigen Todesbefehl mehr unterzeichnet hat – zur Memme geworden.

Nein, Robespierre hat sich vorgenommen, keiner Hinrichtung beizuwohnen. Was er wissen muss steht auf den sauberen, parfümierten Schriftrollen, die zwar den Tod kennen, nicht aber das Leid, die die Wahrheit kennen, nicht aber ihre Geräusche. Antoine bringt sie ihm abendlich zur Kenntnis, diese saubere, stille Wahrheit. Antoine selbst ist die Wahrheit.

Die Stunden mit Antoine, diese herrlichen Abende, unterliegen anderen Zeitgesetzen. Sie gehen nie vorüber, denkt Robespierre. Jedes feine Klimpern einer Gabel ist zu hören, jedes Klingen des Glases, jedes Schwenken des Burgunders. Antoine scheint nicht zu atmen, denn nie geht ein Seufzen über seine Lippen oder ein Räuspern. Er bewegt sich wie in einem Traum. Wenn er einmal etwas sagt, dann hallt es in Maximilien nach, viele, viele Male, so lange, bis er erneut etwas sagt. Vielleicht hat deshalb das, *was* er sagt, so viel Gewicht für Maximilien.

Nach dem Essen steht Antoine meistens auf und setzt sich an das Cembalo, um beim Schein zweier Kerzen etwas zu spielen, am liebsten melancholische Sonaten eines gewissen Monsieur Bach. Auch Antoines Spiel ist wie alles an ihm langsam und traumhaft. Jede Note ist wie eine Träne. Sie betont die Leere und das Nichts um sie herum. Robespierre animiert die Musik zum Lesen im Rousseau oder in den aktuellen politischen Journalen. Zwischendurch ruft er manchmal dem in die Tasten vertieften Antoine etwas zu wie: «In Avignon haben sie jetzt auch eine Guillotine aufgestellt.» Wenn Antoine dann kurz lächelnd vom Cembalo aufsieht, ohne jedoch die bittersüße Melodie zu unterbrechen, dann weiß Robespierre, dass es ein Fortschritt ist, wenn in Avignon die Guillotine aufgestellt wird. Ansonsten würde er vielleicht zu Zweifeln beginnen.

Ab und an liest Maximilien auch etwas, das ihm nicht gefällt, vielleicht einen Artikel des Proleten Hébert, und dann schäumt der Zorn in ihm hoch und die Kieferknochen beginnen zu malmen. Immer dann ist es wiederum Antoine, der ihn beruhigt, der ein Adagio spielt und sagt: «Die Herrschaft gehört den Phlegmatikern.» Wie schön ist es, denkt Robespierre in solchen Momenten, jemanden an der Seite zu haben, der den Hass nicht kennt. Aber nicht bloß Robespierre selbst geht in diesen Minuten auf wie eine Wüstenblume im Regen, auch Antoines Geist beginnt zu schwärmen. Diese herrliche Idee von ihm, diese erotische, wunderbare Idee – sie war ihm beim Spiel auf Maximiliens Cembalo gekommen. Die mit der Freundschaft. Ein jeder Mann sollte öffentlich in einem eigens dafür gebauten Tempel verkünden, wer sein Freund war, sein bester Freund. Und diese Freunde sollten in einer Art Pakt verbunden werden; ihre Unterschrift musste auf allen Verträgen des anderen mit darauf stehen; sie hafteten füreinander in jeder Lage; sie sollten – wie Eheleute – alle Vorteile des staatlichen Schutzes erhalten und alle Härte bei Verfehlungen. Und – sie sollten nach ihrem Tod nebeneinander bestattet werden. Was für eine Vorstellung! Neben Maximilien bestattet sein!

Die Tür wird aufgerissen. Da poltern sie herein, die Herren: Barère, Collot, Billaud, Prieur, Lindet und Carnot. Es sind ja eigentlich keine angenehmen Menschen, aber wenigstens sind es Jakobiner und wenigstens mischen sie sich nicht in die Reinigungsprozesse ein, sondern sind Macher, Fachleute. Der eine ist Stratege, der andere Ökonom und so weiter. Saint-Just nennt sie «Arbeiter». Sich selbst, Robespierre und den guten Couthon nennt er «Politiker». Aber, wo ist er denn, Couthon?

«Wo ist Couthon?», fragt Robespierre.

«Müsste gleich heranrollen», ruft Barère.

Und da kommt er auch schon. Couthon sitzt seit seiner Kindheit im Rollstuhl. Einmal hat er Robespierre erzählt, wie es passierte, und auch, wie elend er sich danach fühlte. Die Revolution hat ihn wieder zurück ins Leben gebracht, wenn auch nur, um es anderen zu vergällen. Die Spielhallen hat Couthon schließen lassen, die Freudenhäuser abgebrannt, die Marktplätze überwacht, die Bücher zensiert, die Klubs verboten. Niemandem gönnt er eine Freude, weil er sie selber nicht mehr empfindet. Was Wunder, dass er sich nur bei Robespierre wohl fühlt und bei Saint-Just, und dass er mit ihnen den ganzen Wohlfahrtsausschuss beherrscht.

Robespierre nimmt Platz und die anderen beeilen sich nun auch mit dem Hinsetzen. Prieur reißt noch irgendeinen dummen Witz, über den alle lachen, Robespierre und seine beiden Freunde aber nicht.

«Der Bericht für heute?», fragt Robespierre.

Antoine antwortet als Erster, als ob die Anzahl abgeschlagener Köpfe das Wichtigste sei. «Gestern achtundfünfzig Hinrichtungen in Paris. Damit in einem Monat eintausendvierhundertdreiundfünfzig Hinrichtungen in Paris. Nein, halt, ich habe mich verrechnet. Eintausendvierhunderteinundfünfzig Hinrichtungen.»

Ob es etwas von Antoines Schuld nimmt, wenn er zwei Menschen weniger hinrichtet, überlegt Robespierre. Doch er kommt nicht weiter mit seinen Überlegungen. Antoine redet zu schnell. Er plappert und plappert, Zahlen und Nummern, Fakten und Verdächtigungen, Gerüchte und Hinweise, ein loser Flickenteppich von Informationen. Seine Berichte sind eben nicht anders als seine Anklagen.

«Dazu kommen bis vorgestern zweitausendneunhundertundsiebzig Hinrichtungen in den Provinzen, wobei uns die Zahlen für zwei Departements fehlen.»

«Warum?», fragt Robespierre.

«Warum weiß ich nicht, sie fehlen. Sie sind nicht geliefert worden.» Antoine sieht Robespierre eine Weile an, dann fährt er fort: «Ich beantrage, die jeweiligen Prokonsuln anzuklagen wegen Behinderung der Revolution.»

«Vielleicht sind die Berichte auf dem Übermittlungsweg verloren gegangen», wendet Carnot ein, «oder die haben in den beiden Departements nicht genügend Schreiber und brauchen etwas länger.»

«Du liebes bisschen, wie soll ich das denn alles nachprüfen?», sagt Saint-Just ganz ruhig, zuckt kurz mit den Schultern und hebt seine Hand, noch bevor zur Abstimmung über seinen Antrag gerufen wurde. Er hält seinen Blick auf das vor ihm liegende Blatt geheftet und kann demnach nicht sehen, dass alle bis auf Carnot die Hand heben. «Beschlossen. Ich bereite also die Anklage vor», stellt Saint-Just fest und kritzelt zwei Namen auf eine Liste.

Anklage, so ein Unsinn. Sie sind tot. Ja, die zwei Prokunsuln sind so gut wie tot, denkt Robespierre, weiß aber, dass Antoine auf seinen Worthülsen besteht, um sich darin zu verbergen.

«Ich habe meine Hand nicht gehoben», sagt Carnot. «Ich verlange, dass das im Protokoll vermerkt wird.» Carnot will noch etwas sagen, aber er spürt Robespierres Blick in seinem Nacken und schweigt.

Das wäre ja auch noch schöner, wenn jemand die Stimme gegen ihn, gegen Robespierre erheben würde. Schließlich verdanken sie alle hier ihm und nur ihm den sicheren Platz im Wohlfahrtsausschuss. Saint-Just hatte mit der künstlich herbeigeführten Verurteilung des blöden Königs eine hervorragende Vorarbeit geleistet, aber das änderte ja nichts an den Machtverhältnissen im Konvent, der noch immer von den Girondisten, den Gemäßigten, beherrscht wurde. Was danach kam, war Robespierres Tat.

Es war Robespierre damals klar, dass es immer und überall nur zwei Möglichkeiten gibt, absolute Macht zu erlangen, und dass dies sowohl für demokratische wie undemokratische Staaten gilt, sowohl in der Wirtschaft als auch in der Politik. Nur die Drastigkeit der Mittel variiert, nicht die Mittel selbst. Robespierre stand demnach vor der Wahl, nach und nach, anfangs ganz unmerklich, Gegner um Gegner auszuschalten und dann im sicheren Wissen der eigenen Überlegenheit zur Verblüffung aller die Macht zu übernehmen. Oder er konnte einen unerbittlichen, furchtbaren Erstschlag tun und sich danach – die Macht bereits in Händen – seiner Gegner entledigen.

Robespierre war im Grunde ganz leidenschaftslos in der Wahl des Rezepts, nur tödlich musste es sein. Da aber die Stimmenmehrheit im Konvent nicht bei ihm und seinen Anhängern lag, und er das Gesetz zur Unantastbarkeit der Deputierten demnach nicht zu Fall bringen konnte, blieb ihm nur die zweite Möglichkeit übrig, der Putsch. So schwärmten also Robespierres Jakobiner aus, um das Pariser Volk unermüdlich gegen die Girondisten aufzuhetzen. Da war er Feuer und Flamme, dieser Danton, der redekräftige Draufgänger, der die Sprache des Proletariats sprach. Und wieder bewahrheitete sich, was Robespierre seit langem wusste: Beharrlichkeit ist wichtiger als Talent. Nach wenigen Wochen waren die Pariser weich gekocht und konnten zur Waffe gegen die Girondisten zusammengeschmiedet werden.

Der dumme Danton wollte sofort losschlagen, aber Robespierre hielt ihn natürlich zurück. Denn so einfach war die Sache auch wieder nicht. Unter den hunderten von schafsköpfigen, angstvollen, geldgierigen oder liebeshungrigen Deputierten befand sich leider auch eine Handvoll durchaus gerissener Typen, die einen Sturz der Girondisten durchaus für sich selbst ausnutzen konnten. Unmöglich, sie ruppig aus dem Weg zu räumen, wohl aber möglich, sie sanft aus Paris zu entfernen. Wen man nicht mit Gewalt bezwingen kann, den lobt man eben weg, und so machte Robespierre vor dem Konvent den scheinheiligen Vorschlag, einige fähige Mitglieder der Versammlung vorübergehend in die Provinz zu entsenden, um dort die Fortschritte der Revolution zu überwachen.

Nun hörte sich diese Aufgabe alles andere als ehrenhaft, spannend oder gar ruhmbringend an, und es hätte sich wohl nur ein halbes Dutzend lascher Laffen gefunden, wenn Robespierre nicht gleichzeitig vorgeschlagen hätte, den Entsandten den Titel «Prokonsul» zu verleihen sowie ihnen in den unterstellten Gebieten unbeschränkte Vollmachten zu erteilen. Im Sinne der Revolution durften sie also schalten und walten, durften Verordnungen erlassen, Bürgermeister absetzen, Güter beschlagnahmen, sie durften anklagen und richten, gestalten und zerstören, kommandieren und köpfen. Um solche Möglichkeiten, die sowohl die Eitelkeit befriedigten wie auch bei Erfolg großes Lob und ein hohes Amt versprachen, rissen sich gerade die Intelligenten und Machthungrigen. Jeder wollte sich auszeichnen.

Ja, Robespierre sieht sie noch heute vor sich, wie sie zufrieden in der Kutsche sitzen, die Vollmachten im Koffer und die Sucht nach Profilierung im Herzen: Der gefährliche, weil wetterwendische Fouché reiste an die Loire, der wilde Barrikadenkämpfer Barbaroux nach Marseille, der Taktiker Buzot in die Normandie und der Gewaltmensch Carrier nach Nantes. Sie alle und noch einige mehr durften sich eine Jahreszeit lang als Herren der Provinz fühlen, während Robespierre zur selben Zeit der Herr des ganzen Landes wurde.

Wie schnell ging dann alles – wie im Domino-kipp-um-Spiel. Erst mit Geduld aufstellen, dann mit Leichtigkeit antippen. Das aufgehetzte Volk umzingelte den Konvent und forderte mit Nachdruck den Ausschluss der Girondisten und deren Hausarrest. So geschah es, und die Anklagebriefe schickte Saint-Just gleich hinterher, seine ersten.

Was für ein Bild war das am Tag darauf, als Robespierre den Konvent betrat: Im einen Drittel eine wohltuend klaffende Leere, wo einst gefüllte Bänke waren, im zweiten Drittel die Jakobiner mit stolzgeschwellter Brust, im letzten Drittel eine parteilose, verängstigte Hammelherde, die fortan rennen würde, wohin der Hund sie trieb. Robespierre besetzte den Wohlfahrtsausschuss, das neue Regierungsorgan, mit seinen Leuten, und auch sonst wurden alle wichtigen Positionen, die der Richter und Ankläger, der Polizisten und Geschworenen, der Bürgermeister und Räte und sogar der Pfarrer und Bischöfe von ihm verteilt. Dann musste nur noch die eben erst ausgearbeitete und am Vortag in Kraft getretene Verfassung «ausgesetzt» werden, und da war er dann, der erste Tag des «Zeitalters der Vernunft». Nun war es an ihm, die Zukunft zu gestalten.

Da sitzt Robespierre nun und starrt auf einen Stapel von Anklagen, den Saint-Just ihm zugeschoben hat und dessen einzelne Blätter seiner Unterschrift harren. Wenigstens fünf Mitglieder des Wohlfahrtsausschusses müssen diese Dokumente unterschreiben, und Saint-Just ist immer der Erste.

«Tut dir nicht manchmal das Handgelenk vom vielen Unterschreiben weh?», fragt Robespierre seinen Gefährten Antoine.

Carnot schüttelt leicht den Kopf, muss lachen, es klingt irgendwie bitter. Seit einiger Zeit ist er schwierig.

«Nein», sagt Saint-Just. «Dir?»

«Seit einer Woche, ja. Zuerst nur das Gelenk, aber in den letzten beiden Tagen ist der Schmerz mir in die Schulter hochgezogen, und nun hängt er auch im Nacken.»

Wieder lacht Carnot sein schmutziges Lachen, und Robespierre weiß gar nicht warum.

«Ich kann ja Couthon unterschreiben lassen, wenn du –»

«Nein, lass nur. Aber macht ruhig mit der Aussprache weiter, während ich unterschreibe. Leihst du mir deine Feder?» Die anderen faseln von der galoppierenden Inflation und Robespierre beginnt, die gleichgültige Feder des

Todes zu schwingen. Wie viele Male? Niemand außer Antoine zählt das noch. Immer diese Zahlen! Robespierre weiß, dass Antoine sich nie die Mühe gemacht hat, einmal hinter die statistische Bürokratie des Terrors zu blicken. Robespierre schon. Vor einer Woche. Da hat er sich erstmals einen riesigen Berg Akten mit nach Hause genommen und auf dem ansonsten so penibel aufgeräumten Schreibtisch abgeladen. Was er da las, vier Nächte lang, übertraf seine Befürchtungen.

Fouquier-Tinville, der wackere Chefankläger und Saint-Justs Mann fürs Grobe, bejammert die Überlastung. So viele Helfer er auch hat, er weiß nicht mehr, wie er die vielen Dokumente ausfertigen soll; Namen werden durcheinandergeworfen, Fakten vertauscht. Nur deswegen ist es noch nicht zur Katastrophe gekommen, weil ohnehin jedes Urteil auf Tod lautet und es egal ist, ob der Delinquent, der gerade vorgeführt wird, nun Trouvier oder Duval heißt.

Oder halt, einige Male ist es doch zu ernsthaften Unstimmigkeiten gekommen, wie im Fall jener Madame de Billé, die als Angeklagte aufgerufen wurde, woraufhin sich versehentlich eine Madame de Biyet meldete, die zufällig im Gerichtssaal war. Sie trat vor und wurde für schuldig befunden, noch bevor sie in einziges Mal den Mund geöffnet hatte. Zwar fiel der Irrtum noch rechtzeitig auf, aber man war unwillig, das Urteil zurückzunehmen und Madame wurde hingerichtet, «weil sie nun einmal verurteilt war», wie es in der Begründung hieß. Und was war mit jenem Simon Loizerolles, dessen jugendliches Alter von zweiundzwanzig Jahren vom Richter zwecks Feststellung der Personalien verlesen wurde? Vor ihm stand jedoch ein Greis, niemand anderes als der gleichnamige Großvater jenes Simon. Obwohl der Richter den Greis sah, und obwohl er eben noch dessen Alter verlesen hatte, verurteilten er und die Geschworenen ihn, weil sie alle gar nicht mehr darauf achteten, wen sie da überhaupt dem Tode überantworteten.

Vielleicht geht doch alles ein bisschen zu schnell, überlegt sich Robespierre, während er schreibt und schreibt, blättert und blättert und nur mit Mühe noch die Namen liest: Jacques Volney, Beatrice Tirot, André Chenier ... Moment, den Namen kennt er. Ist das nicht der Dichter André Chenier? Aber gewiss! Er wird morgen hingerichtet. Hat irgendwas von einem Exzess der Revolution geschrien, der Dummkopf. Ja, ein Dummkopf ist er, und das ist auch das ganze Elend mit diesen Hinrichtungen. Man tötet ja gar nicht die eigentlichen Staatsfeinde, denn die schweigen klug, sondern man tötet nur die Offenherzigen, von denen Christus einmal sagte, sie kämen ins Himmelreich. Morgen wird der unglückliche André es wissen, denkt Robespierre, kritzelt seinen Namen auch unter dieses Papier.

Robespierre unterschreibt das letzte Dokument und sieht zu ihm auf, zu Antoine, wie er still bleibt und kalt, der Stern der Nacht. Antoine scheint zu spüren, was in Robespierre vorgeht, denn plötzlich lenkt er seinen Blick vom plappernden Collot weg zu ihm hin, zu Robespierre, und kneift kurz seine Augenbrauen zusammen, als blicke er in ein Rätsel. Ein paar Sekunden geht das so, dann wendet er sich verwirrt ab, sieht wieder Collot an, unterbricht ihn und sagt schroff: «Dann erlassen wir eben ein Höchstpreisgebot und Punkt.»

Punkt! Ach, lieber, schöner, herrlicher Antoine. Für einen nüchternen Menschen, wie er es ist, denkt er erstaunlich unpräzise. Wie simpel seine Lösungen immer sind, wie sehr sie die Schwierigkeiten ignorieren, wie sehr sie blind sind für das Rechts und Links. Antoine ist kein Mann fürs Schachspiel. Er ist imstande, die Dame und zwei Türme zu opfern, nur um einen Bauern zu schlagen. Für fünf Minuten der absoluten Überlegenheit gibt er alles hin. Auch ein Organisator ist er eigentlich nicht. Sein Platz ist nicht die Kanzel des Dirigenten, der hundert Stimmen zu einer einzigen schmieden muss, oder das Atelier des Malers, der es versteht, die Farben zu einem Epos zu vereinen.

Das alles kann Antoine nicht leisten. Nur eines kann er hervorragend, aber dies allein reicht, um seine Wirkung zu schaffen: er kann motivieren. Ist das nicht unglaublich? Antoine Saint-Just kann motivieren, er, dem scheinbar kein Blut durch die Adern pulsiert. Er ist der Herr der fünf Minuten, und die nutzt er, um alles, was keinen Verstand im Kopf hat mitzureißen. Das ist nicht wenig, das ist der halbe Sieg. Als er für drei Monate als politischer Kommissar in das Elsass ging, um die demoralisierten Truppen gegen die ausländischen Angreifer in Stellung zu bringen, da hat er ein Wunder bewirkt. Wie ein Wirbelwind hat er bei den Truppen gewütet, hat nachlässige Generäle abgesetzt und angeklagt, hat Stiefel bei der Bevölkerung beschlagnahmt und den Soldaten gegeben, hat Häuser als feste Unterkünfte requiriert, hat den zu Soldaten gemachten Bauern zugesagt, dass andere während ihrer Abwesenheit die Felder bestellen werden, hat die Huren aus den Lagern vertrieben, hat jeden Soldaten, der sich während des Feldzuges den Lustbarkeiten hingab, erschießen lassen, hat für jeden Landser ein Ohr gehabt, hat für deftiges Essen gesorgt, kurzum, er hat nicht wie ein Stratege gehandelt, sondern wie ein König. Das war sein Element, da konnte er befehlen und herrschen und bauen; da war kein Konvent, der ihn einschränkte. Sich selbst hat er dabei nicht geschont, hat kaum geschlafen, wenig gegessen. Nach hundert Tagen verehrten die Soldaten ihn. Die Preußen wurden vertrieben und Antoine faselte bereits etwas von Eroberung, vom Weitertragen der Revolution in die Pfalz, nach Hessen, den Rhein entlang.

Das aber war zu viel für Robespierre, er war ja in diesen wenigen Wochen von Antoines Abwesenheit zum Wrack geworden. Robespierre schrieb dem Geliebten, aber nicht, um ihm zu gratulieren, sondern um ihn zurückzuholen: «Hilf mir», schrie er mit roter Tinte in den Brief hinein, wie ein Süchtiger. Er musste Antoines Gesicht wieder vor sich sehen, um klar denken zu können. Ohne ihn träumte er nachts von hässlichen Feindesfratzen, die ihn umringten und aufs Schafott schleifen wollten. Auch tags glaubte er sich von Gegnern umringt. Griffen sie ihn nicht zwischen den Zeilen in ihren Reden an? Blickte Lecointre in letzter Zeit nicht so seltsam auf Robespierres Kopf, als wolle er ihn am liebsten abschlagen und zum Diner verspeisen? Die Welt um Robespierre herum bevölkerte sich mit Monstren. Keine Sonne zu sehen, kein Stern. Dieses «Hilf mir!» war das letzte Mittel, ein Gegengift gegen den Wahnsinn. Natürlich – Antoine kam. Er kehrte rasch als Triumphator zurück und Robespierre pochte das Herz vor Erleichterung. Die nächtlichen Fratzen ergriffen die Flucht. Und die Reden der Deputierten schienen ihm auch wieder milder zu werden. Ordnung kehrte zurück in Robespierres Leben.

Dieses eine Mal also hatte Antoine Recht behalten. Er sagte, er würde schaffen, was alle Strategen nicht geschafft hatten: die Feinde verjagen. Ach, könnte Antoine nur immer Recht behalten! Robespierre will nicht, dass der Junge enttäuscht wird, er könnte es nicht ertragen, wenn Antoine sein Versagen irgendwann spüren müsste. Er will ein Höchstpreisgebot? Aber bitte, sofort. Wo ist der Vordruck? Wo muss Robespierre unterschreiben? Und wenn das Gebot nicht hilft, dann wird es dennoch nicht Antoines Versagen sein, dann machen Robespierre und Saint-Just jene dafür verantwortlich, die sich nicht daran gehalten haben, dann verhaften sie die Schwarzhändler und jene, die bei ihnen kaufen. Hat Antoine nicht einst den Adel für die ganze Misere der daniederliegenden Wirtschaft verantwortlich gemacht, den Adel, der seit Jahren gar nichts mehr zu sagen hatte? Und die Leute haben es geglaubt.

Wie viele Tode hat er gefordert, der schöne Mann? Kaum waren die Girondisten beseitigt, da musste die Königin unters Beil und vorher noch ihre Freundin, die Prinzessin Lamballe. Die beiden haben sich geliebt, Antoine. Und dann hat er die gutmütige Schwester des Königs töten lassen, Madame Elisabeth, obwohl die den lieben langen Tag nie etwas anderes getan hat als zu häkeln, so wie Robespierre als Kind häkeln musste. Und dann hat er die nichtsnutzige und niemandem schadende Madame du Barry hinrichten lassen, die einst so zauberhafte Mätresse des Vorgängerkönigs, obwohl sie mittlerweile nur noch eine bemalte Puppe war. Diese Menschen haben die Revolution aufgehalten? Irgendwann waren Antoine und Robespierre am Ende. Alle waren getötet, die Girondisten, die Royalisten, die Geistlichen, die Reichen, die Militärs, und nur sie beide blieben übrig, nur sie, die Jakobiner und das Volk. Und so machten sie sich also an die Nächsten heran, die Jakobiner, ihre eigenen Leute.

Jedes Zeitalter bekommt die Helden, die es verdient. Danton war immer mächtiger geworden, weil seine Zunge immer schärfer wurde. Die Menschen liebten ihn, wo sie Robespierre respektierten, sie umarmten ihn, wo sie vor Robespierre den Blick senkten. Es war ganz simpel: Danton war Franzose, Robespierre ein Geist. Das Volk brauchte einen Volkshelden, und es fand ihn in diesem anfassbaren Hünen. Danton war korrupt, er ließ sich hoch dafür bezahlen, manche Leute zu schützen; er war ein Gewinnler am Leiden anderer, denn in einigen Provinzen kaufte er für lächerliche Summen den Besitz von Hingerichteten auf. Den Menschen aber waren solche Dinge nebensächlich, wichtig war ihnen ein Mann aus Fleisch und Blut, der schmutzig lachen und saufen konnte, der die Huren besuchte. Einen solchen Helden bekamen sie mit Danton.

Vielleicht, denkt Robespierre, wird eines Tages die Unverschämtheit ein wichtiger Wesenszug des Helden, oder das schlechte Benehmen, oder die Dummheit, oder das gute Aussehen, oder eine vulgäre Analsprache wie die des inhaftierten Marquis de Sade. Oder dies alles zusammen. Eine furchtbare Vorstellung für Robespierre, dass Schönheit wichtiger wird als Klugheit, freche Sprüche wichtiger als Kreativität. Da war ihm ein Danton doch lieber, der hatte bei allem Plebejertum wenigstens noch so etwas wie Würde und Rückgrat – wenngleich er ihm dann doch das erste nahm und das zweite brach, aber das ist eine andere Geschichte.

Eigentlich wollte er es nicht so weit kommen lassen, eigentlich wollte Robespierre sich mit Danton arrangieren. Es war so viel Macht vorhanden, dass ein paar Einzelne davon erdrückt wurden und ein paar mehr durchaus willkommen waren. Aber Antoine war dagegen. Sein hübscher Kopf war von Dantons Clique einmal ins Lächerliche gezogen worden: Er trage sein Haupt wie das heilige Sakrament auf den Schultern. Nun, Rache war eines jener wenigen Gefühle, die Antoine sich leistete.

Robespierre blieb zunächst stur, wollte die Kooperation, aber eines Abends nahm Antoine seinem Maximilien in dessen Stube die Brille von der Nase und küsste ihn auf beide Augen, sagte: «Nein, kein Arrangement», sagte: «Er muss sterben». Robespierre ertrank in Antoines Türkis. Er befreite in diesem Augenblick einen Hauch seines Gefühls und küsste Antoine auf die Lippen, die noch nie ein anderer Mund als der der Mutter berührt hatte. Gott, wenn es dich gibt, dann hilf mir, dachte Robespierre. Nie war Robespierre sanfter berührt, nie zärtlicher gepackt, nie unerbittlicher besiegt worden als von diesem Jüngling an jenem Abend. Weit nach Mitternacht, als die letzte Kerze kurz vor dem Erlöschen war, stand Saint-Just auf, schritt zum Schreibtisch, holte irgendeinen Papierfetzen herbei und hielt ihn Robespierre vor die schlaftrunkenen Augen. «Schreib ihn da drauf, den Haftbefehl für Danton.»

Robespierre ist erschöpft. Seit gestern Abend kreisen seine Gedanken um ein Landgut, auf das er sich begeben möchte. Nur Antoine muss noch überzeugt werden, am besten, indem man ihm seine Lieblingsbeschäftigung sachte und doch energisch aus der Hand zieht, ganz so, wie Mütter es mit den Gegenständen machen, die ihr Kind sich greift. Robespierre hat sich vor diesem Tag nie mit der Frage befasst, wie man die einmal angestoßene Dominoreihe zum Stehen bringt. So viele Steine sind bereits gefallen, und alle fielen sie ganz zwangsläufig. Der Fall des einen zog logisch und mechanisch den Fall des nächsten nach sich. Wie diese Maschine jedoch aufhalten? Was, wenn man morgen stürbe? Was konnte man dann vor den Richtern der Zukunft anführen? Nur die Vernunft. Die Vernunft, die es gebot, das Paradies zu verwirklichen, indem man seine Leugner vernichtete. Eine karge Rechtfertigung kühler Köpfe. Gott würde Robespierre irgendwann umbringen, das war nicht zu verhindern. Das Urteil der Welt aber würde Robespierre noch einmal umbringen. Das durfte nicht geschehen. Robespierre musste eine letzte Ordnung in die Dinge bringen, bevor er allem, außer der Liebe entsagte.

«Gib mir deine Liste», sagt Robespierre zu Antoine, als die anderen gegangen sind. Nur Couthon und sein Rollstuhl sind geblieben.

«Bitte was?», fragt Antoine nach.

«Die Liste.»

«Welche Liste? Ich habe so viele.» Das stimmt. Antoine macht über alles Listen: Reden, Themen, Tote, Lebende, noch Lebende, Verbote, Gebote, Anträge, Verträge, gebrochene Verträge, Henker, Richter, die künftigen Richter dieser Richter ...

«Die Verdächtigen», sagt Robespierre.

Saint-Just gibt sie ihm ohne mit der Wimper zu zucken. Robespierre liest einen Augenblick.

«Was bitte heißt das hier?», fragt er nach. «Amalgam.»

«Amalgam ist eine Substanz, die –»

«Ja, das weiß ich. Aber was bedeutet Amalgam in Zusammenhang mit dieser Klammer, die so viele Namen umfasst?»

«Das heißt, dass alle diese Namen auf einmal vor Gericht gestellt werden, wegen eines Verbrechens.»

«Welchen Verbrechens?»

«Verschwörung.»

«Aber der eine ist aus Nantes, der andere aus Chartres. Und hier: Dieser da ist Zöllner, jener ist Schuhmacher, da unten steht ein Artist und ein paar Reihen darüber ein Bankier. Wie haben die sich miteinander verschworen?»

«Gar nicht. Jeder hat sich für sich selbst verschworen. Na und? Wenn wir sie zu einer Einheit zusammenfassen, geht es schneller.»

Amalgam. Robespierre fragt nicht weiter nach, er versteht. Jedes Regime erfindet seine eigene Sprache. Er nimmt eine Feder und streicht alle Namen durch, bis auf die fünf obersten. Die stehen tatsächlich noch im Weg, er kennt sie, er mag sie nicht, es sind Widerständler oder Wetterfahnen. Wenn er sie jetzt nicht beseitigt, werden sie ihn auf seinem Landgut beseitigen.

«So, die werden noch beiseite geschafft, die anderen sollen leben.»

«Aha», sagt Antoine ganz unbeteiligt. Er ist mehr damit beschäftigt, die fünf übrig gebliebenen auf eine neue, jungfräuliche Liste zu übertragen als zu bemerken, dass hier eine andere Politik gemacht wird.

«Fouché, Carnot, Collot, Tallien, Fréron», murmelt Antoine, und Couthon nickt beifällig, dass auch dieser fidele Possenreißer Carnot dabei ist mit seinem ewigen dummen Gelächter.

«Danach haben wir das Paradies», behauptet Robespierre. «Eine Ära des Friedens erblüht, wächst auf dem Blut ihrer Gegner.» Das klingt gut, er will es sich gleich für seine Rede vor dem Konvent merken. Sein Manuskript zerreißt er. Nun, da die Vernichtung gestoppt ist, stimmt der ganze Text nicht mehr und es ist keine Zeit, einen neuen zu schreiben. «Ich muss gehen. Der Konvent erwartet meine Rede. Kommst du gleich nach? Wirst du mir zuhören? Gut! Antoine, klage du morgen die fünf an. Ich werde heute etwas allgemeiner bleiben.»

Robespierre kann nicht frei reden, er braucht das tote Papier. Noch weiß er es nicht, noch geht er beschwingt die Treppe zum Konvent hinunter, aber es wird eine dumme, ganz und gar schlechte Rede werden, eine Quersumme aller Spekulationen und Drohungen. Im Konvent gibt es ohnehin niemanden mehr, der nicht von sich glaubt, er gehöre zu diesen fünf letzten Staatsfeinden, die morgen angeklagt werden sollen.

Nach dieser Rede wird kein Deputierter eine ruhige Nacht verbringen. Seit Wochen schon schläft ja die Hälfte der Männer nicht mehr zu Hause, weil sie nicht überraschend verhaftet werden wollen. Manche übernachten bei entfernten Verwandten, andere in Wirtshäusern, wieder andere in den Parks oder den Wäldern der Umgebung. Dass Robespierre keine Namen nennt an jenem Julitag, das wird ihm den Nacken brechen. Denn gerne würde der Konvent noch fünf weitere Mitglieder opfern, um nur ja Ruhe zu bekommen, aber da man noch nicht weiß, wer es ist, wird jeder seinen eigenen Kopf unter dem Fallbeil enden sehen. Ein Verhängnis. Die Furcht hat Robespierre an die Macht gebracht, die Furcht hat ihn an der Macht gehalten, die Furcht wird sie ihm wieder nehmen.

Antoine Saint-Just wird am darauf folgenden Tag seine Anklage erheben wollen, aber der Konvent wird ihn in blankem Entsetzen niederschreien, noch bevor er recht seine schönen Lippen öffnen kann. Wie die Affen werden diese Herren auf den Bänken turnen, werden buhen, pfeifen, blöken, zischen, bis schließlich einer mit seinem Ruf durchdringen wird: «Ich beantrage die Verhaftung Robespierres.»

Ungeheuerlich! Wer wird das beantragen? Ein Niemand, gekommen aus dem Nichts. Für zehn Sekunden wird die Zeit stillstehen, werden die Menschen wie Standbilder auf ihren Plätzen erstarren. Ein Zeitalter wird morgen zu Ende gehen, zwei Jahre nur, aber den meisten erscheinen sie wie zwanzig. Sekundenlang wird es eine bleierne Ruhe in diesem rührigen Deputiertenhaus geben, eine Rückerinnerung an die Opfer, an die vielen Kameraden, an die Nächte unter dem Sternenhimmel, an die Tränen der Kinder, die Schreie der Frauen, an die Müdigkeit in den Augen beim Anblick der tausendsten Hinrichtung. Traurige Stille vor dem Wolkenbruch in der Wüste.

Und dann wird der erste Jubel ausbrechen. Der unverhohlene Hass wird sich mit der Freude mischen, überlebt zu haben. Johlend wird die Menge den Antrag annehmen, und dann auch den Antrag zur Verhaftung Saint-Justs und Couthons.

Das ist sie dann also, die Gegenbewegung der Sense. Auch sie wird niemanden schonen. Alle werden sie sterben. Der Chefankläger von gestern, Fouquier-Tinville, wird der Gehenkte von morgen. Der Geschworene Duplay, Robespierres treuer Wirt: Man wird ihn verhaften und anklagen. Madame Duplay, die Köchin und Aufpasserin: Erhängt sich am nächsten Tag in der Todeszelle. Jeder, der dem Verdammten jemals einen Gefallen getan hat, wird sterben. Selbst im Untergang wird Robespierre noch Schicksale verschlingen.

«Ich bin verloren», wird er sich selbst zuflüstern und müde auf seinen Platz im Konvent zurücksinken. Aber es ist ja nicht zu spät, noch lebt er ja, noch trägt er seinen Kopf und kann fühlen lernen. Während um ihn herum die Menschen tanzen, weil sein Tod beschlossen ist, wird er sich des Geliebten erinnern, der ein Stück hinter ihm steht. Maximilien wird sich umwenden und Antoines Blick suchen, sein Lächeln sehen, jenes Lächeln, das ihn für kurze Zeit herausgerissen hat aus seiner bloßen Existenz und ihm Leben gab.

Antoine, der Siebenundzwanzigjährige, wird vor ihm sterben. Maximilien wird ein paar Schritte entfernt liegen und die Klinge hinuntersausen hören, die Augen dabei schließen. Er hat nie eine Hinrichtung gesehen, so soll es bleiben. Nur wenige Minuten später wird er Antoine folgen. Und dann werden diese Narren, die er immer verachtet hat, ihm einen letzten, unabsichtlichen Gefallen tun. Sie bestatten ihn in der gleichen Grube wie Antoine. Für immer.

Oberst Alfred Redl: Der Spion (1864 – 1913)

Leidenschaft hat mich vernichtet.
(*Redls letzte schriftliche Notiz*)

Österreich-Ungarn unter Kaiser Franz Joseph, um die Jahrhundertwende. Ein Staat mit hundert Völkern, ohne gemeinsame Sprache oder sonstige kulturelle Verschmelzung, ohne einheitliches Recht, zusammengehalten nur von Divisionen und von einem Kaiser, der sich die Krone jedes unterworfenen Volkes aufpflanzen lässt. Böhmen und Mähren, Galizien und Ungarn, Siebenbürgen und Wojwodina, Slawonien und Kroatien, Illyrien, Dalmatien, Bosnien, Tirol, Schlesien, die Krajina, alles das und noch mehr wird in diesem künstlichen Bannkreis des Zepters gehalten, das der greise Kaiser Franz Joseph – bekannt als Sissys Gemahl – in Händen hält.

Weder demokratisch ist er, der alte steife Mann, noch flexibel, ganz der Tradition und dem Ehrenkodex verpflichtet. Neuerungen lässt er nicht zu oder nur widerwillig über sich ergehen. Die Zeit steht still in seinem Reich. Gesellschaftliche Veränderungen? Unsinn, alles bleibt, wie es ist. Technik, was ist das? Während selbst in jedem Zwergenstaat Europas die Bahn schon flächendeckend durch die durch die Lande zischt, genehmigt er für sein Imperium nur wenige Strecken, die weder ausgebaut noch modernisiert werden. Das Telefon fasst der Kaiser nicht einmal an. Alle Berichte, die ihm vorgelegt werden, müssen handschriftlich und nicht mit diesem «Teufelswerkzeug» namens Schreibmaschine verfertigt sein. Flugzeuge lässt er keine bauen: Wer soll sich da schon hineinsetzen wollen? Obwohl er sie liebt, die Armee, ist sie dennoch – oder gerade deswegen – unmodern: Er bevorzugt die gute, alte Kavallerie und das Gefecht mit dem Säbel, in einer Zeit, die schon den Panzer, das Maschinengewehr und das Langstreckengeschütz kennt.

In Franz Josephs Reich herrscht noch die Gemütlichkeit, die Zeit ist gut und alt, die Damen flanieren die Promenaden entlang, die Herren zücken den Hut, die Kinder tragen Matrosenanzüge und reden die Eltern brav mit «Sie» an. Ein Adelstitel oder ein Orden an der Brust sind noch Gründe, sich tief zu verbeugen und untertänigst dankend einen Kredit gewähren zu dürfen. Und die Armee ist die letzte Bastion unverbrüchlicher Treue. Alles hat seine Ordnung, die Welt scheint den Reichsbewohnern festgefügt und unverrückbar, als am 04.03.1864 Alfred Redl geboren wird. Sein Leben wird sie ins Wanken und schließlich zum Einsturz bringen.

Über seine erste Lebenshälfte weiß man nicht allzu viel. Die Familie lebt im galizischen Lemberg, am Rande des Riesenreiches, und gehört der deutschsprachigen Minderheit an. Der Vater ist loyaler und gestrenger Eisenbahnbeamter – wie übrigens viele Väter von hier porträtierten «schwulen Schurken» –, und auch die Mutter Mathilde ist alles andere als sanftmütig, sondern lenkt ihre sieben Kinder mit straffem Zügel. Alfred jedenfalls hat gehörigen Respekt, vielleicht sogar Angst vor seinen Eltern, und als der Vater von seinem Bub verlangt, die Soldatenlaufbahn einzuschlagen, sträubt Alfred sich nicht. Rein gesellschaftlich gesehen ist es nicht das Schlechteste, was ein junger Mann zu dieser Zeit tun kann, denn der Soldatenberuf ist in Österreich hoch angesehen, wenn auch miserabel bezahlt, viel schlechter als im wilhelminischen Deutschland.

Kaum also kommt Alfred in die Pubertät, steckt ihn der Vater in eine Kadettenschule, eine Schule für spätere Offiziersanwärter. Vier Jahre lang ist Alfred dort hermetisch abgeschirmt vom anderen Geschlecht, überhaupt vom sozialen Umfeld der Zivilgesellschaft. Uniformen von früh bis spät, jeden Tag, fünfzehnhundert Tage lang. Alfred fühlt sich hier wohl, begeistert sich für diese Atmosphäre. Immer wieder heben die Lehrer seine Fähigkeit hervor, den Kontakt zu seinen Mitschülern und auch mit einigen jungen Offizieren zu suchen, die dort lehren. Er plaudert viel mit ihnen, schließt sich mit vielen eng zusammen, und ganz sicher macht er hier auch seine ersten sexuellen Erfahrungen, denn wie so viele Armeen ist auch die österreichische durchtränkt von Schwulen. Als er die Schule beendet, erhält er jedenfalls beste Zeugnisse: «Ist gut verwendbar. Eifrig und dienstbeflissen. – Sucht die Gesellschaft. – Gute Umgangsformen.» Kreuz und quer im Reich wird Alfred Redl nach abgeschlossener Schule eingesetzt, bewährt sich auf jedem Posten, wird Leutnant.

Sexuell ist er in dieser Zeit enorm umtriebig, so sehr, dass er 1891 an Syphilis erkrankt, damals zu Recht die «Lustseuche» genannt. Das Gift verteilt sich schleichend, über Jahrzehnte hinweg, im ganzen Körper, befällt Organe, durchsetzt die Haut. Überall kommt es zu Schuppen, Geschwüren und Flecken, die Arterien erweitern sich ebenso wie das Herz. Mit Kosmetika lässt sich Syphilis äußerlich gut vertuschen, aber im Innern wütet sie unaufhaltsam. Medikamente gibt es noch nicht; das Penicillin, welches die Krankheit dereinst ausrotten wird, ist noch lange nicht erfunden. Eine schlimme Sache also, meist das Todesurteil für den Erkrankten, wenn auch erst Jahrzehnte später. Auch Redl würde daran sterben, wäre es nicht ein Schuss, der sein Leben später abrupt beendet.

Die Krankheit beeinträchtigt Redls Karrierestreben jedoch nicht und er entschließt sich, die Kriegsschule für Offiziere zu besuchen. Die Aufnahmekriterien sind streng und der Großteil aller Bewerber scheitert bereits an dieser Hürde. Wer aber besteht und in die zweijährige Kriegsschule aufgenommen wird, muss zum einen extreme Schulden machen, um die Kosten zu bestreiten, und zum anderen mit einer derart harten Abschlussprüfung rechnen, dass von einer Unzahl von Anwärtern am Ende nur fünfundzwanzig bestehen – Redl gehört zu ihnen. Mit zweiunddreißig Jahren gehört er damit zur militärischen Elite Österreich-Ungarns und wird als Hauptmann zum Generalstab kommandiert.

Die Generalstäbler sind für das damalige Militär wie die Sahne auf der Torte. Mit ihrer flaschengrünen Uniform und einem riesigen Federbusch auf dem Helm sind sie eine weithin sichtbare Verkörperung des Besonderen. Wo sie auftreten, ist man beeindruckt und entzückt. Ihr Benimm, sagt man, ist noch korrekter, ihr Leumund noch strahlender, ihre Loyalität noch größer als die jedes anderen Offiziers. Scheinbar kein Fleck ist auf ihrer Weste, keine Fehler in ihrem Charakter. Werden sie beleidigt, so ist das gleichbedeutend als beleidige man den Kaiser selbst. Gegen ihr Wort gibt es keinen Widerspruch, und wenn der Kaiser sagt, er liebe die Armee, so gilt dies erst recht für den Generalstab. Alle wichtigen Funktionen fließen hier zusammen, die taktische Planung, die Materialwirtschaft, das Versorgungswesen, technische Entwicklung, Festungsbau, Inspektur und – der Nachrichtendienst, Redls neues Einsatzgebiet.

Nur die Vertrauenswürdigsten kommen hier unter, und tatsächlich erhält Redl ein Zeugnis, das im Nachhinein wie Hohn erscheint: «Verdient infolge seiner Verschwiegenheit das volle Vertrauen seiner Vorgesetzten.»

Heikel und umfangreich sind seine Aufgaben in dieser geheimdienstähnlichen Abteilung. Er wirbt so genannte Kundschafter an, also Spione, empfängt ihre Nachrichten und wertet sie aus, verfasst Berichte und legt sie seinen Vorgesetzten und später sogar Kaiser und Thronfolger direkt vor. Tag für Tag hat Redl dutzende Zeitungen aus dem In- und Ausland zu studieren, militärische Fachzeitschriften ebenso wie tagespolitische Journale, und was er darin an Interessantem liest, fasst er zusammen und liefert auch hier Bericht an den Monarchen. Um vier Uhr morgens sitzt Franz Joseph bereits an seinem Schreibtisch und arbeitet. Bis dahin muss Redl die Berichte fertig gestellt haben, Seiten über Seiten in feinster Schrift (damit der Greis sie auch lesen kann) und mit breiten Rändern zu beiden Seiten (damit Franz Joseph seine zittrigen Bemerkungen anfügen kann). Die bloße Tatsache, dass Redl eine schöne Handschrift hat, macht ihn schon beim Kaiser beliebt. Die Karriereleiter klettert Redl so schnell hinauf wie es überhaupt möglich ist in der k.u.k. Armee. Brillante Zeugnisse, Orden und Beförderungen säumen seinen Weg, er wird 1905 Major, 1909 Oberstleutnant, 1912 Oberst, und niemand von den Generälen und Würdenträgern ahnt, wen er belobigt und befördert. Zu dieser Zeit ist Redl längst schon zum Hochverräter geworden. Was ist geschehen?

Das, was jedem Menschen widerfährt, widerfährt auch Alfred Redl: er wird älter. Um den Jahrhundertwechsel ist er sechsunddreißig Jahre alt, und was früher selbstverständlich für ihn gewesen ist, nämlich Liebhaber zu finden unter den anderen Soldaten, das wird zunehmend schwieriger. Hübsch ist Alfred Redl ohnehin nie gewesen, eher durchschnittlich. Seine Augen liegen wie matte Steine in den Höhlen, ausdruckslos und ohne jedes Temperament, was für seine gesamte Physiognomie gilt. Immerhin, er hat als junger Mann eine stattliche Figur. Doch mit den Jahren schwemmt die viele Büroarbeit ihn auf, da hilft auch der zünftige, gewachste und gedrehte Oberlippenbart nicht. Und sein Rang, so ehrenhaft er ist, behindert ihn zusätzlich bei der Suche, denn er kann sich während der Dienstzeit unmöglich ständig mit einfachen Mannschaftsgraden unterhalten; das würde auffallen. So muss er sich umständlich und mühsam an seine Favoriten heranrobben, sie zufällig in der spärlichen Freizeit irgendwo treffen, vorsichtig befragen und herausbekommen, ob sie überhaupt schwul sind. Immer mit der Gefahr, aufzufliegen. Es wäre das Ende seiner Karriere.

Die Prozedur ist also alles andere als angenehm, spannend ist sie wohl nur die ersten Tage, alles danach ist nervenzehrend. Es kann oft Wochen dauern, Monate sogar, bis er sein eigentliches Ziel erreicht, den Sex. Natürlich gibt es gewisse Wege am Donauufer, gewisse Gärten und Gassen, in denen man jemanden findet, um sich zu erleichtern, aber vergleichbar mit den Cruising-Areas unserer Zeit ist das Ganze nicht – weil viel gefährlicher –, und auf Dauer auch nicht befriedigend. Überall schleichen Gendarmen herum, überall Spitzel, überall lauern Erpressung und Beraubung durch die schönen jungen Männer. Wie viele andere sucht Alfred Redl einen Menschen, zu dem er eine Beziehung aufbauen kann. Und nach langer Suche meint er einen gefunden zu haben: Leutnant Rudolf Meterling.

Dieser Mann bringt Redl kein Glück. Kaum sind die beiden ein Paar, stellt der junge Meterling dem Hauptmann Forderungen. Geld will er haben, wo Redl selbst keines hat, und eine bessere Position will er auch. Zumindest den zweiten Wunsch kann Redl ihm erfüllen, denn es gelingt ihm, Meterling in den Generalstab zu holen. Ansonsten ist diese Beziehung gereizt und alles andere als harmonisch. Das schlimmste jedoch steht Redl noch bevor. Eines Tages im Jahre 1901 wird Redl ein anonymes Schreiben postalisch zugestellt. Er öffnet den Brief:

«Sehr geehrter Herr, ich muss mit ihnen über einen Leutnant X. des 3. Dragonerregiments sprechen. Sollten Sie nicht kommen oder versuchen, mir eine Falle zu stellen, so wird der Chef des Generalstabs morgen über Ihre Beziehung zu Leutnant X. informiert sein.»

Redl ist sofort klar, dass es das Aus für seine Karriere

wäre, wenn seine Homosexualität bekannt würde. Von der Gefängnisstrafe gar nicht zu reden. Will er nicht seine gesamte Existenz ruinieren, muss er zu diesem Treffen gehen – und er geht. Redl ist schon zu lange im Geschäft, um nicht zu wissen, was ihn erwartet. Nicht etwa ein moralisch empörter Offizier oder der entrüstete Vater des Leutnants X, der niemand anderes als Meterling ist. Nein, im eleganten Café Kaiserhof wartet ein Agent auf ihn, ein Beauftragter des russischen Geheimdienstes. Bei einer Tasse Melange macht er Redl sehr höflich, aber durchaus verständlich klar, was er verlangt: alles. Alles, was dem Hauptmann Redl vom Generalstab an militärischen Unterlagen zur Verfügung steht, Namen, Fakten, Zahlen, Pläne, alles, alles, alles. Als Gegenleistung erhält er das Schweigen über seine Beziehung zu Meterling sowie erhebliche Geldzahlungen.

Wie in einem Tarifvertrag wird nun für jede Leistung eine bestimmte Summe Geld geboten: Die Skizze einer Festung bringt vielleicht zweitausendfünfhundert Kronen (etwa sechstausend Euro), eine Artilleriestellung eintausend Kronen, ein Waffenkonstruktionsplan zweitausend Kronen. Für jeden österreichischen Spion in Russland, den Redl seinen Auftraggebern nennen kann, erhält er ebenso eine Summe wie für jeden russischen Spion in Österreich, den er schützen kann. Geld für Menschenleben, schmutziges Geld, das weiß Redl, denn jeder Spion, der in Russland gefasst wird, bekommt unabänderlich die Folter und am Ende eine Salve Gewehrkugeln zu spüren, da ist man rigoros im Zarenreich. Doch Redl überlegt nicht lange, er sagt seine Mitarbeit zu und beginnt, dem russischen Geheimdienst Material zu liefern, übrigens ebenso wie der gleichfalls erpresste Meterling, mit dem Redl noch einige Zeit zusammen bleibt, bevor er sich von ihm trennt.

In den ersten Jahren ist das, was Redl an Material liefert, für die Russen wenn auch nützlich, so doch nicht spektakulär. Dreimal pro Jahr trifft er sich mit einem russischen Mittelsmann in irgendeinem Hotel und überreicht dort seine wenigen Unterlagen. Es scheint so, als könne nicht einmal eine Erpressung ihn dazu verleiten, elementare Militärgeheimnisse zu verraten. Zu sehr ist Redl Österreicher, zu sehr auch seiner Kaste und seinem Monarchen verbunden, als dass er zum großartigen Meisterspion mutieren würde. Er bleibt, so merkwürdig das klingt, auf seine Weise noch treu zum Vaterland.

Dennoch, nie sind die Russen mit ihm unzufrieden, nie kommt es zu Unstimmigkeiten, nie versucht Redl, ihnen Falsches zu liefern, immer läuft alles freundschaftlich, routiniert und geradezu gediegen ab, um nicht zu sagen langweilig. Interne Dossiers des russischen Geheimdienstes beschreiben Redl einerseits als «konzentriert und leistungsfähig», andererseits als «kleinlich, schmierig, verschlossen». Und weiter: «Er spricht zuckersüß, weich und kriecherisch. – Er ist eher schlau und falsch als klug und begabt. – Ein Zyniker.» Am Ende der Beschreibung vergessen sie nicht zu erwähnen, dass Redl «die Zerstreuung liebt». Aber seine Persönlichkeit interessiert die Russen wenig, wichtig sind die Ergebnisse seiner Arbeit. Österreichs Spione in Russland werden einer nach dem anderen enttarnt, aber doch so vorsichtig, dass im k. u .k. Nachrichtendienst niemand Verdacht schöpft. Russland hingegen weiß seine Spione in der Donaumonarchie sicher aufgehoben, und damit Redl und seine nichts ahnenden Vorgesetzten ab und an auch einmal einen Erfolg verbuchen können, opfern die Russen bisweilen einen wertlos gewordenen Agenten.

Redl nutzt das erhaltene Geld, um seinen Lebensstil zu verfeinern und seine bald sehr zahlreichen Liebhaber zu entlohnen. Doch kein Spion, überhaupt kein Verbrecher mit einem wenigstens halbwegs funktionierendem Gewissen, kann dauerhaft mit seinen Missetaten leben, wenn er nicht für sich selbst eine gute Erklärung für diese Missetaten geben kann. Die Skrupel, die Redl empfindet, würden ihm das Leben zur Hölle machen, daher findet er eine Entschuldigung. Vielleicht rechtfertigt er seinen Verrat damit, dass er von dieser ganzen prüden Gesellschaft geradezu dazu gezwungen wird, so zu handeln. Nicht die Homosexualität an sich macht ihn erpressbar, sondern ihre Ächtung.

Im Übrigen mag er sich eventuell mit dem Wissen trösten, dass Spione wissen, worauf sie sich einlassen, und ihre Enttarnung immer befürchten müssen. Berufsrisiko, nennt der Zyniker Redl es wohl. Fressen oder gefressen werden, nach diesem Prinzip handelt er und es ist – wenn schon nicht entschuldbar, nicht moralisch, fein, gut oder ehrenhaft – so doch wenigstens nachvollziehbar. Er oder die anderen, sagt er sich. Was er verbricht, verbricht er nicht gerne, meint er, sondern weil er muss. Überzeugung oder gar Spaß steckt nicht dahinter, sonst wären die Spionageergebnisse der ersten Jahre nicht so mager. Redl ist ein Spion, aber noch ist er einer wider Willen, und noch zeigt er einen Rest von Verantwortung und Ehrgefühl. Er spioniert, aber nicht viel; er verrät, aber in Maßen. Der Schaden, den er in jenen Jahren, zu Beginn seines Verrats, anrichtet, ist nach rein militärischen Gesichtspunkten jedenfalls nicht immens. Die verratenen Fakten können das Reich nicht wirklich bedrohen. Dann aber geschieht etwas, worauf selbst die Russen in ihren kühnsten Träumen nicht gehofft haben: Redl verliebt sich. Und alles wird plötzlich anders.

Alfred Redl hat seine Doktorspielchen mit Schulkameraden gemacht, er hat wilden, jugendlichen Sex mit gleich gesinnten Offiziersanwärtern gehabt, er hat sich seine Stricher auf den Boulevards gesucht, hat eine mehrjährige, eher nüchterne Affäre mit Leutnant Meterling hinter sich gebracht und sich die letzten Jahre mit seinem privaten Diener Andreas Nebel vergnügt, den er sich vom Judaslohn geleistet hat. Doch eines Tages lernt er über eben diesen Andreas Nebel einen Jüngling kennen, gerade vierzehn Jahre alt, ein hübsches Kerlchen, heiter und naiv, auf rührende Weise unreif und sehr spontan. Redl, mittlerweile vierzig Jahre alt, verliebt sich Hals über Kopf in den Burschen: Stefan Horinka.

Er kommt aus einfachen, bürgerlichen Verhältnissen, und wie Redl selbst Jahrzehnte zuvor, so will auch Horinka sein Glück beim Militär suchen und bittet um Aufnahme in die Kadettenschule. Zu diesem Zeitpunkt lernt Redl den jungen Stefan kennen, und es kommt ihm gerade recht, dass Stefan und seine Eltern zu diesem Zweck seine, Redls, Fürsprache benötigen. Vorsichtig schleicht Redl sich an seinen Angebeteten an, der noch nichts von seinem Glück – oder Pech – weiß. Ganz generös bietet Redl den Eltern an, nicht nur die Aufnahme in die Kadettenschule zu ermöglichen, sondern auch die Kosten für die Ausbildung ihres Sohnes zu übernehmen. Er selbst, sagt er, habe genug Geld, und freue sich, damit Sinnvolles tun zu dürfen. Die Mutter des Burschen macht fast Kniefälle vor Glück, und selbst dem Vater treibt es wohl Tränen in die Augen, denn so etwas ist wirklich selten, dass jemand sich herablässt, armen Leuten unter die Arme zu greifen. Ihrem Sohn, glauben sie, steht mittels dieses Gönners aus dem Generalstab eine große Zukunft bevor. Sie erlauben Redl, ihren Stefan als Neffen zu betrachten, und so wird Redl erst einmal zum Onkel, bevor er anderes werden kann.

Zunächst passiert auch weiter nichts. Redl sorgt dafür, dass Stefan zu den besten Regimentern kommt und monatlich ein gewisses Salär erhält. Noch hält er seine Leidenschaft zurück, zu jung ist der Knabe, zu selten sieht er ihn. Doch 1908 beendet Stefan die Kadettenschule als junger Mann und Redl kann seine Liebe nicht länger zügeln. Im Herbst dieses Jahres überredet er Stefan während einer Kaffeestunde in Redls Wohnung, ihm sein Glied zu zeigen, vorsorglich mit dem Hinweis, es geschehe nur aus Sorge um die Gesundheit des Achtzehnjährigen. Anfangs ziert Stefan sich noch sehr, dann aber tut er, was «Onkel Redl» verlangt.

Schritt für Schritt bereitet Redl seinen Geliebten darauf vor, was er wirklich von ihm will. Jedes Mal, wenn Stefan zu Besuch kommt, verlangt er etwas mehr. Zuerst soll Stefan sein Glied nur zeigen, dann will Redl es anfassen, schließlich will er Fotos machen, dann folgen Massagen, Küsse, Sex. Redl entbrennt in voller Leidenschaft zu Stefan, der diese Leidenschaft jedoch nicht erwidert. Es ist eine teuflische Ironie, dass Redl seine Liebe ausgerechnet dort zu finden glaubt, wo er sie nie wirklich finden kann. Stefan Horinka ist nicht schwul, er wird es auch nie sein. Aber er ist unreif, lenkbar. Er lässt sich sehr zögernd auf Redl ein, weil er nicht weiß, welche Alternative er hat. Schließlich geht es um seine Zukunft.

Als er erkennt, wohin seine Gefälligkeiten für Redl führen, ist es schon zu spät. Wie ein Drogensüchtiger ist Stefan abhängig geworden vom Stoff, den Redl ihm gibt: Geld und Karriereschübe. Wahrscheinlich hasst Stefan Horinka sich selbst für seine Gier, die ihn zwingt, etwas zu tun, was er eigentlich nicht will. Daher können Geschenke ihn zwar für eine kurze Zeit liebenswürdig machen, aber dann wird er wieder unfreundlich und abweisend. Es ist ein unwürdiges Spiel, das von beiden Partnern betrieben wird. Je trotziger und missgelaunter Stefan ist, umso großzügiger wird Redl: Reisen nach London und Paris, zwei Pferde, ein Automobil, Schmuck, eine ganze Wohnungseinrichtung einschließlich der monatlichen Mietzahlungen, eine «Unterhaltszahlung» von jährlich über siebentausend Kronen, sogar «Weihnachtsgeld». Schließlich verlangt Stefan, dass Redl ihm auch seine zahlreichen Frauenaffären bezahlt, und auch darauf lässt der Oberst sich ein. Eine Rechnung für Stefans Freundin Marie Dobias über eine Zahnbehandlung und eine andere über Wäsche wird von Redl anstandslos bezahlt. Sogar einen Vertrag schließt Redl mit Stefan. Stefan darf höchstens zweimal in der Woche mit einer Frau schlafen, und auch nicht in seiner Wohnung, ansonsten droht Redl die Einrichtung, die er Stefan geschenkt hat, zu konfiszieren.

Immer weiter steigert Redl sich in diese Liebe hinein, bis

er nicht mehr ohne sie existieren kann. Er braucht Geld, immer mehr Geld, um diese für einen Offizier irrsinnig teuren Geschenke kaufen zu können. Nach heutiger Rechnung gibt Redl in kurzer Zeit fast einhunderttausend Euro allein für seinen Geliebten aus. Seine Beförderungen jedoch bringen ihm nicht viel und von Orden kann man keine Miete zahlen. Wer als Offizier nicht von Hause aus wohlhabend ist, wird nicht reich in diesem Beruf. Für Redl gibt es nur einen Ausweg: den Verrat ausweiten. Jede Hemmung in ihm, jedes Gewissen ermattet in diesen Tagen. Gott, Kaiser, Kameraden, Ehre und Vaterlandsliebe, Freundschaft und Zuneigung verlieren jede Bedeutung. Alles Gefühl ist für Stefan reserviert.

Mit ein paar feindlichen Festungsplänen, das weiß Redl, gewinnt man keinen Krieg. Skizzen von Waffen? Drittrangig. Standorte von Regimentern? Kriegt jeder Student heraus. Ein paar Spione ans Messer liefern? Strategisch nicht entscheidend. Was Redl nun anfängt, seinen Auftraggebern in St. Petersburg anzubieten, haut jedoch selbst die ausgebufften zaristischen Chefspione vom Hocker. Die Manöverbeurteilungen des k. u. k. Generalstabs enthalten alle Stärken und Schwächen der österreichischen Truppen. Die Russen wissen fortan, wo die Achillesferse ihres potenziellen Feindes ist. Redl macht weiter, verrät die Lage aller Minenfelder. Doch nicht genug, die Standorte aller Versorgungsdepots liefert Redl, die Stärke jedes einzelnen Truppenteils, alle taktischen Überlegungen, jeden einzelnen strategischen Gedanken, der von den Generälen zu Papier gebracht wird, und schließlich – das Herzstück jedes Generalstabs – den Aufmarschplan. Damit lässt sich vorhersagen, wo die Österreicher Stellung beziehen, wo sie angreifen, wo sie nicht angreifen, ein Aufmarschplan in den Händen des Feindes ist wie die Glaskugel in den Händen des Hellsehers. Mit diesem Plan können die Russen sogar den Kriegsfall mitsamt aller Offensiven proben, und zwar so, wie er später auch eintritt.

Sie zahlen immer größere Summen, empfehlen Redl außerdem an den serbischen, französischen und italienischen Geheimdienst weiter. Die Franzosen interessieren sich vor allem für das Deutsche Reich, das in unverbrüchlicher Treue zu Österreich steht. Redl liefert; auch über die Deutschen weiß er genug. Dokument auf Dokument wechselt das Lager, Krone auf Krone fließt in seinen Geldbeutel.

Doch dann begeht er zwei Fehler, von denen der eine ihn selbst vernichten wird, der andere halb Europa. Der eine, weniger schlimme ist, dass er den Kontakt zu den Russen auf den Postweg verlegt. Zu hochrangig, zu bekannt fühlt Redl sich mittlerweile, als dass er sich weiter mit undurchsichtigen Mittelsmännern in Hotels treffen dürfte. Es könnte auffallen. Daher senden die Russen fortan jede Instruktion, jeden Wunsch und jeden Geldschein postlagernd an einen gewissen Nikon Nizetas, Redls Tarnnamen. Redl holt diese – natürlich verschlossenen und verschlüsselten – Sendungen auf dem Hauptpostamt regelmäßig ab; umgekehrt sendet er seine Informationen ebenfalls verschlüsselt und ohne Absender an eine Warschauer Deckadresse. Zunächst geht auch alles gut.

Den zweiten Fehler, den ungleich schlimmeren Fehler, macht er, indem er sich entschließt, nicht nur weiter zu spionieren, sondern außerdem als Nachrichtendienstchef falsche Meldungen über Stärke und Kampfkraft der russischen Truppen an sein eigenes Oberkommando zu geben. In seiner Position ist es ihm möglich, solche «Meldungen» zu fingieren und als Tatsache in alle Akten fließen zu lassen, in die österreichischen und in die der verbündeten Deutschen. Er liefert dabei allerdings keine *über*triebenen Meldungen weiter, sondern maßlos *unter*triebene Meldungen. Für die Österreicher und die Deutschen ist Russland kurzerhand nur halb so stark wie es wirklich ist. Dieser Entschluss Redls führt einige Jahre später in die Katastrophe des Ersten Weltkriegs.

Noch aber sind alle zufrieden. Redl wird zum Krösus, bald schwimmt er im Geld, bald kann er alles kaufen, was seinem Stefan Freude macht, und für ihn selbst bleibt auch noch genug. Das beste Restaurant ist Redl nicht mehr gut genug, er kauft die schönsten Möbel, die feinsten Anzüge. Er nimmt seine Aperitifs in den nobelsten Bars, fährt ins mondäne Karlsbad zur Kur und leistet sich ein prächtiges Automobil. Besonders gerne plaudert er in den Salons der Aristokratie, macht einen Witz hier, eine charmante Bemerkung dort, und denkt sich bei all dem Klimbim vielleicht, wie närrisch diese Menschen sind, dass sie ihn schätzen, und wie hirnverbrannt ein System ist, das dem vertraut, welcher den am besten gebügelten Anzug der Stadt trägt. Menschen, russische Verbindungsleute, die ihn von seiner anderen Seite her kennen, von seiner dunklen Verräterseite, sagen später von ihm, er habe das Gefühl der Macht genossen, sich zwischen lauter Würdenträgern zu bewegen, denen er im Grunde mittels seines Wissens um Staatsgeheimnisse weit überlegen sei.

Die Tatsache, dass Redl ein Verräter ist, beginnt also mit

der Zeit, ihn hochmütig zu machen gegen die Loyalen: Folgen eines Minderwertigkeitskomplexes, der in seiner einfachen Herkunft begründet liegt. Er, der Beamtensohn, hat so viel Geld wie die Reichen; er, der Angesehene, ist ein Staatsfeind. In Redl kocht die Arroganz des Zynikers. Er gibt das Geld mit vollen Händen aus, leistet sich Eitelkeiten, wird derentwillen sogar von seiner Umwelt hofiert, und weiß als Einziger, wem er das alles zu verdanken hat – dem Feind – und für wen er das alles eigentlich tut – für den Leutnant Stefan Horinka, dem er die Welt zu Füßen legen würde, besäße er sie. Liebe und Macht, sie sind seine Motive geworden. Keine Skrupel und keine Bedenken peinigen ihn mehr, im Gegenteil, er genießt nun jeden Tag seines Verrats.

Den Vorgesetzten aber fällt nichts auf; Redl streut geschickt das Gerücht von einer Erbschaft, und die Tatsache, dass er nicht verheiratet ist, macht er wett, indem er darauf achtet, häufig mit Damenbegleitung ins Theater zu gehen. Sein berufliches Umfeld täuscht er damit. Mit der Zeit rückt er immer weiter auf in der Hierarchie, wird Chef des Kundschaftsdienstes, wird schließlich sogar Vertrauensmann des Thronfolgers Franz Ferdinand, und der Kaiser selbst heftet dem Saubermann einen der höchsten militärischen Orden an die Brust.

Hätten die hohen Offiziere einmal Redls Nachbarn gefragt, was sie von ihm halten, wäre ihnen wahrscheinlich die Luft weggeblieben. Stefan Horinka geht in Redls Wohnung ein und aus und der Portier beobachtet häufig, dass er nächtelang bleibt. In Redls privatem Umfeld weiß man schon lange, «was das für einer ist».

Eines Tages allerdings kündigt Stefan seinem Gönner an, dass dies sein letzter Besuch bei ihm ist. Zwischenzeitlich reifer und selbstbewusster geworden, dreiundzwanzig Jahre alt und verliebt in Marie Dobias, will er die Trennung herbeiführen. Seine Karriere ist im vollen Lauf, seine Ausstattung mit Möbeln, Stoffen und sonstigen Luxusgütern ausreichend, sein Trieb rein heterosexuell. Was sollte ihn bei Redl halten? Nein, Stefan Horinka ist fertig mit dem Oberst und sagt es ihm auch, direkt und unmissverständlich.

Was dann kommt ist pure Tragödie. Redl hört überhaupt nicht hin, was ihm sein Geliebter zu sagen hat. Er glaubt nicht, dass Stefan ihn verlassen wird. Ein neues Automobil verspricht er ihm, eine neue Reise, eine bessere Wohnung, sogar seine Marie soll er heiraten dürfen, wenn er sich nur weiter mit ihm, Redl, trifft, wenn er ihn nur weiter streicheln darf und küssen. Hin und her gehen die Briefe in diesem Frühjahr 1913, einer beschwört den anderen, einer droht dem anderen. Unermüdlich schreibt ihm Stefan, der zu dieser Zeit fern von Wien eingesetzt ist, dass er die Beziehung als beendet ansieht. Vielmals bedankt er sich für alles, weist aber ansonsten jede Bitte um ein Wiedersehen ab. «Du drohst mir mit Verderben, wenn ich dir nicht zu Willen bin», schreibt er. «Nun gut, so gehe ich lieber zugrunde, als eine bezahlte Dirne zu sein. – Ich muss ja nicht beim Militär dienen, ich bin ja noch jung.» Redl dagegen beteuert unermüdlich seine Liebe, macht immer größere Versprechungen:

«Ich bin verzweifelt. – Am liebsten möchte ich mit Dir wegfahren (Davos?). Könnte Dir sofort Urlaub verschaffen und glaube auch, Dir den Austro-Daimler verschaffen zu können. Wenn Du nach Wien kommst, lieber Stefan, so schreibe mir sofort.»

Doch die Botschaften Stefan Horinkas werden immer deutlicher, und als er schreibt, sich seinen Eltern anvertrauen zu wollen und alles aufzudecken, falls Redl ihn nicht in Ruhe lasse, bricht der Oberst zusammen. Er kann nicht mehr, er hat alles in diese Liebe gesteckt, was an Gefühlen in ihm war, hat alles Geld geopfert, jeden Verrat begangen. Und tatsächlich, was nach diesen Zeilen, nach diesem Verlust des einzig geliebten Menschen übrig bleibt, ist der Verrat, der Verrat am Vaterland, am Kaiser, an den Generälen, die ihn gefördert und ihm vertraut haben, an dutzenden Spionen im gegnerischen Land und an jenen hunderttausenden von Soldaten, die seinetwegen noch umkommen werden. Jede Treue hat er gebrochen, jedem Glauben ist er abtrünnig geworden. Eine riesige Schuld hat er sich aufgeladen, und nun bricht die einzige Stütze neben ihm weg, die einzige Rechtfertigung seines Tuns. Was bedeutet ihm alle Macht, wenn er einsam ist? Seine ganze Existenz erscheint ihm nun sinnlos, verloren. So kann er nicht leben und nicht sterben.

In diesen Wochen der persönlichen Krise macht sich eine Veränderung an Redls Verhalten bemerkbar; nicht für seine Vorgesetzten, nein, seinen Dienst leistet der äußerlich Korrekte bis zum Schluss. Aber als Spion wird er nachlässig. Die Postsendungen holt er nicht mehr ab, empfängt keine neuen Aufträge; der Kontakt nach Russland, nach Frankreich und Italien, er bröckelt. Je verletzender die Auseinandersetzung mit Stefan wird, je deutlicher sich das Ende am Horizont abzeichnet, desto fahrlässiger wird

Redl. Postlagernde Sendungen werden nach einer gewissen Lagerdauer von der Postverwaltung geöffnet, um den Absender zu ermitteln. Natürlich ist die Botschaft in den Umschlägen verschlüsselt, aber die enormen Geldbeträge, die jedem Schreiben beiliegen, und der Poststempel aus einem Ort nahe der deutsch-polnischen Grenze machen jede Verwaltung stutzig und sorgen in einer Zeit der zunehmenden politischen Spannungen für Skepsis. Für eines dieser Schreiben ist die Lagerdauer bereits abgelaufen, zwei andere sind in Kürze fällig. Aber wie in Apathie lässt Redl jede Frist verstreichen, bis alle drei Schreiben längst einer Abteilung des Nachrichtendienstes vorliegen, die längst eine Falle aufgebaut hat für jenen Nikon Nizetas.

Vom ersten Tag der persönlichen Krise an gibt es auch eine Krise in Redls Verrat, und beide Linien kreuzen sich am 24. Mai 1913. Eine letzte Unterredung verlangt Oberst Redl von seinem Stefan, und tatsächlich, sie wird ihm gewährt, für eben jenen 24. Mai, Redls letztem Lebenstag. Das Treffen findet in einem von Redl angemieteten Zimmer des Hotels Klomser in der Wiener Herrengasse statt. Die Aussprache beginnt um vier Uhr am Nachmittag, aber dieses Wort erscheint angesichts der Heftigkeit des Gesprächs fehl am Platze. Wieder wechseln Beschimpfungen und Drohungen hin und her, wieder macht Redl die großartigsten Versprechungen, wieder erfährt er nur kalte Ablehnung. Und dann ruft Redl, völlig am Ende am seiner Kräfte: «Stefan, wenn du nicht bleibst, werde ich mich erschießen.»

Horinka ist's gleich. Er geht, es ist für immer. Noch weiß der junge Leutnant es nicht, aber bald schon wird er der

Homosexualität überführt werden und die Kerkertore werden sich hinter ihm schließen. Die Weltgeschichte, in der Horinkas Existenz – ohne dass er sich dessen bewusst werden sollte – eine Rolle gespielt hat, wird ihn vergessen; im Sumpf des ersten Weltkriegs verliert sich seine Spur endgültig.

Und Redl – er hat mit allem abgeschlossen. Von diesem Augenblick an ist er so gut wie tot. Wer kann schon sagen, was genau in ihm vorgeht? Hätte er eine Schusswaffe, vielleicht würde er sich tatsächlich an Ort und Stelle erschießen. Es ist jedenfalls kein Zufall, dass der Tag der Trennung von Stefan Horinka zugleich der Tag seiner Entdeckung und der Tag seines Todes ist. Nachdem es in Redls Zimmer still geworden ist, nachdem das letzte Wort gesprochen wurde und der letzte Gedanke ausgeklungen ist, erwacht er aus seiner Verzweiflung und findet nichts als bittere Leere vor, emotionale Öde. Redl hat keine Kraft mehr, er sucht den Tod; doch vorher sucht er die Beichte, er sucht die Enttarnung, denn sie soll sein Schrei der Verzweiflung sein und ein letzter Dienst am Vaterland.

Weshalb Redl sich nicht einfach stellt, weshalb er nicht zu seinen Vorgesetzten geht und alles gesteht, sondern einen komplizierten, subtilen Weg der Beichte und der Selbstvernichtung wählt, wird für immer ein Geheimnis bleiben. Vielleicht schämt er sich zu sehr, vielleicht möchte er Stefan Horinka nicht mit hineinziehen. Fest steht, er fährt zum Hauptpostamt und holt jene Briefe ab, die für «Nikon Nizetas» deponiert sind und von denen Redl als erfahrener Geheimdienstmann weiß, dass sie längst geöffnet wurden und längst der Observation des Nachrichtendienstes unterliegen. Er bekommt sie auch ausgehändigt, und vielleicht nimmt er sogar die unruhige Bewegung des Postfräuleins wahr, die einen versteckt gelegenen Klingelknopf betätigt, der die Beschattung des Abholenden auslöst. Er setzt sich ins Taxi, fährt zum Hotel, macht einen letzten Spaziergang, trinkt eine letzte Melange im Foyer und geht auf sein Zimmer. Seine Verhaftung steht unmittelbar bevor. Als die Abwehrleute an seine Zimmertür klopfen ruft er «Herein.» Und begrüßt sie mit den sachlichen Worten: «Ich weiß schon, weshalb die Herren kommen – und bitte um eine Waffe, um mein Dasein beschließen zu können.»

Er legt noch im Hotel vor einem halben Dutzend drittrangiger Abwehrleute ein rasches, nüchternes Geständnis ab, knapp aber prägnant, ohne allerdings über Einzelheiten zu berichten; er wird auch nicht danach befragt. Niemand fragt ihn, wie lange er schon spioniert, was er ausspioniert hat, ob er seinerseits falsche Informationen in die Berichte an den Stab und den Kaiser geschmuggelt hat, ob er etwas gutmachen will und feindliche Agenten aufdecken hilft. Nur erschießen soll er sich, haben die Armeeführer rasch entschieden, kaum dass sie telefonisch von der Identität des Spions unterrichtet wurden. Erschießen, das wäre das Beste, meinen sie: für ihn, der nicht im Kerker schmachten muss, für die Armee, die dann alles vertuschen kann, für die Ehre, die nicht besudelt wird.

Ja, es gibt so viel «Ehre» in dieser Zeit, dass sie daran am Ende ersticken wird. Denn so wenig erfahren die Verantwortlichen von den Details der Redl'schen Spionage, dass sie deren Dauer und deren Ausmaß weit unterschätzen werden. Die Waffe wird Redl kurz nach seiner mäßigen

Beichte überreicht. Dann lässt man ihn in seinem Zimmer allein. Eigentlich hat er niemanden mehr auf der Welt, weder seinen Eltern steht er nahe noch seinen vielen Geschwistern. Freunde, wirkliche Freunde, hat Redl nicht. Dennoch, zwei Abschiedsbriefe schreibt er, einen an seinen Bruder und den anderen an einen Vorgesetzten, aber sie sind eher melancholisch als herzlich oder verzweifelt. Und kein Wort mehr an Stefan, nur noch Gedanken an ihn, bis zur letzten Minute. «Leidenschaft hat mich vernichtet», kritzelt Redl noch auf einen Zettel, als wäre dies sein Erbe, ein Vermächtnis an seine Nachfolger im Geiste, an all die anderen armen Seelen, denen ein gleiches Schicksal drohen könnte. Dann nimmt Alfred Redl die Waffe und hält sie sich an den Kopf. Der Schuss fällt, draußen ist es schon Nacht.

Die Folgen sind verheerend, die unmittelbaren ebenso wie die langfristigen. Obwohl die Armee versucht, den Skandal zu vertuschen, gelangt er an die Öffentlichkeit. Die Bevölkerung ist empört, zum einen, weil man versucht hat, sie zu täuschen, zum anderen, weil der Spion zur Spitze der Militärführung gehörte. Die Presse greift die Armeeleitung und sogar den Kaiser scharf an, das Vertrauen zum Militär schrumpft, die alte Autonomiedebatte flammt wieder auf.

«Österreich-Ungarn ist überhaupt kein Staat mehr», schreibt die britische Times und umreißt in diesem Satz die ganze Krise einer Mittelmacht, die sich auflöst wie eine Tablette im Wasser. Die Armeeleitung ist wie paralysiert, weil ein so hochrangiges Mitglied ihrer Kaste diesen Verrat begangen hat. Dennoch, vermeintlich gelassen sieht sie allem zu und tut, als könne nichts, auch nicht der schlimmste Verrat, sie dazu bewegen, auch nur eine einzige Armeeverordnung oder einen einzigen Verantwortlichen in Frage zu stellen, als liefe alles weiter wie seit Urzeiten, als sei nichts gewesen.

Doch die vorgetäuschte Ruhe ist in Wahrheit Apathie. Da man nicht weiß, was Redl verraten hat, weiß man auch nicht, wo man anfangen soll – und fängt überhaupt nicht an. Auch der alte Kaiser ist hilflos, er fällt zusammen wie ein leerer Sack. Die letzte Stütze seines Reiches, die Armee, die er so geliebt hat, die er als rein angesehen hat, ist moralisch angeschlagen. Er verfällt zusehends, gibt die Armeeleitung ab und will mit dem ganzen Kram nichts mehr zu schaffen haben. Der Thronfolger Franz Ferdinand ist überhaupt der einzige aus dem Kreis der Regierung, der auf den Skandal mit Aktivität reagiert, wenn auch nicht gerade produktiv. Er bestellt die Verantwortlichen zu sich und ergießt einen Ausbruch unglaublicher Wut über die Generäle, in dessen Verlauf ihm im wahrsten Sinne des Wortes der Kragen platzt, der Kopf puterrot anschwillt und der gar nicht gesunde Mann fast kollabiert.

Ein Jahr später wird der Thronfolger in Sarajevo von einem Attentäter erschossen, man gibt Serbien die Schuld, droht mit Vergeltung. Der Bündnismechanismus setzt ein. Ein Krieg gegen Serbien würde auch einen Krieg gegen Russland zur Folge haben, das wissen die Österreicher. Leichtes Spiel glauben sie jedoch mit diesem vermeintlich schwachen Feind zu haben. Aber das kleine Serbien, von dem alle glaubten, es werde nach Tagen besiegt sein, kann sich mittels der Redl'schen Informationen ganze drei Jahre verteidigen, den Österreichern furchtbare Verluste an Menschenleben beibringen und enorme Kräfte auf dem Balkan binden, die längst woanders gebraucht würden. An der russischen Front nämlich. Dort ist das Ausmaß der Verheerung noch schlimmer, ein Gemetzel, wie es sich niemand in den schlimmsten Albträumen gedacht haben kann. Nach vier Jahren, müde dieses andauernden Schreckens, jagen die Österreicher das Kaiserhaus aus dem Land.

«Wäre uns das Ausmaß der russischen Kampfstärke bewusst gewesen, hätten wir nicht zur Kriegserklärung getrieben», geben die Generäle und Würdenträger nach dem Weltkrieg zu. Ein kleines Rad im Getriebe der Welt hat sie verändert, eine Leidenschaft hat ganze Imperien in den Staub geworfen.

Doch wer spricht noch davon? Mata Hari, die schöne Tänzerin, die in Frankreich für die Deutschen relativ unbedeutende Informationen beschaffte, ist weitaus bekannter als der schwule Mann, der mitverantwortlich ist am Untergang einer Epoche; die größte Spionagegeschichte des zwanzigsten Jahrhunderts ist unter den Teppich gekehrt. Wie bekannt aber würde Redl wohl sein, wäre sein Stefan eine Stefanie gewesen? Wie viele pathetische Dramen wären inszeniert, wie viele Filme gedreht, wie viele Romane geschrieben worden? So aber bleibt Alfred Redl ein unbekannter Mann, dessen Liebe und dessen Leben in den wenigen filmischen Streifen, die es über ihn gibt, bewusst falsch erzählt wird, und an dessen schmucklosem Grab im galizischen Lemberg ein jeder ahnungslos vorbeigeht.

Ernst Röhm: der Nazi
(1887 – 1934)

Der Irrsinn ist bei Einzelnen etwas Seltenes, aber bei Völkern die Regel.
(*Friedrich Nietzsche*)

Man nennt sie die «verlorene Generation», diejenigen, die zwischen 1880 und etwa 1900 in Deutschland geboren sind. Eine Kindheit und Pubertät inmitten des straffen wilhelminischen Militarismus durchlebt, im ersten Weltkrieg durch den Vorhof der Hölle getrieben, ausgespuckt in die Massenarbeitslosigkeit und Inflation eines zerrütteten Staates, der Entmündigung und dem Terror einer hemmungslosen Diktatur ausgesetzt, in den Materialschlachten des Zweiten Weltkriegs aufgerieben und schließlich kraftlos gestrandet zwischen den Trümmern eines zerbombten Albtraums. Ernst Röhm ist einer von ihnen, typisch für seine Generation in den Eckwerten der Biografie, typisch auch in seiner psychologischen Entwicklung und den daraus resultierenden, extremen charakterlichen Ausschlägen, ebenso Opfer einer Zeit wie Täter einer späteren.

Dieser Mann ist zum Anti-Helden wie geschaffen. Kein Hollywood-Regisseur hätte sich einen besseren Nazischurken ausdenken können. Auf den ersten Blick macht man sich noch über ihn lustig – wie er stramm steht, ein Schweinchen in Reiterhose. Doch sieht man eine Weile hin, ändert sich die Einstellung zu diesem Mann. Ein unangenehmer Mensch, man möchte ihn sich nicht als Feind vorstellen. Seine Statur ist voluminös, ein dicker, vorstehender Bauch, ein Stiernacken, Doppelkinn, das Gesicht rund, die Haare streng gescheitelt, extrem kurz, weit über den Ohren abrasiert, ein Kasernenschnitt, der ganze Mann ein Kasernenmensch. Die Augen blicken scharf, selbstbewusst, der Mund ist auf vielen Bildern stur zusammengekniffen, die Nase ist hässlich, fleischig.

So abstoßend dies Bild auch ist, es offenbart zumindest einen anderen Typus des Nazis als den eines Heydrich, Himmler, Heß oder Frank: Sie alle haben steinerne Gesichter, distanziert, kühl, manche bürokratisch, andere erhaben. Viel Leben scheint nicht in ihnen zu stecken, und tatsächlich sind es ja eigentlich Bürokraten, Sekretäre einer bösen Sache. Einige von ihnen sind faul, wie Himmler, der es schafft, seine Todesschwadronen mit nur zwei Stunden Arbeit am Tag zu lenken; andere gönnen sich verrückte Eitelkeiten, wie Heydrich, der von den Unterdrückten und Todgeweihten nicht nur gefürchtet werden will, sondern dazu den irren Ehrgeiz hat, bei ihnen beliebt sein zu wollen. Und wieder andere finden eine Genugtuung darin, von morgens bis abends Akten zu sortieren, Termine zu koordinieren und das Grauen in nüchterne Berichte zu packen, wie Bormann, Hitlers heimliche Inspiration.

Nicht so Röhm. Er offenbart eine reichliche Portion Offenheit in seinem Auftreten. «Wo Ernst Röhm auftaucht, da kommt Leben in die Bude», sagen seine SA-Kameraden von ihm. Zwischen all den sterilen Halbgöttern des Terrors bleibt er irdisch, anfassbar, ein einfacher Mensch, ein Saufkumpan, ein Liebhaber der Ausgelassenheit, häufig vulgär in Sprache und Benehmen, einer, der markige Parolen schätzt, der hart durchgreifen will und auch Gelegenheit bekommt, dies zu tun. Er ist grausam, unerbittlich gegen jene, die ihm im Wege stehen, niemals raffiniert, immer geradeheraus. Wenn er jemanden vernichten will, sagt er es ihm vorher. Zwischen diesem engsten Dutzend eiskalter Inquisitoren, das sich um Hitler gruppiert und zu dem auch Röhm gehört, wirkt er wie der gemeine Folterknecht, nicht besser als die anderen und nicht schlechter, nur derber, ein Knochenbrecher zwischen Schreibtischtätern. Wie kommt es dazu?

Deutschland zu Kaisers Zeiten: Ein Jahr nach Ernst Röhms Geburt wird Wilhelm II. Herrscher über ein seit kurzer Zeit geeintes Reich. Der junge Kaiser, behindert durch einen verkrüppelten steifen Arm und deshalb gepeinigt von Minderwertigkeitskomplexen, flüchtet sich in eine kultische Verehrung alles Militärischen. Regiment auf Regiment wird gegründet, Schlachtschiff auf Schlachtschiff vom Stapel gelassen, Kanone auf Kanone gegossen. Paraden werden gehalten, im ganzen Land marschieren die Landser zu strammer Musik durch und Straßen. Soldat sein wird Mode. Ein einfacher Leutnant gilt am kaiserlichen Hofe insgeheim mehr als der höchste zivile Fürst; die Soldateska erhält Vorrechte, die den Adel vor Wut erröten lassen. Selbst als Gefreiter ist man wer, und dieser Charme der Geltung zieht Männer aus der Mittelschicht an, die im biederen Beamtentum nicht ihre Bestimmung sehen.

Ernst Röhm, Sohn eines Eisenbahnbeamten, fühlt sich sofort als etwas Besonderes, kaum hat er sie an, seine erste Uniform. Drill und Disziplin schocken ihn nicht, er genießt beides sogar. Vom ersten Tag an weiß er, dass er nie etwas anderes sein möchte als Soldat der kaiserlich deutschen Armee, und so sagt er auch von sich:

«Ich verständige mich eher mit einem gegnerischen Soldaten als mit einem deutschen Zivilisten. – Ich verstehe seine Sprache nicht, denn er ist ein Schwein.»

Den Ausbruch des Ersten Weltkriegs sieht Röhm zunächst wie die Erfüllung all dessen an, worauf er, seine unzähligen Kameraden und sein Kaiser hingearbeitet haben. Weit davon entfernt, den Krieg als etwas Schlechtes zu sehen, stürzt er sich mit vollem Einsatz in die Schlachten, wird mehrmals verwundet, erhält Belobigungen und Orden und schließlich auch einen Rang als Hauptmann im Generalstab, als Offizier im Herzen des geliebten Männerbundes. Krieg als Mittel zur Karriere: Röhm ist zufrieden.

Doch dann das Schicksalsdatum: Am 9. November 1918 bricht die Monarchie unter der Last von Millionen Toten, dem Druck der Meuterer und enttäuschten Bürger zusammen und der Krieg, schon vom ersten Tag an für das Reich verloren, endet mit der vollständigen Kapitulation am Verhandlungstisch von Versailles. Ein Schock für Röhm, für eine ganze Generation. Er – und viele andere mit ihm – glauben bei der Verteidigung ihres Kaisers, der ihr Weltbild symbolisiert, versagt zu haben.

Und dann der zweite Schock. Der Versailler Vertrag reduziert die aggressive deutsche Streitmacht aus gutem Grund auf ein Minimum. Hunderttausende Soldaten sehen sich von einem Tag zum anderen freigesetzt, all ihrer Sicherheit und Privilegien beraubt. Unter ihnen Ernst Röhm. Nun ist er ein Bürger, das, was er nie sein wollte und auch nie wirklich sein wird, weil er nicht zivil denken kann. Und diese neue, fremde, zivile Welt, was hat sie ihm schon zu bieten, ihm, der die Kameradschaft liebt und nun allein ist, ihm, der durch den Weltenbrand gegangen ist und nun keinen Sinn mehr in dieser kleinbürgerlichen Normalität sieht? Was ist das für eine Welt? Arbeitslosigkeit, Seuchen, Inflation; dazu ein verarmtes Volk, das den exilierten Kaiser nicht zu fassen kriegt und daher seinen früheren Lieblingen die Schuld für alles gibt, was ihm an Elend widerfährt.

Nein, diese Welt, die er mit seiner Kriegsbegeisterung selbst mitgeschaffen hat, sie ist ihm zuwider. Doch die Schuld sucht er nicht bei sich oder Wilhelm oder der greisen Generalität und all den unzivilen Kräften, die das Reich in den Krieg hineingejubelt haben, er meint sie nur bei denen zu finden, die sie vertraglich um des Friedens willen auf sich nehmen mussten. Die neue, schwache, bürgerliche Regierung erkennt er nur äußerlich an, vom Tag seines Austritts aus der Armee beherrscht ihn der Wille, ein anderes, ein starkes Regime zu errichten, von ihm installiert und gestützt, von ihm beherrscht. Eine Revolution hat ihm Glauben und Geltung genommen, eine andere soll sie ihm wieder bringen. Dies ist der Ausgangspunkt seines Treibens von den zwanziger Jahren bis zu seinem Ende.

Zunächst flüchtet er sich in die rettenden Arme paramilitärischer Organisationen, der so genannten Freikorps. Ein übler, zusammengewürfelter Haufen von ehemaligen Soldaten, von Abenteurern, Revolverhelden, gesuchten Kriminellen und politischen Phantasten, die den unterschiedlichsten Ideen anhängen. Die Freikorps, nichts anderes als Terrororganisationen, morden ungestraft hin, wer ihnen suspekt erscheint. Zwar geben sie sich den Anstrich, den aufkeimenden Sozialismus zu bekämpfen, doch in Wirklichkeit erkennen sie keine bürgerliche Regierung an, gleich welche Couleur sie vertritt. Sie sind ihre eigenen Herren, die nur um ihrer selbst Willen existieren, ohne Zweck und Sinn, unideologisch, aggressiv, destruktiv. Röhm ist ihre idealtypische Verkörperung für sie. Sein Ziel ist ein Regime, an dem er beteiligt ist, um das jetzige demokratische Gefüge hinwegzufegen, nichts anderes. Wie der Staat auszusehen hat, weiß er nicht und es ist auch nicht wichtig für ihn.

Anfang der zwanziger Jahre lernt er auf einer Parteiversammlung der «DAP – Deutsche Arbeiter Partei» Adolf Hitler kennen, einen noch unbekannten Mann. Beeindruckt vom Machtwillen dieses jungen Österreichers, schafft Röhm ihm die Verbindungen zur Reichswehr und regt die Gründung der «SA» an, der «Sturmabteilung», die die Funktion haben soll, Mitglieder zu werben, Widerstände zu brechen und die Partei zu schützen, kurz, ein Mord- und Prügelklub. Hitler nimmt an. Zweierlei bringt Röhm in diese SA mit: Unendlich viele Waffen aus Reichswehrbeständen, die er sich durch Kontakte beschafft hat, und die ersten Mitglieder für diese Terrortruppe. Er selbst wird ihr Chef.

Was ist schwul an diesem Mann? Nichts an ihm bedient das allgemeine Klischee des Schwulen; weder schrill ist er noch feinsinnig, weder zärtlich noch zart besaitet, weder gut angezogen noch devot. Er schätzt nicht die Künste, ist kein Genießer. Nichts weiter als ein Krieger ist Röhm, der sich in seiner Freizeit statt mit Frauen mit Männern abreagiert. Es ist bei ihm nicht vorstellbar, dass er mit jungen Liebhabern bei Kerzenlicht in der Stube sitzt, in der einen Hand ein Glas Wein, während die andere den Mann liebkost.

Ernst Röhm ist von anderem Schlag. Seine Sexualität ist härter, seine Gefühle derber. Sein Machtwille und seine Vehemenz fallen am Abend nicht von ihm ab wie Schmutz unter der Dusche. Er liebt die Ausgelassenheit, er lässt sich mit Alkohol zulaufen, feiert im Kreise engster Kumpane die wildesten Feste mit einfachsten Mitteln. Bier in Fülle, ein Braten auf dem Teller und eine Hose zum Aufknöpfen reichen diesem Provinzgeist für einen prächtigen Abend. Alkohol und Sexualität sind bei Röhm und seiner Kamarilla aufs Engste miteinander verknüpft, und die Wildheit und Energie, mit der es auf diesen Festen zugeht, sind beispiellos für das Berlin der Zwanziger Jahre – was schon einiges heißt – und erst recht beispiellos für alle frömmelnden Jahrhunderte zuvor.

Das Unfassbare an dieser gelebten Sexualität Röhms ist, dass er schon bald keinen Wert auf Diskretion mehr legt, dass er in der Schwulenszene ebenso wie in der Partyszene Berlins bekannt ist wie ein bunter Hund – nicht nur aufgrund seiner immer prominenter werdenden Position als SA-Chef –, und dass er mit seinen verschwitzten, alkoholtriefenden Orgien sogar laut angibt. Seine Gespielen machen es nicht anders. Die meisten von ihnen holt Ernst Röhm ohnehin in die Führungsriege der SA, was sie unangreifbar macht für eine schwache Justiz oder eine übelwollende Gesellschaft. Eine konstante Liebesbeziehung zu einem Mann baut Röhm nie auf, seine Partner im Bett beziehungsweise auf dem Tisch oder Boden wechseln ständig, seine Kumpane schlafen ebenfalls abwechselnd miteinander. Diese orgiastische Unordnung, die Röhm in seiner Sexualität so sehr lebt, ist die gleiche, die seinen Charakter insgesamt bestimmt, und im Grunde auch die gleiche, die sein politisches Paradox ausmacht: Anarchie, aber bitte mit ihm an der Spitze.

«Da ich ein unreifer und schlechter Mensch bin, sagt mir der Krieg und die Unruhe eben mehr zu als die brave bürgerliche Ordnung.»

Ernst Röhm steht keine Ängste aus wegen seiner Veranlagung. Da er keine Moral kennt, hat er auch keine moralischen Bedenken; da er immer mehr Macht bekommt, kümmern ihn keine Angriffe; da er kein Politiker sein will, scheren ihn Enthüllungen nicht; da er ein ungehobelter Kerl ist, legt er keinen Wert auf die wohlwollenden Blicke der gehobenen Gesellschaft. Er ist – so seltsam das klingen mag – für einen Schwulen in einer nahezu idealen Position, denn er ist absolut unabhängig von inneren Zweifeln und äußeren Anfeindungen. Und dass sein Parteifreund Hitler auf dem Weg nach oben laut gegen Homosexualität wettert, kann ihm nur als herrliche Ironie erscheinen, zumal Hitler natürlich weiß, was Röhm in seinen Nächten treibt und wen er sich in die Führung der SA holt. In der Not frisst der Teufel Fliegen, heißt es, und Hitler ist zunächst auf Röhms SA angewiesen.

Mit derselben Rohheit, die das ausschweifende Leben der SA-Kamarilla bestimmt, herrscht sie über die Straße.

Politisch motivierte Gewaltverbrechen sind bei ihnen an der Tagesordnung, jede Straße dient ihnen als Front gegen jenes Zivile, das gegen sie ist oder nicht mit ihnen. Die im letzten Krieg entfesselten gewalttätigen Instinkte der Männer werden von Röhm in die gewünschten Bahnen gelenkt, und er ergänzt seine düstere Schar bewusst durch gesuchte Totschläger. Am Ende sind seine Leute und auch er selbst nichts anderes als die Schlagringe Hitlers und wollen auch nichts anderes sein, wie eine Bemerkung Röhms zu Hitler zeigt: «Mach Dir bitte nicht die Mühe, mir irgendeine politische oder militärische Maßnahme lange zu begründen. Es genügt wenn du sagst, um soundsoviel Uhr stehst du mit soundsoviel Mann am Siegestor, dann stehe ich auch da.»

Und eines Tages steht er tatsächlich da. Am 9. November 1923 wagt Hitler zusammen mit Röhm in München den Putsch, die lange herbeigesehnte Revolution Röhms, exakt fünf Jahre nach dem Sturz der Monarchie. Doch der dilettantisch vorbereitete Staatsstreich misslingt, und mit ihm Röhms Konzept von der schnellen Eroberung der Macht. Röhm, vor Gericht kuschend, erhält eine milde Bewährungsstrafe, Hitler, die Regierung scharf attackierend, erhält eine – immer noch viel zu milde und kurze – Festungshaft. In seiner Zelle schmiedet er die Idee von der politischen Machtergreifung in Wahlen, der Gewinnung der Massen, die Röhm – ganz Soldat – ablehnt. «Mein Kampf» entsteht – von Röhm nur mit mitleidigem Kopfschütteln kommentiert. Bücher interessieren den Berserker nicht. Kaum ist Hitler aus der Haft entlassen, kommt es zum vorläufigen Bruch der beiden Putschisten. Hitler entlässt Röhm als SA-Chef.

Die nächsten Monate fristet Röhm, wie Beobachter meinen, «das Leben eines kranken Tieres». Er, der gestern noch um die Macht im Staate kämpfte, arbeitet nun in einer Maschinenfabrik, verkauft gelegentlich Bücher. Elendig würde er wohl bald zugrunde gehen, wenn nicht sein einziges Kapital, das ihm noch geblieben ist, ihn retten würde: sein Ruf.

Dieser Ruf als Haudegen dringt ins Ausland. Schon bald folgt ein Angebot, als «militärischer Instrukteur» ins diktatorisch angehauchte Bolivien zu gehen. Binnen vierundzwanzig Stunden bricht Röhm auf, alles stehen und liegen lassend, niemandem ein Abschiedswort zurufend. Röhm ist kein Beziehungsmensch, er dreht sich nicht um, wenn er sein Land für lange Zeit verlässt. Sein Zuhause ist die Uniform; seine Freunde – selbst die engsten – sind nur Zweck, Kameraden im ewigen Kampf. In Bolivien, wo er so etwas wie der rechtsradikale Vorgänger des linksradikalen Che Guevara wird, bleibt er bis 1930, bis Hitler, mit seinem rein politischen Konzept auf der Stelle tretend, ihn freundlich zurückbittet.

Die neue Taktik soll eine Kombination aus beidem werden, der politischen Massengewinnung unter Zuhilfenahme von Röhms paramilitärischem Einschüchterungskonzept. Im Klartext: Garküchen für die Arbeitslosen und Totschläger für die politischen Gegner. Und tatsächlich, binnen eines Jahres steigt die Zahl der SA-Mitglieder um das Dreifache an. Ein Teil der Jugend wird begeistert, geradezu angezogen von einer Rücksichtslosigkeit, die sie mit Stärke verwechselt. Inmitten eines devoten, schwachen Staates, der abhängig ist vom Wohlwollen der Siegermächte und dessen ständig wechselnde Regierungen sich im Dschungel eines Hundert-Parteien-Parlamentes verirren, macht jede Faust, die ins Gesicht schlägt, Eindruck. «Grausamkeit imponiert», sagt Hitler einmal, und Röhm, der Einfache, der Anfassbare, der Bäuerische, verkörpert diese sichtbare Grausamkeit.

Von Anfang an hat die SA einen homoerotischen Aspekt, wie übrigens viele Männerbünde vor und nach dem Dritten Reich, und nicht zufällig tritt Homosexualität in jener Zeit hauptsächlich in diesen Männerbünden zutage: Militär, Polizei, Pfadfinder ... Angezogen von der Aussicht, zwischen Männern zu leben, sich mit ihnen als Teil einer Einheit zu fühlen, die gleiche Uniform zu tragen, mit ihnen durch dick und dünn zu gehen, retten sich viele Schwule in jene Organisationen, die das ermöglichen, was die feindliche Umwelt ihnen ansonsten versagt. Nur dort, in der Uniform, ist der unmittelbare, intensive Umgang zwischen Männern erlaubt.

Röhm, selbst von in diesem Instinkt geleitet, nutzt ihn, um der gesamten Führungsriege der SA eine homoerotische Prägung zu geben. Die Schlüsselpositionen sind bereits mit seinen Freunden besetzt, wie zum Beispiel August Schneidhuber und Edmund Heines. Das Zusammengehörigkeitsgefühl, das viele Schwule auch heutzutage empfinden und das den Bankkaufmann mit dem Flugbegleiter verbindet und den Kanadier mit dem Griechen, dieses Gefühl, das Grenzen und Klassen aushebeln kann, dieses gleiche Gefühl erfasst auch in den Dreißigern große Teile der SA-Führung. Ihre Loyalität gilt instinktiv dem Mann, der ihre Neigung teilt, und so beginnt Ernst Röhm schon zu jener Zeit, noch vor der Machtergreifung, sich eine eigene Privatarmee innerhalb von Hitlers Privatarmee aufzubauen, die sich mehr ihm verpflichtet fühlt als einer politischen Ideologie.

Ab 1930 wird die Auseinandersetzung mit der demokratischen Staatsmacht härter, die Angriffe der parlamentarischen Parteien heftiger. Die SPD ist es, die Röhm im Wahlkampf als Schwulen, als «175-er» diffamiert. Seine Homosexualität, sagen die Genossen, sei in dem Moment keine Privatsache mehr, wo die NSDAP Homosexuelle heuchlerisch bekämpfe, obwohl in ihren eigenen Reihen der homosexuelle Verkehr sehr verbreitet sei. Die Kampagne schadet der NSDAP nicht, wohl aber den Schwulen, die durch solche publizistische Verfemung nicht nur als minderwertig hingestellt werden, sondern zudem einen politisch schlechten Ruf im Ausland bekommen. Maxim Gorki lässt sich gar unter Bezug auf Röhm zu der Äußerung hinreißen: «Man hat sogar schon das sarkastische Sprichwort geprägt: Rottet die Homosexualität aus – und der Faschismus verschwindet.» Der Schriftsteller Klaus Mann antwortet darauf verbittert: «Mit ein paar Banditen die erotische Veranlagung gemeinsam zu haben, macht noch nicht zum Banditen.»

Am Ende hilft alles nichts. 1933 ist Röhm scheinbar am Ziel. Seine SA wird von Hitler losgelassen, darf morden und plündern, wo sie es für angebracht hält. Rund sechshundert Menschen fallen diesem ersten Staatsterror zum Opfer: Theaterleute, Dichter, Professoren, Philosophen, alles Intellektuelle, die sich geistig dem Machtanspruch Hitlers – und Röhms – entgegengestellt haben. Einhunderttausend andere verschwinden sofort in den Konzentrationslagern. Unter dem Deckmantel der Ordnung herrscht Willkür: Röhm fühlt sich im Element. Er kann wüten, Rache nehmen an allen, die ihn beschimpft haben.

Für Röhm, den unkompliziert denkenden Menschen, ist das Ziel erreicht, für Hitler noch lange nicht. Seine irren Phantasien treiben ihn weiter. Hitler und Röhm sind am Scheideweg angelangt, denn wohin Hitler von nun an möchte, will Röhm ihm nicht folgen. Bei aller Brutalität hat sich dieser Berserker noch ein Gespür für Unsinn bewahrt. Für Rassenideologien hat er nichts übrig. Zu kompliziert! Bei ihm ist niemand besser oder schlechter, höher- oder minderwertig; er unterteilt die Menschen nur in solche, die ihm im Wege stehen, und solche, die ihm nutzen. Hitlers verstiegene und komplexe Idee der nordischen Rasse und der sie umgebenden minderwertigen Völker ist ihm fremd, er lehnt sie ab, mischt sich ein, eckt an.

Sehr zu seinem Schaden, denn Hitler vergibt nie. Röhm will Kriegsminister werden: von Hitler abgelehnt. Röhm will die Reichswehr in die SA integrieren und neuer Oberbefehlshaber werden: Gesuch abgewiesen. Röhm wünscht das «Primat des Soldaten», also die unter Wilhelm II. praktizierte Bevorzugung der Uniformierten, der Röhm noch immer nachtrauert: für Hitler zu früh, abgelehnt. Röhm will weiter wüten, den dauernden, offenen Staatsterror: Hitler will ihn zwar auch, aber zunächst nur unter dem Deckmäntelchen der Ordnung, daher auch abgelehnt. Stattdessen teilt Hitler die SA für polizeiliche Aufgaben ein und stellt «pädagogische Großaufgaben in den Konzentrationslagern» in Aussicht. Die SA darf «aufräumen», wie Hitler es nennt, nicht gestalten. Das bedeutet nichts anderes als: die Macht schützen, sie jedoch nicht ausüben.

Röhm wird Reichsminister ohne Geschäftsbereich, also ohne Einfluss. Er wird ungeduldig. Nur die SA bleibt ihm noch, dort hat er das Sagen. Bitter enttäuscht über das langsame Sterben seiner Illusion vom Soldatenstaat wird er trotzig, veranstaltet eigene Paraden. Es gibt Gerüchte, er denke an eine Karriere abgelöst von Hitler, er wolle das Bestehende zersetzen, eine weitere Revolution machen, er verschwöre sich gegen Hitler, er konspiriere mit Teilen der Reichswehr. Röhm nährt diese Gerüchte noch, macht die Außenpolitik des Diktators schlecht, kritisiert die Abschaffung der Gewerkschaften, sammelt Punkte bei denen, die Hitler kritisch gegenüberstehen. Dann greift er ihn sogar direkt an: «Ein Zivilmensch, ein Künstler, ein Spinner.»

Röhm macht sich seine Feinde innerhalb weniger Wochen, und sie sitzen alle dort, wo die Macht sitzt, in Hitlers Umgebung. Sein politisch naives Denken, das viel von dem Geist blind fanatischer Revolutionäre hat, bringt ihn in Gefahr. Ja, noch wird er für seine Rücksichtslosigkeit gefürchtet, und das schützt ihn für eine weitere kurze Zeit. Gleichzeitig aber wird er gehasst. Jeder, der etwas zu sagen hat in Hitlers Nähe, beginnt Röhm zu hassen: Göring wegen Röhms frecher Ansprüche; Himmler, weil er seine SS zurückgesetzt fühlt; die Generalität, weil Röhm die Integration der Reichswehr in die SA fordert; und Goebbels, weil Röhm eine ständige Gefahr für seinen Patron, für Hitler darstellt. Und dann sein Wesen, seine Rüpelhaftigkeit, seine bäuerische Sprache, das alles stört die gezierten Manieren ihrer ätherischen Halbgötterwelt empfindlich. Er gehört nicht zu ihnen; er und seine Rabauken waren nützlich, nun aber müssen sie weg.

In mühevoller Kleinarbeit versuchen Hitlers Spießgesellen, ihren Meister von der Notwendigkeit von Röhms gewaltsamer Beseitigung zu überzeugen. Und Röhm, völlig im Rausch seines Selbstbewusstseins, liefert noch Wasser auf die Mühlen der Intriganten: «Ich feiere keine Revolutionen, ich begehe sie lieber», ruft er in die Welt hinaus.

Röhm ist nun endgültig zum «homo rebellis» geworden, zu einem Menschen, der im Terror nicht länger nur das bloße Mittel sieht, um an ein Ziel zu gelangen, sondern den ganzen Lebenszweck. Jede Revolution ist für ihn nur noch das Vorspiel zur nächsten. Und vielleicht würde er eines Tages tatsächlich den Naziapparat bedrohen, nicht, weil ein Gewissen ihn plagen würde, sondern weil er «seine» Revolution vollenden, seine eigenen Ideale verwirklichen möchte.

Aber zunächst deutet er den Umsturz nur an, er wagt nicht, ihn in die Tat umzusetzen. Es gibt keinen Plan dazu, keine wirklich gefährliche Konstellation gegen Hitler. Ist es Bequemlichkeit, Selbstsicherheit, sein Spaß an Wagnissen, was Röhm mit diesem Feuer spielen lässt? Immer größer und immer beeindruckender werden seine Paraden, immer stärker der Zusammenschluss seiner Clique, immer höhnischer die verbalen Attacken gegen die Politik der NSDAP. Mit Paraden und mit Hohn gewinnt man aber keine Schlachten. Hitler zögert noch. Hitler befürchtet, ein Versuch, Röhm auszuschalten, könnte ihn selber stürzen, falls die Aktion nicht auf Anhieb gelingt. Die SA ist mit ihren Hunderttausenden mächtig genug dazu.

Noch am 29. Juni 1934 zögert der Diktator. In der Nacht jedoch wird er von seinen Schergen geweckt: Röhm habe eine riesige Parade in München veranstaltet, dabei seien

Schmährufe auf ihn, Hitler, zu hören gewesen und Hochrufe auf Röhm. Die Lage sei brenzlig. Hitler tobt. In einem seiner von da an berüchtigten Jähzornsausbrüche, die bis in seine letzten Lebensminuten elf Jahre später regelmäßig wiederkehren und alles um ihn zum Verstummen und Verbeugen bringt, befiehlt er, «das Geschwür auszubrennen bis auf das rohe Fleisch». Heftige Worte fallen: «Pestbeule» nennt er Röhm. Persönlich fliegt Adolf Hitler mitten in der Nacht – die Pistole im Gürtel – nach München und von dort nach Bad Wiessee, wo die SA-Führung versammelt ist und eine ihrer wilden Orgien gefeiert hat, bevor sie müde und betrunken in Schlaf gefallen ist. Es ist der Morgen des 30. Juni 1934. Hitler stürmt mit einer Pistole in der Hand und einer Schar SS-Männer im Rücken in Röhms Schlafzimmer und schreit «Verräter». Röhm schreckt auf, ein junger SA-Bursche neben ihm ebenfalls. Röhm ist verhaftet, die übrige Führung auch. Ohne angehört zu werden wird Ernst Röhm ins Stadelheimer Gefängnis verbracht.

Wieder in Berlin, ordnet Hitler die «rücksichtslose Ausrottung» weiterer SA-Männer an, und außerdem sollen bei der Gelegenheit gleich andere, verdächtige Individuen beseitigt werden, die schon lange auf der schwarzen Liste des Dritten Reiches stehen: Redakteure, Ärzte, Priester, Rechtsanwälte, Gegner in der Wehrmacht, in der Verwaltung, der Justiz und der Wirtschaft. Während SS-Obergruppenführer Heydrich mit seinen Henkersknechten in das Reich ausschwärmt, um diesen nahezu letzten bürgerlichen Widerstand zu brechen, lädt Hitler Prominente zu einer Teegesellschaft in die Reichskanzlei und ordnet nebenbei die Ermordung Röhms und der anderen Gefangenen an. Zwei SS-Leute betreten Röhms Kerkerzelle.

«Alle Revolutionen fressen ihre eigenen Kinder», resigniert Röhm mit einem Satz Robespierres am Schluss. Der ewige Revolutionär hat keine Lust mehr. Er ist ausgebrannt, sein Leben hat er gelebt, exzessiv und jämmerlich. Drei Kugeln strecken ihn nieder. Hitler trinkt Tee.

J. EDGAR HOOVER: DER INQUISITOR (1895 – 1972)

«Ausgehend von schrankenloser Freiheit ende ich mit unumschränktem Despotismus.»
(F. M. Dostojewski: «Die Dämonen»)

Washington DC, 2. Mai 1972, 11:00 Uhr:

Merkwürdige Dinge geschehen in Rock Creek Park, dem Nobelviertel der Stadt. Mehrere Limousinen halten vor dem Haus des FBI-Chefs. Etwa achtzehn Männer in Anzügen steigen aus, betreten das Haus und beginnen damit, es systematisch auf den Kopf zu stellen. Jeder Topfdeckel wird hoch genommen, jede Seite jedes einzelnen Buches umgeblättert, alle Kleidungsstücke abgetastet, der Schreibtisch durchwühlt. Der Safe, der sich nicht öffnen lässt, wird aus der Wand gebrochen und mitgeschleppt. Und schließlich greift man sogar der aufgebahrten, bekleideten Leiche in die Hosen- und Jackentaschen. J. Edgar Hoover ist seit einigen Stunden tot, aber jemand hat noch immer gewaltige Angst vor ihm.

«Ein amerikanischer Held ist gestorben», heißt es in den spontanen Nachrufen vom 2. Mai 1972 auf den langjährigen FBI-Chef J. Edgar Hoover. Von einem «unermüdlichen

Beschützer» ist die Rede, vom «Kämpfer für eine freie Welt». Die Telefone im FBI stehen nicht mehr still, zehntausende Anrufer weinen und klagen, wie man denn jetzt, ohne den tapferen Mr. Hoover, überhaupt weiter existieren solle. Auch Präsident Nixon lobt den Verstorbenen vor einer eilig zusammengerufenen Presse als «persönlichen Freund» und «Symbol der Rechtschaffenheit», doch kurz zuvor hat er die Nachricht vom Tode Hoovers gegenüber Beratern mit dem erleichterten Seufzer kommentiert: «Ach du lieber Himmel! Ist der alte Schwanzlutscher also tot!»

Hinter der Fassade der Betroffenheit jubiliert die Politik, und all die Senatoren und Hohen Richter, Minister und Gouverneure, amtierenden und ehemaligen Präsidenten, die an dem prunkvollen Staatsbegräbnis teilnehmen und ehrfürchtig die Hände zum Gedenken falten, atmen im Stillen auf und danken Gott, dass der Mann, der sie alle in der Hand hatte, der seit einem halben Jahrhundert die Macht und die Mittel hatte, sie zu vernichten, nun endlich grau und kalt in der Gruft liegt. Der Meister der Erpressung, der Rassenfanatiker und Schwulenverfolger, der Hexenjäger und Inquisitor, der «amerikanische Held» ist tot.

Selten ist der Ruf eines Menschen nach seinem Tod so ruinös und so verdient beschädigt worden wie der J. Edgar Hoovers. Wie ein Kartenhaus krachen unmittelbar nach seinem Tod die ersten Trümmerstücke seiner in Jahrzehnten aufgebauten Fassade zu Boden, erschüttert von Biografien und Artikeln. Seine solide Existenz, wie sie sich dem amerikanischen Volk zu seinen Lebzeiten darstellte, ist ein Kunstprodukt, nahezu nichts von dem, was er nach außen verkörperte, ist er tatsächlich gewesen. Während er die Korruption bekämpfte, bereicherte er sich am FBI-Budget, während er die Sozialisten verfolgte, höhlte er die Bürgerrechte aus, während er sich als Saubermann präsentierte, erpresste er Politik und Justiz mit kleinen schmutzigen Dossiers, die er über das Sexualleben von jedem sammelte, der nicht nach seiner Pfeife tanzte. Doch den schlimmsten, den vernichtendsten Kampf hat J. Edgar Hoover nicht sichtbar geführt, nicht gegen Kriminelle, nicht gegen das sozialistische Gedankengut, auch nicht gegen die Präsidenten oder deren Justizminister, sondern gegen seinesgleichen, die Schwulen, und damit jeden Tag seines Lebens tief im Innern gegen sich selbst.

Washington DC, Neujahrstag 1895:

John Edgar Hoover wird in Washington DC geboren, kaum eine Meile vom Weißen Haus entfernt, auf das er sein ganzes Lebens lang ein Auge werfen wird. Als jüngstes von vier Kindern wird er von seiner Mutter auffallend verhätschelt. Kein Spielzeug ist ihr gut genug für den Kleinen, kein Anzug elegant genug. Edgar ist noch ein kleines Kind, da schmiedet sie für ihn bereits die ersten Karrierepläne. Obwohl die Familie nicht mit Reichtum gesegnet ist, sorgt sie dafür, dass Edgar die Eliteschule der Stadt besuchen kann, sehr zum Unwillen des Vaters, der für Übertreibungen kein Verständnis hat. Dickerson Hoover ist ein mittlerer Beamter, ein eher zaghafter Mensch, ruhig, mit fortschrittlichen Ansichten. Selbstverständlich ist er für das Frauenwahlrecht, selbstverständlich auch für die Gleichstellung der Rassen und die Freiheit der Ideologie. Jedes Extrem ist diesem milden Mann fremd. Seine Liebe zur

Harmonie lässt ihn allerdings schwächlich erscheinen. Dickerson will seine Ruhe haben vor dem Lärm der Welt. Er zieht sich mehr und mehr in sich selbst zurück, übt innerhalb der Familie bald keinerlei steuernden Einfluss mehr aus, und als er beginnt, unter Depressionen zu leiden und zeitweise sogar in eine Nervenheilanstalt eingeliefert werden muss, wenden sich Ehefrau und Sohn von ihm ab. Edgar wird eiskalt zu seinem kranken Vater, unfreundlich, schämt sich seiner und lässt ihn das spüren. Jede Einsicht, die Dickerson jemals vertreten hat, wird Edgar verhasst, jede Gefühlsregung erscheint ihm als Schwäche. Umso mehr bedeutet ihm seine Mutter.

Unter ihrer Regie entwickelt er sich zwar zu einem herausragenden Schüler, aber auch zu einem pingeligen jungen Mann. Hat sein Frühstücksei nicht die richtige Konsistenz, muss die Mutter ein neues machen, sind die Bohnen etwas zu warm oder zu kalt, isst er sie nicht, schmeckt der Quark nicht exakt so wie beim letzten Mal, wird er weggeschüttet. Und damit er auch nichts vergisst, beginnt er ein Tagebuch zu führen, in das er wie ein Buchhalter die winzigsten Details seines Lebens einträgt sowie Tagestemperatur, Wetterlage und seine jeweiligen Kleidergrößen. Schon in jungen Jahren trägt er bevorzugt Anzüge, die pedantisch gebügelt und in einwandfreiem Zustand sein müssen. Kein Fusel darf sie verunreinigen. Edgar benötigt, um sich wohl fühlen zu können, die unumschränkte Sauberkeit und Genauigkeit, die absolute Kontrolle über sein Leben. Jede Form von Unvollkommenheit dagegen ist ihm immer zuwider. Edgar will männlich und überlegen sein, alles das, was sein Vater nicht ist. Aber es wird Edgar Hoovers Tragödie, dass er diese Ansprüche an sich selbst zwar nach außen verkaufen kann, aber im Innern nicht erfüllt. Seine Natur hat anderes mit ihm vor.

Nach Abschluss des juristischen Staatsexamens wird Edgar auf Vermittlung eines Verwandten hin Spezialagent beim FBI. Die Aufgaben, die ihn hier erwarten, sind gewaltig – im wahrsten Sinne des Wortes. Es sind die Jahre nach dem Ersten Weltkrieg und der leninistischen Revolution in Russland. In Regierung und Senat bricht Panik vor dem Sozialismus aus, und so wird das FBI und ganz speziell Hoover mit der Organisation und Durchführung einer ganzen Reihe von Gegenmaßnahmen betraut. Edgar greift hart durch. Er führt «Säuberungsaktionen» bei Gewerkschaften durch, lässt Verdächtige systematisch verprügeln und deren Anwälte bespitzeln, milde Richter observieren. Ja, missliebigen US-Bürgern erkennt er einmal mit Hilfe einer gefügigen Justiz sogar die Nationalität ab und setzt sie mit rostigen Kähnen an der sowjetischen Küste aus. Seine ganze Aggressivität wirft er in diese Aktionen, arbeitet sechzehn Stunden täglich und sieben Tage in der Woche. Die Angriffe der Presse gegen die Politik des FBI und speziell gegen den übereifrigen Spezialagenten Hoover machen ihn nur noch wilder und veranlassen ihn zu heftigen Pamphleten gegen die Zeitungen und die Pressefreiheit. Edgar sprüht vor Rücksichtslosigkeit – was er als Stärke bezeichnet –, während zur gleichen Zeit sein Vater, Dickerson Hoover, täglich schwächer werdend dem Ende entgegen dämmert. Apathisch sitzt er in einem Sessel, starrt vor sich hin und ist kaum noch eines Wortes fähig. Er stirbt in dem Jahr, als Edgar, neunundzwanzigjährig, in Anbetracht seiner «Verdienste» zum stellvertretenden Direktor ernannt wird. Drei Jahre später wird Edgar schließlich das FBI als Direktor übernehmen und bis zu seinem Lebensende diese Position nicht wieder verlassen.

«Alle Kongressabgeordneten und Senatoren fürchten ihn.» Dieser Satz steht wie eine Entschuldigung für die versäumte Entlassung des FBI-Chefs in einem Brief Präsident Trumans, und er fasst die heimliche Stimmung der amerikanischen Politik und Justiz für einen Zeitraum von fast fünfzig Jahren zusammen.

Eine der ersten Maßnahmen, die Hoover nach seinem Amtsantritt 1924 in die Wege leitet, ist, sich eine Garantie für politisches Überleben zu verschaffen. Es ist ihm klar, dass irgendwann ein Präsident kommen wird, der ihn nicht auf diesem mächtigen Sessel haben will. Und so legt er unentwegt Akten über Senatoren und Kongressmitglieder an, über Richter, Gouverneure und Minister – und damit natürlich über alle künftigen Präsidenten –, schickt seine schmierigen Wühlmäuse in jede Behörde, jede Gewerkschaft, jedes große Wirtschaftsunternehmen. Je intimer eine Nachricht über einen Funktionär ist, desto mehr freut Hoover sich, desto besser kann er notfalls Druck ausüben: Fotos von Seitensprüngen, Gerüchte über «sexuelle Abschweifung», Belege über Korruption oder Vetternwirtschaft, aber auch Material über die Ehefrauen und Kinder. Hoover findet immer etwas; selbst Musterknaben haben politische Freunde, die Dreck am Stecken haben und auf deren Hilfe sie sich irgendwann verlassen haben. Wo Edgar Hoover das Material zu dünn ist, verführt er diese armen Seelen dazu, seine speziellen Dienste in Anspruch zu nehmen: Sie bitten ihn schließlich um bestimmte Auskünfte über Wahlkonkurrenten oder lassen sich von ihm «Skandal-Vorwarnungen» geben, um noch rechtzeitig einschreiten zu können.

Auf die eine oder andere Weise sind sie ihm also alle ergeben, auch wenn sie ihn hassen und verachten. Sein erpresserisches Archiv, dieser Giftschrank, der allein seiner persönlichen Aufsicht untersteht, ist die Basis seiner Macht, denn jeder, der versucht, ihn, Hoover, aus seinem Amt zu entlassen, schlägt sich dieses Vorhaben nach einem geheimnisvollen Anruf oder Besuch des FBI-Chefs aus dem Kopf. Auf einer solch rutschfesten Unterlage nun kann J. Edgar Hoover sich prächtig halten, jeden Purzelbaum schlagen und seine monströse Inquisition, seine heimliche Herrschaft über die Vereinigten Staaten antreten.

Ende der Vierziger Jahre sind die Vereinigten Staaten in einem labilen Zustand. Die Freude über den gewonnenen Krieg ist kurz, danach fällt das Land in eine depressive, verunsicherte Stimmung. Eben noch glaubte man sich als alleinige Supermacht auf der Welt, da erschüttert das neue Bündnis der Sowjetunion mit China das amerikanische Selbstbewusstsein. Der kalte Krieg beginnt, die ersten spektakulären Spionagefälle werden bekannt und am Horizont drohen bereits der Konflikt in Korea und die Testzündung der ersten sowjetischen Atombombe.

Im Innern wiederum erzittert das Land unter der aufkeimenden Macht des organisierten Verbrechens, unter der Mafia und Cosa Nostra. Schießereien der rivalisierenden Organisationen sind in manchen Städten an der Tagesordnung, und selbst dort, wo Ruhe herrscht, meint man die gewalttätige Allgegenwart der Paten zu spüren. Viele

Amerikaner sind es leid, dass Hoovers FBI nicht energischer gegen diese Kriminellen vorgeht; doch seltsam, der sonst so radikale Edgar Hoover steht noch immer auf dem Standpunkt, es gebe gar keine Mafia, keine Cosa Nostra im Land, keine Organisation also, die man zerschlagen könnte, sondern nur kleine Einzelbanden, gegen die man ja schließlich auch etwas tue.

Die Forderung der Menschen nach Bekämpfung der organisierten Kriminalität ist Hoover mehr als unangenehm, sie bringt ihn in eine prekäre Lage. Seit etwa 1938 wird Hoover, der Erpresser, selbst von der Mafia erpresst. Bei einer Razzia in New Orleans greift die dortige Polizei den FBI-Chef in eindeutiger Situation auf, nämlich beim Sex mit einem anderen Mann. Das könnte Edgars Ende sein, doch es wird zu seinen Lebzeiten nie herauskommen. Die Polizisten sind nämlich mit der Mafia im Bunde (wahrscheinlich geschieht die ganze Razzia auf Betreiben der Mafia hin), und diese hat nun ein herrliches Druckmittel gegen ihren Erzfeind, den Oberpolizisten. Hoover, der selber gerne die Strippen zieht, zappelt also am Faden der organisierten Kriminalität.

Zunächst kann J. Edgar Hoover dem immer lauter werdenden Ruf besorgter Amerikaner nach kraftvollem Vorgehen gegen die organisierte Kriminalität nichts entgegensetzen, doch dann tut er, was alle Machthabenden tun, wenn sie unter Druck geraten: Er lenkt die Aufmerksamkeit des Volkes gegen einen anderen, vermeintlich viel gefährlicheren Feind.

Es ist ein windiger, nasser Januartag des Jahres 1946, ein Tag wie vor dem jüngsten Gericht, den J. Edgar Hoover sich für die Verkündigung seiner Botschaft an die amerikanische Menschheit ausgesucht hat. Welcher Ort wäre dafür besser geeignet als ein Gottesdienst! Er hat sich nicht weniger vorgenommen, als ein neues Kapitel in der Geschichte der Vereinigten Staaten aufzuschlagen, und dafür erscheint ihm eine klerikale Atmosphäre nur angemessen.

Deshalb schätzt er auch besonders die Anwesenheit Kardinal Spellmans, der Hoovers Worten so etwas ähnliches wie den Heiligen Geist einhauchen soll. Wie ein Frommer kniet Edgar Hoover zunächst vor dem Primas der Katholiken in den Vereinigten Staaten nieder und küsst seinen kostbaren Ring. Dann steht er auf und wendet sich an die Zuhörer. Er geifert über die Sozialisten, unterstellt ihnen niedrige Instinkte, Umsturzpläne, Anarchiegelüste. Mitten im zwanzigsten Jahrhundert wirft er diesen «Feinden alles Amerikanischen» Kuppelei mit dem Teufel vor und ruft zum Kampf gegen sie auf. Die dunkle Stunde ideologischer Verfolgung ist gekommen, in einem Land, dass sich die Rechte der Bürger auf Gesinnungsfreiheit auf seine Fahne geschrieben hat. Wie die Kreuzzugspredigt Papst Urbans II., wie der Inquisitionshammer Sixtus' IV., so stellt auch Hoover sich in die Reihe der Richter über gut und böse, richtig und falsch. Das Zeitalter der amerikanischen Inquisition hat begonnen.

Jede Verfolgung hat ihr Vorbild. Ähnlich wie ein schrecklicher Bazillus sich an einen Stamm, aus dem er kommt, anlehnt, funktioniert auch jede staatlich gesteuerte Hatz nach einem Muster: Auf zaghaften Beginn mit vereinzelten, öffentlichkeitswirksamen Aktionen folgt immer ein wildes, chaotisches Umsichgreifen, ein sinnloses Zerstören, das

Angst verbreiten und Unterwerfung bewirken soll und schließlich in eine organisierte Vernichtung übergeht, die mit Tabellen und Statistiken arbeitet und lernt, das Grauen in nüchterne Berichte zu packen.

Nach Hoovers wortgewaltigen Reden, die er immerzu vor vollen Sälen im ganzen Land wiederholt, beginnt sich eine üble, gärende Stimmung in der amerikanischen Öffentlichkeit breit zu machen. Sozialistischer Terror, diabolische Machenschaften und Unterwanderung der Behörden mit Kommunisten und mit Homosexuellen, die nach Hoovers Ansicht von den Roten zur Zusammenarbeit erpresst werden, sind die Schlagworte, die er den verunsicherten Zuhörern in endlosen Wiederholungen einbläut. Natürlich hat Hoover eine Lösung parat, die er geschickt am Ende seiner Reden aus dem Hut zaubert: Das FBI kann gerne die Bundesbediensteten auf ihre Loyalität überprüfen, doch dazu, ja dazu bedarf es der Anordnung des Präsidenten. Jedoch, sagt er, der Präsident zögert.

Truman zögert in der Tat. Er weiß, dass noch nicht einmal ein halbes Prozent der Amerikaner den sozialistischen Ideen anhängt und diese also – selbst wenn sie allesamt bösartig wären – niemals eine Bedrohung für die Funktionstüchtigkeit des Staates würden. Außerdem verabscheut er Hoover und seine Methoden. In Briefen an seine Frau schreibt er deutlich:

«Wenn ich es verhindern kann, soll es keine Gestapo in unserem Land geben. Edgar Hoovers Organisation würde ohne weiteres ein System auf den Weg bringen, das die Bürger bespitzelt. Nicht mit mir!» Und in einem weiteren: «Sie kramen in den sexuellen Skandalen anderer und betreiben Erpressung, wo sie sich lieber damit beschäftigen sollten, Verbrecher zu fangen.»

Harry Truman würde Edgar Hoover liebend gerne als Direktor des FBI entlassen. Die amtliche Befugnis dazu hätte er, den Willen auch, doch auch er fürchtet den unheimlichen Mann. Hoover hat ausgegraben, dass Trumans damaliger Wahlmanager Kontakte zur Mafia hatte. Truman zu seiner Frau: «Das ist eine Verbindung, die mir von nun an wie ein Bleigewicht anhängen wird.»

Mit dem Material also, über das Hoover schon während der Amtszeit Trumans verfügt, könnte er nicht nur eine Regierungskrise auslösen, sondern sogar eine Krise der Demokratischen Partei. Das weiß Truman, und deshalb kann Hoover weiter Stimmung machen, bis der Präsident auf öffentlichen Druck nachgeben muss und einer Überprüfung der Bundesbediensteten aller Behörden zustimmt.

Die Auswirkungen sind verheerend. Auf Hoovers Vorschlag hin werden im ganzen Land «Loyalitätsräte» geschaffen, die jeden Fall «unamerikanischen» Verhaltens prüfen und ahnden sollen. Jeder kann bei diesem Loyalitätsrat jeden anzeigen. Eine Flut von Strebern denunziert daraufhin ahnungslose Vorgesetzte und Konkurrenten, ohne dass die Angeschuldigten ein Recht auf Nennung des Denunzianten haben. Die Angeklagten müssen ihre Unschuld beweisen, nicht der Rat die Schuld. Es ist ein Kampf gegen Windmühlen, dem tausende im Land erliegen. Sie werden in die hohe Arbeitslosigkeit jener Jahre entlassen.

Doch das ist erst der Anfang, eine publicityträchtige Aktion, die Erfolge bringt und den amerikanischen Bürgern zeigen soll: Seht ihr, da ist tatsächlich was im Busch. Die

Untersuchungen werden schon bald auf Schulen und Fernsehanstalten, auf Theater, Kirchen und die Eisenbahn, auf staatliche Fluglinien und Schifffahrtsgesellschaften ausgedehnt. Wer sozialistischer Gesinnung oder homosexueller Neigung verdächtigt wird und seine «Unschuld» nicht nachweisen kann, sitzt noch am selben Tag auf der Straße.

Das Fieber greift um sich. Angeheizt von Hoover und seinen Schergen, glauben viele Amerikaner tatsächlich, dass der sozialistische Putsch unmittelbar bevorstehe und der Staat gar nicht energisch genug gegen seine so genannten Feinde vorgehen könne. Eine Hysterie setzt ein, ein öffentlicher Verfolgungswahn, als die ersten Zahlen der «Schuldigen» bekannt gegeben werden. Überall wittern die Menschen nun Spionage und Sabotage. Tausende von «unamerikanischen» Beamten büßen ihre vermeintlichen oder tatsächlichen Neigungen oder Überzeugungen mit Entlassung und der Brandmarkung als Umstürzler.

Hoovers Propaganda berichtet groß und breit über die Medien, wie viele Staatsfeinde bereits unschädlich gemacht wurden. Doch er erwähnt nicht jene Zahlen, aus denen hervorgeht, dass nur null Komma null zwei Prozent der Angeschuldigten (also zwei von Zehntausend) tatsächlich eines kriminellen Vergehens angeklagt werden können, dass allen anderen im juristischen Sinne überhaupt nichts vorgeworfen werden kann. Verfolgt wird somit keine Kriminalität, sondern eine Weltanschauung, deren Freiheit im ersten Verfassungszusatz der Vereinigten Staaten garantiert ist, sowie eine erotische Neigung, die nicht an sich verboten ist, sondern «nur» bei Ausübung.

Hysterie aber differenziert niemals, sie vernichtet blind.

Die wenigen Menschen, die gegen den einsetzenden Meinungsterror anschreiben, die die Aufregung dämpfen wollen oder die Frechheit besitzen, auf ihre verbrieften Bürgerrechte zu pochen, werden ebenfalls sofort als Sklave der sowjetischen Propaganda diffamiert und auch auf andere Art hart rangenommen. Mysteriöse Wohnungseinbrüche, demolierte Autos und Straßenüberfälle lassen nach einem kritischen Artikel nicht lange auf sich warten.

Doch bei allen schrecklichen Auswirkungen auf die Schicksale der Opfer ist dies das wahrhaft Üble und der bleibende Schaden, dass ein Land der freiheitlichen Gesinnung sich innerhalb nur weniger Monate in einen Hort von Hetzern verwandeln kann. Edgar Hoover indessen freut's: Noch ist die Schlacht nicht zu Ende geschlagen, noch steht der Angriff auf Hollywood bevor, da halten die Menschen ihn und sein FBI schon für die letzte Bastion des Widerstands gegen das Böse, und das Time-Magazine feiert ihn auf einem Titelblatt gar als den «Mann des Jahres». Er gilt fortan als die vollkommene Verkörperung der Reinheit, die er immer schon sein wollte.

Zur gleichen Zeit, als die Hatz auf Sozialisten und Schwule ihren Höhepunkt erreicht, feiert Hoover die ausgelassensten schwulen Partys. Bereits seit etwa 1930 hat Edgar einen Lebensgefährten, Clyde Tolson, einen athletisch gebauten, starken Mann mit stechenden schwarzen Augen, energischem Aussehen und einer rüpelhaften Art, gerade das, worauf Edgar steht. Damals hat Tolson als Agent in Hoovers Behörde angefangen, aber der Chef beförderte ihn innerhalb von nur drei Jahren im Eilverfahren zum stellvertretenden Direktor. Natürlich bemühen sich die beiden während der Bürozeiten um Diskretion, aber in ihrer Freizeit geht es tüchtig zur Sache. Im New York Plaza mieten sie sich regelmäßig eine pompöse, lavendelblaue Suite mit traumhafter Aussicht auf den Central Park und geben dort ihre ganz eigene Art von Gesellschaften. Gern gesehene Gäste bei den Orgien sind Kardinal Spellman, der Edgar jüngst so bereitwillig bei der Jagderöffnung auf die Sozialisten (und Schwulen) unterstützt hat, außerdem der Schnapsgroßhändler und Mafioso Lewis Rosenstiel sowie der junge Anwalt Roy Cohn, der bald eine wichtige Aufgabe von Hoover übertragen bekommen wird.

Hoover, von seiner Statur her bullig, verkleidet sich an diesen Abenden immer als Frau, trägt ein flauschiges, kurzes, schwarzes Kleid mit Volantbesatz, elegante Spitzenstrümpfe, hohe Absätze und eine Lockenperücke; er heißt dann «Mary» und lässt zum Wohlgefallen seiner Gäste junge Stricher herbeiholen. Er liebt es, mit einem Glas Champagner in der einen und einer Bibel in der anderen Hand bearbeitet zu werden. Die ganze Nacht geht es hoch her, bis sich die Gesellschaft am darauf folgenden Morgen wieder trennt, der Kardinal, um seine Sonntagspredigt zu halten und Edgar, um mit Clyde seine neuesten, perfiden Ideen zur Unterdrückung der Schwulen zu überdenken.

Es erscheint unglaublich, dass ausgerechnet ein Mann die Schwulen in den Vereinigten Staaten ächtet und verfolgt, der selber schwul ist. Doch so paradox es klingt, er tut es nicht, obwohl er schwul ist, sondern weil er schwul ist. Es ist wohl kaum ein Zufall, dass seine Hatz zu einem Zeitpunkt einsetzt, als Gerüchte über seine Homosexualität in Trumans Weißes Haus durchsickern, und einen solchen Makel lässt Hoover nicht an sich. Er steigert sich in die

Verfolgung seiner gleich Gesinnten hinein, um der Welt, aber mehr noch sich selbst, seine Männlichkeit zu beweisen. Noch viele Jahre nach der Hatz der Vierziger und Fünfziger wird Hoover jedes Gesetz zur Liberalisierung der Homosexuellenparagraphen bekämpfen und verhindern. Genauso übrigens, wie er gegen die Aufhebung der Rassentrennung angehen wird. J. Edgar Hoover nämlich hat zu einem kleinen Teil negroides Blut in den Adern. In seiner Jugend hat er krauses, schwarzes Haar, und er unternimmt später alles, es glatt wirken zu lassen. Seine Hautfarbe allerdings, die an jene der karibischen Mulatten erinnert, kann er nicht verleugnen; daher bräunt er sich ständig in der Sonne. Damit vermag er die Weißen zu täuschen, bei den Farbigen aber gilt es als ausgemachte Sache, dass einer seiner Vorfahren dunkelhäutig war, und dass er die Schwarzen deshalb umso nachdrücklicher verachtet und verdammt.

Schon bald nachdem die amerikanische Inquisition das ganze Land erfasst und tausende von «nicht durchschnittlichen» Lehrern, Briefträgern, Schaffnern, Pfarrern und Radiosprechern öffentlich verleumdet und mit dem Brandmal der Illoyalität versehen hat – was die Kündigung des Arbeitgebers wie auch die gesellschaftliche Ächtung nach sich zieht –, beginnt Hoover von dieser eher wirren, nach allen Seiten schnappenden Verfolgung zu einer organisierten überzugehen. Er initiiert, dass ein «Ausschuss für unamerikanische Aktivitäten (HUAC)» sich mit dem Kesseltreiben befasst und auf die gesamte Nation ausdehnt, auf Anwälte, Verlagsanstalten, private Sender, Zeitungen, auf Gewerkschaften und Vereine. Nicht länger nur Bundesbedienstete werden vorgeladen, sondern fortan jeder, dem irgendwelche «außergewöhnlichen Aktivitäten» nachgesagt werden.

Obwohl Truman es zu verhindern weiß, dass Hoover die direkte Führung des Ausschusses erhält, der aus Senatsmitgliedern zusammengesetzt ist, so ist es dennoch niemand anderes als der FBI-Chef, der im Hintergrund die Karten mischt und verteilt. Die Senatsvertreter im Ausschuss hat er ohnehin in der Hand, und den Vorsitz im enorm wichtigen «Unterausschuss für Ermittlungen» (wichtig, weil dieser Ausschuss die Erstbefragungen vornimmt und deshalb auch völlig Unschuldige in zweifelhaften Ruf bringen kann) schiebt Hoover Joseph McCarthy zu, einem bis dahin nahezu unbekannten Senator aus Wisconsin, einem Windhund und Alkoholiker, der aber zum Freundeskreis Hoovers zählt und ihm treu ergeben ist. Als Chefberater stellt ihm Hoover jenen jungen schwulen Anwalt zur Seite, der gern gesehener Gast auf «Marys» Midnight-Sex-Partys ist, Roy Cohn.

Von solch treuen Paladinen im Ausschuss vertreten, und im sicheren Wissen, dass sie nach seiner Pfeife tanzen werden, füttert Hoover den HUAC mit dem Material, das er für seine Verleumdungen benötigt; eine illegale Maßnahme, die deshalb auch streng geheim durchgeführt wird. Edgar wühlt in seinem Giftschrank und lässt außerdem ganze Hundertschaften von Agenten ausschwärmen, die jeden kleinen Dreck ausgraben sollen über Künstler, Wissenschaftler und andere Intellektuelle. Observierungen und illegale Telefonabhörungen werden im großen Stil betrieben. Dossier um Dossier drückt Hoover dem jungen Roy Cohn in die Hand, Akten über vermeintlich Verdächtige: die Schriftsteller Ernest Hemingway, Truman Capote, Thomas Mann, Bertolt Brecht und Aldous Huxley, der Physiker Albert Einstein, der Entdecker des Polio-Impfstoffes Dr. Salk, die Komponisten Leonard Bernstein und Hanns Eissler, und sogar der Maler Pablo Picasso, der noch nie einen Fuß in die Vereinigten Staaten gesetzt hat. Doch den aufsehenerregendsten Vorstoß plant Hoover gegen die heilige Stadt des Landes.

Hollywood ist ein amerikanisches Walhalla, eine Götterburg, in der alle Märchen entstehen und enden, und genau deshalb ist dieser Überfall der Inquisition so bedeutungsvoll und exemplarisch. Wer Hollywood einzuschüchtern vermag, der kann alle einschüchtern, wer Hollywood «reinigt», der reinigt das Land.

Keine Inquisition kennt nur Opfer, sondern sie hat immer auch mehr oder weniger bereitwillige Helfer, und auf diese zählen Hoover, Cohn und Co. Zu denen, die eifrig aussagen, zählen unter anderem John Wayne, Robert Taylor («Quo vadis», «Ivanhoe») und Lloyd Bridges («Fackeln im Sturm», «Mission Galactica»). Sie geben die Namen einiger verdächtiger Kollegen preis, die sofort zwecks Ermittlungen über ihre Bürgertreue vorgeladen werden und ihrerseits nun Namen nennen sollen: ein an Kettenbriefe erinnerndes System. Produzent Walt Disney steigert sich vor dem Ausschuss in einen Verfolgungswahn derart hinein, dass er sogar behauptet, die Sozialisten hätten versucht, seine Mickey Mouse für üble Propaganda zu missbrauchen. Und so bleibt die Zeichentrickfigur wohl der einzige bedeutende Schauspieler Hollywoods, der nicht vor den HUAC bestellt wird.

Die Befragungen des HUAC sind fast ausnahmslos öffentlich, und er inszeniert häufig ein dramatisches Spektakel, um Befragte vor den Mikrophonen der Medien bloßzustellen. Mit Spannung erwarten die Amerikaner daher die Aussagen jener Schauspieler, die für ihre liberalen Ansichten bekannt sind und den HUAC als Institution ablehnen: Humphrey Bogart, Lauren Bacall, Katherine Hepburn, Burt Lancaster, Kirk Douglas, Gregory Peck und Rita Hayworth. Neben diesen Großen stehen viele Kleine: Will Geer (der Opa aus «Die Waltons»), Anne Revere («Das Lied von Bernadette») und Kim Hunter («Endstation Sehnsucht»), um nur einige zu nennen. Sie alle lehnen es schlichtweg ab, sich vor dem Ausschuss zu rechtfertigen. Sie erscheinen zwar, aber verweigern die Aussage mit Hinweis auf den ersten Zusatzparagraphen der amerikanischen Verfassung, der weltanschauliche Freiheit garantiert.

Den HUAC und Hoover lässt das ziemlich kalt. Sie haben zwar keine juristische Handhabe gegen diese Spielverderber, aber sie haben Mittel, sie zu beschädigen. Jeder Aussageverweigerer kommt auf eine geheimnisvolle schwarze Liste, die den Filmgesellschaften übermittelt wird, von der zwar niemand weiß, wer sie eigentlich erstellt, von der aber angenommen wird, dass Cohn und Hoover die maßgeblichen Autoren sind. Die Filmgesellschaften sind angehalten, den auf die schwarze Liste gesetzten Personen keine Jobs mehr zu geben.

Die meisten Konzernbosse spielen mit, da sie ansonsten ebenfalls Verfolgung befürchten. Und während also die bekannten und populären Regisseure und Schauspieler eine Durststrecke mittels ihres riesigen finanziellen Polsters mühelos überwinden und außerdem immer irgendwo ein

Engagement finden – sei es in England oder bei den wenigen mutigen Produzenten –, bleiben die Kleineren und die Neulinge auf der Strecke. So manche Karriere ist in diesen Jahren im Keim erstickt worden, so mancher Traum zerplatzt. Einige halten diesem Druck nicht stand, nehmen sich das Leben oder fallen kurz vor ihrer Anhörung Herzattacken zum Opfer, wie John Garfield.

Andere werden zu Überläufern, um wieder arbeiten zu können. Dramatische Szenen spielen sich ab: Die Regisseure Elia Kazan («Jenseits von Eden») und Edward Dmytryk («Die linke Hand Gottes») geben erst nach heftigen Drohungen die Namen einiger Kollegen preis, die sie sozialistischer Weltanschauung oder homosexueller Neigung für verdächtig halten. Auch die Schauspieler José Ferrer («Lawrence von Arabien») und Sterling Hayden («Prinz Eisenherz», «Der Pate») geben klein bei – Sterling Hayden denunziert dabei sogar seine langjährige Geliebte.

Wieder andere ergreifen die Flucht, um nicht in diese schmutzigen Anhörungen zu geraten, die den Ruf so sehr beschädigen können: Gehetzt von Hoovers FBI gelingt es Charlie Chaplin in einer dramatischen Rettungsaktion gerade noch auf den britischen Luxusliner «Queen Elizabeth» zu gelangen und dem HUAC davonzusegeln; er wird jedoch nie wieder amerikanischen Boden betreten. Orson Welles legt gar seine Staatsbürgerschaft ab und wandert nach Europa aus.

Auch hier ist der atmosphärische Schaden am verheerendsten. Nicht, was die Filmgesellschaften *tun*, also die Befolgung der schwarzen Liste, sondern, was sie *nicht* tun ist das Schlimmste. Jeder liberale Ansatz in den Filmen jener

Jahre wird vermieden, weder Gesellschaftskritik noch demokratische Bildung, weder weltanschauliche Offenheit noch sexuelle Toleranz wird gezeigt, nur mitleidloses Heldentum und jämmerliche Obrigkeitshörigkeit, nur ein antiquiertes Frauenbild und subtile rassische Diskriminierung sind erlaubt. Da reicht es schon, wenn in einem Film lächelnde Russen gezeigt werden, um den Regisseur als «subversiv» einzustufen. Zwar gelingt es geschickten Regisseuren und Drehbuchautoren, kritische Parabeln auf den McCarthyismus in die Kinos zu bringen («Zwölf Uhr mittags», «Die Caine war ihr Schicksal», «Verdammt in alle Ewigkeit», «Die Brücke am Kwai»), doch das bleiben die Ausnahmen, und sie werden leider auch von den allerwenigsten Kinobesuchern als politische Anspielungen verstanden.

Nein, es ist die Zeit der harmlosen Bibel- und Kostümfilme, wo es von antiken Heroen und barocken Aristokraten nur so wimmelt. Prunk statt Tiefe, Farbe statt Objektivität. Die amerikanische Gesellschaft – wie jede andere von den Medien bestimmt – wird in ihrer sozialen Entwicklung ein ganzes kostbares Jahrzehnt zurückgeworfen, und damit hat J. Edgar Hoover sein Ziel des Haltens und Bewahrens überkommener Vorstellungen erreicht, bei gleichzeitiger Heroisierung seiner Person und der Ablenkung vom Grundübel sich ausbildender mafioser Strukturen.

Die Emanzipation der Schwulen hat Hoover in einer Art und Weise beschädigt, die heutzutage manchmal vergessen wird. Nicht nur die erotische Neigung ist von ihm öffentlich verflucht worden, sondern er hat zusätzlich dafür gesorgt, dass die Homosexualität mit Erpressbarkeit und daher mit der Gefährdung von Landessicherheit gleichgesetzt wird; eine Assoziation übrigens, der noch Mitte der achtziger Jahre der deutsche Verteidigungsminister Wörner erlegen ist, als er den der Homosexualität «verdächtigen» Bundeswehrgeneral Kießling aus Sicherheitsgründen entlassen wollte. Bei allen seinen miesen kleinen Verbrechen im Einzelnen, bei aller Hörigkeit gegenüber der Mafia, der Erpressung gewählter Volksvertreter und den Fußtritten gegen die Gedankenfreiheit ist der dunkelste Stempel, den Hoover dem zwanzigsten Jahrhundert aufgedrückt hat, die Ketzerjagd und ihr bleibender Schaden.

Mitte der fünfziger Jahre flaut die Hatz langsam ab. Die Menschen sind der immerwährenden skandalösen Enthüllungen müde geworden. Korruptionsskandale in den Reihen des HUAC tun ihr Übriges, und auch Edgar Hoover beginnt rechtzeitig, sich von einem unglaubwürdig gewordenen Ausschuss zu distanzieren. McCarthy lässt er wie einen alten Besen in die Bedeutungslosigkeit zurückfallen und weint ihm keine Träne nach, als er sich 1957 totgesoffen hat.

Hoover wird älter. Noch einmal, Mitte der sechziger Jahre, entflammt er in einem wilden Kampf – diesmal gegen die Bürgerrechtsbewegung der Farbigen. Aber die meiste Zeit verbringt er mit seinem liebsten Spiel, also damit, sich an der Macht zu halten. Kennedy, den er wegen seiner zahlreichen Frauenaffären und der mysteriösen Monroe-Geschichte in der Hand hat, kann ihn nicht entlassen, so gerne er es tun würde. Immer wieder wird Hoovers Name in den heutigen Biografien und Dokumentationen ins Zwielicht getaucht, wenn es um die Ermordung Präsident

John F. Kennedys oder seines Bruders Robert Kennedy geht; wenn es um das tödliche Attentat auf Martin Luther King geht oder um die Watergate-Affäre und Nixons Sturz, den er allerdings nicht mehr erlebt.

Am 1. Mai 1972 gegen Mitternacht erhält der siebenundsiebzigjährige Hoover in seinem Haus in Rock Creek Park einen Anruf von Präsident Nixon, der ihm mitteilt, dass er – und wenn er noch so sehr mit Enthüllungen droht – als Direktor des FBI in Anbetracht seines Alters nicht länger zu halten ist. Daraufhin ruft Hoover seinen Lebensgefährten Clyde Tolson an, klagt über den drohenden Ruhestand, der den Machtverlust bedeutet. Dennoch gibt er sich kämpferisch. Was dann passiert ist unklar. Etwa zwei Stunden später ist Hoover tot, auf dem Totenschein wird Herzinfarkt stehen. Eine Obduktion der Leiche wird allerdings nie vorgenommen, und jeden Fetzen seiner Aufzeichnungen nehmen jene geheimnisvollen Männer mit, von denen niemand weiß, wer sie geschickt hat.

Yukio Mishima: der Putschist (1925 – 1970)

Das menschliche Leben ist kurz, ich aber möchte ewig leben.
(*Yukio Mishimas: Abschiedsbrief*)

Als Mishima am 14. Januar 1925 in Tokio geboren wird, ist der Kaiser noch ein Gott. Alte Shinto-Mönche murmeln in uralten Tempeln ihre Gebete, sakrale Schreine stehen inmitten elysischer Gärten, die Samurai hüten die Heiligtümer, die Geister des Waldes und der Lüfte wohnen in den Herzen der Menschen. Ein Hauch mystischen Avalons umweht in diesen Jahren die asiatische Insel, denn ebenso wie die verklärte Welt der Artussage, so ist auch die japanische Welt von starken Brüchen und Umbrüchen bedroht. Die Macht der Geister schwindet. In den Duft der Räucherkerzen mischen sich die Abgase des Straßenverkehrs, Fabriken werden aus dem Boden gestampft, Schiffsgiganten gebaut. Die Wucht der Moderne schiebt sich innerhalb nur einer Generation wie eine Wolke über das Reich der aufgehenden Sonne, und so vehement die alte Aristokratie und die Priesterschaft auch dagegen ankämpfen, so unvermeidlich ist ihr baldiger Niedergang.

Zu denen, die die neue Zeit verachten, gehört auch die greise Hiraoka. Herrische Gattin eines ehemaligen Inselgouverneurs, adelig, mittlerweile zwar verarmt, aber doch ganz den überlieferten Traditionen verhaftet, will sie nicht zulassen, dass ihr eben geborener Enkel vom nüchternen Geist der neuen Mode beherrscht wird. Gegen einen nur geringen Widerstand des hörigen Sohnes und der folgsamen Schwiegertochter bemächtigt sie sich des sieben Wochen alten Säuglings, der Kimitake heißt und der sich als Schriftsteller Yukio Mishima nennen wird.

Hiraokas Gemächer sind noch voll vom Prunk und der Magie des alten Japan: geheimnisvolle Truhen, deren Holz wie Seide glänzt, bejahrte Vasen mit rätselhaften Schriftzeichen, Schrecken erregende Masken der alten Geister an der Wand, eine Gebetsecke, in der das Räucherwerk dampft. Doch leider ist dieses magische Eiland, in dem Mishima aufwächst, kein sagenhafter Palast am Rande eines Berghangs, sondern bloß eine Dreiraumwohnung mitten in Tokio. Sein Kinderzimmer ist zugleich das Schlafzimmer Hiraokas. Außerdem darf er die Wohnung auf Anordnung seiner Großmutter kaum verlassen, denn draußen lauert die Gesellschaft, die ihn verderben könnte. Nur die Großeltern sind seine Unterhaltung, zwei Mumien, die über ihn wachen. Die Stunden vergehen nicht in dieser Enklave des Gestern, und sein einziger Trost werden daher die Märchen- und Bilderbücher, die in seiner Wohnung herumstehen.

Er ist fünf Jahre alt, als er sein erstes homoerotisches Erlebnis hat: Die Zeichnung eines europäischen Ritters mit prächtiger Rüstung auf weißem Schimmel tut es ihm an.

«Sein hübsches Gesicht wurde teilweise durch das Visier verdeckt.»

Er verliebt sich in den Ritter, träumt von ihm, lässt ihn wochenlang im Geiste Abenteuer bestehen. Doch dann:

«Ich war plötzlich davon überzeugt, dass er im nächsten Moment getötet würde.»

Es trifft ihn selbst wie ein Donnerschlag, dass der, den er geliebt hat, von ihm selbst, von seiner Phantasie, ausgelöscht wurde. Warum hat er den Ritter umgebracht?

Die alte Hiraoka ist mit den Jahren immer gebrechlicher geworden, siech liegt sie nun im Bett, leidet bald zusätzlich an einer schmerzhaften Geschlechtskrankheit, die ihr Gatte sich bei einem seiner Besuche bei Geishas zugezogen hat. Und der kleine Yukio steht dabei, wenn die Wunden und Geschwüre der Großmutter behandelt werden, hilft selbst mit, ist Zeuge ihres entsetzlichen Verfalls. Der geringste Lärm löst bei der Kranken eine Nervenkrise aus, keine Tür kann mehr geschlossen, kein Fenster geöffnet werden, ohne dass sie furchtbare Ausbrüche von Leiden und Zorn bekommt. Tag und Nacht verbringt er sein junges Leben inmitten jammervollen Stöhnens und den Gerüchen von Alter und Krankheit.

Mit der grauenhaften Agonie Hiraokas steigern sich Yukios Phantasien. Als nächstes ist es ein Vers von Oscar Wilde, der ihn nicht mehr loslässt: «Schön ist der Ritter, der erschlagen liegt zwischen Binsen und Schilf». Jene Märchen sind ihm schon bald am liebsten, in denen der hübsche Held tragisch stirbt; er verliebt sich ebenso in den von Räubern erschlagenen Rosenelf wie in den wasserumspülten Leichnam des jungen Fischers in «Die Meerjungfrau»:

«In jeden Jüngling, der getötet wurde, war ich verliebt –

Meine Vorliebe für Tod und Nacht und Blut ließ sich nicht verleugnen.»

Bald schon überlässt Yukio es nicht mehr dem Zufall, ob eine Figur zugrunde geht oder nicht. Als hätte irgendeiner der alten Geister, die in Hiraokas Wohnung an den Wänden hängen, sich Yukios bemächtigt, zwingt ihn eine innere Stimme dazu, alle Bilder in den Abenteuerheftchen, die er liest, umzuzeichnen. Artisten liegen plötzlich zerschmettert am Boden, Schwertkämpfer durchbohren sich gegenseitig und umarmen sich im Tod. Seine erste Literatur verfasst der spätere Schriftsteller, als er alle Märchen mit einem Happyend zugunsten einer Tragödie umschreibt. Sie alle, die Rosenelfen, die Fischer, Ritter, Kämpfer und Artisten, haben außer ihrem phantastischen, gewaltsamen Tod noch eines gemeinsam: Sie sterben in voller Jugend und Kraft. Keiner von ihnen ist alt, keiner siech, keiner leidet, keiner ist ein schmächtiges Jüngelchen wie er, nein, ein jeder ist hübsch und jung, stark, tapfer und romantisch. Der kleine Yukio hat sich in seinem Kopf eine vom schnellen, blutigen Tod berauschte Gegenwelt zu seiner winzigen, traurigen, leidenden Welt im Hause erschaffen, die er fürchtet, vielleicht auch verachtet.

Als er zwölf Jahre alt ist, befreien die Eltern ihn aus seiner Haft, aber da ist er bereits das Gegenteil seiner starken und gerechten Comic-Helden, denn er ist von der Stubenhockerei körperlich geschwächt und wird wie ein Wahnsinniger von blutigen Phantasien verfolgt. Beides jagt ihn sein ganzes Leben lang, das eine beschwört einen entsetzlichen Minderwertigkeitskomplex herauf, das andere eine Sucht nach Gewalt. Mit dieser explosiven psychischen Mischung geht Yukio Mishima in seine Pubertät.

Bis zu jenem Tag der Befreiung sind seine Empfindungen zwar rauschhaft, aber nie sexuell. Aber natürlich, die Welt, in die hinein er entlassen worden ist, bietet ihm mehr als Zeichnungen in billigen Heftchen; die Menschen bewegen sich hier, sie lachen, sie grölen, sie riechen. Zunächst tut es Mishima der Schweißgeruch vorbeilaufender Soldaten und Matrosen an, dann die schmutzverkrustete Brust öliger Arbeiter. Jedoch, wie schon die erste erotische Erfahrung von einem europäischen Bild, damals des Ritters auf dem Schimmel, ausgelöst wurde, so ist es wiederum die Konfrontation mit einem solchen Bild, die den Beginn seiner Mannbarkeit kennzeichnet. Yukio schlägt einen Kunstband auf: Jung, schön und fast nackt ist der Heilige Sebastian in einer Darstellung des Renaissancemalers Guido Reni an einen Baum gebunden und blutet aus zwei Wunden. Sebastian, Präfekt der römischen Prätorianergarde, ein Soldat also, hatte den Kaiserkult verweigert und war zum Christentum übergetreten, was sein Todesurteil bedeutete. Mishima über das Bild:

«Licht und Schönheit, Jugend und Freude umgeben ihn. Seine weiße, makellose Haut leuchtet vor dem dämmerigen Hintergrund. Seine muskulösen Arme – die Arme eines Prätorianers, die gewohnt sind, den Bogen zu spannen und das Schwert zu schwingen – sind in einem anmutigen Winkel gehoben, und die gefesselten Handgelenke sind über seinem Kopf gekreuzt – Es ist nicht Schmerz, der seine schwer atmende Brust, seinen angespannten Unterleib, seine leicht verzerrten Hüften umspielt – Wären da nicht die Pfeile, die bis zum Schaft in seiner linken Achselhöhle und in der rechten Seite stecken, so würde man ihn eher für einen römischen Athleten halten, der sich müde in einem Garten gegen einen Baum lehnt und ausruht. Die Pfeile haben sich in das gespannte und atmende junge Fleisch gebohrt und verzehren den Leib von innen her mit den Qualen der äußersten Agonie und Ekstase.»

Er gerät in Ekstase, das Blut schießt ihm ins Gesicht und die Lenden schwellen ihm an wie im Zorn. Die Phantasien überschlagen sich, er kann nicht mehr denken, nur noch fühlen, und seine Hände machen Bewegungen, die er nie zuvor gesehen oder gelernt hatte. Und dann: «Wolkenweiße Flecken lagen auf der Goldprägung eines Buchtitels, auf dem Tintenfass, auf einer Ecke des Wörterbuches.»

Seine erste Ejakulation hat Mishima beim Anblick des blutenden Sebastians, aber nur deshalb, weil dieser Märtyrer keine Anzeichen von Leiden zeigt. Noch im Tod ist er schön und stark. Das wird Mishimas Sehnsucht werden, das ist es, was ihn fasziniert, nichts anderes. Dass es Männer sind, in die er sich verliebt, verblasst angesichts dieser sehr viel außergewöhnlicheren Leidenschaft.

Seine erste Liebe – eine Schwärmerei, wie sie jeder kennt, unabhängig von sexuellen Neigungen – ist natürlich ein Mitschüler. In seinem sehr stark autobiografisch geprägten Roman «Geständnis einer Maske», nennt er ihn Omi, ein Fischerjunge, ein schlechter Schüler, der nur im Sportunterricht glänzt und dessen früh entwickelte Muskulatur den jungen Yukio an nichts anderes mehr denken lässt.

«Seinetwegen kann ich keine intellektuellen Männer mehr lieben, seinetwegen werde ich nicht von Männern angezogen, die eine Brille tragen. Und seinetwegen begann ich körperliche Kraft zu lieben, Unwissenheit, ungehobelte Gesten, rohe Redensarten.»

Als der starke Geliebte eines Tages nicht mehr in die Schule kommt, bildet Mishima sich ein, Omi sei hingerichtet worden, ganz wie der Heilige Sebastian. Er wird diese Vorstellungen nicht mehr los, sie verfolgen ihn, peinigen ihn. Mishima ist weniger denn je in der Lage, seine Phantasien zu steuern, im Gegenteil, sie steuern ihn. In seinem Kopf richtet er alle hin, alle die jungen Kerle, denen er auf der Straße begegnet, Liftboys, Kellner, Fahrkartenkontrolleure, Verkäufer: «Ich war wie ein Wüstling ... Zahllose Opfer wurden in meinem Geiste mit gefesselten Händen zum Kolosseum gebracht – was dann folgte, ist abscheulich.»

Ströme von Blut fließen jeden Tag durch seine Gedanken. Noch ist völlig unklar, in welche Richtung seine Dämonen ihn treiben, doch nach außen bleibt er der liebe Yukio, ruhig, ernst, unauffällig. Er tut, was seine Eltern verlangen, fängt an, Jura zu studieren und Mädchen zu hofieren, versucht, eine Beziehung zu einer Freundin der Familie aufzubauen, kommt ihr näher, küsst sie schließlich und freut sich darüber wie ein Don Juan. Dann aber verlässt Yukio die junge Frau, bevor es wirklich ernst werden kann, und redet sich hinterher ein, «normal» zu sein. Er trägt eine Maske, ohne dass er es weiß: «Meine Maske – hatte schließlich aufgehört Maske zu sein, weil sie zu einem Bestandteil meines Lebens geworden war.»

Die ersten vierundzwanzig Jahre seiner Existenz hält Yukio Mishima seine Gefühle mit aller Kraft zurück. Der innere Druck wird jedoch immer gewaltiger, und die Anstrengung, ihn einzudämmen, ist enorm. Mishima wird lethargisch, hört auf zu fühlen, hat weder zu seinen Eltern noch zu den Geschwistern eine wirkliche Beziehung, hat keine engen Freunde, und wenn er von Ferne einmal liebt, so ist es immer nur gedanklich und von kurzer Dauer. Um ihn herum zerbirst die japanische Welt im Pazifischen Krieg, doch er hört nicht hin; weder die Luftschläge auf Tokio noch die Schreie der sterbenden Kommilitonen, ja, nicht einmal die Erschütterungen der Atombomben von Hiroshima und Nagasaki lassen ihn aufhorchen. Jemand, der nur im Inneren lebt, kann auch nur durch ein intimes Geschehen aufgerüttelt werden, und so sind es denn inmitten der Götterdämmerung eines zusammenbrechenden Landes, der brennenden Fabriken und qualmenden Bombenkrater, der tausendfachen Selbstmorde und der einrückenden Besatzungstruppen zehn simple Minuten Mishimas im Bordell, die ihn verändern. In diesen zehn Minuten erkennt er, dass er niemals Leidenschaft für eine Frau empfinden wird, dass er nicht, wie er es sich mit ungeheurem Kraftakt eingeredet hat, «normal» ist, sondern «anders». Yukio bricht zusammen, weint, schluchzt, und nimmt Abschied von seiner Selbsttäuschung.

Ein Schritt nach vorne, sollte man meinen. Doch Yukio Mishima kennt keine Schritte, sondern nur die Flucht vom einen Ende des Gefühlsspektrums in das andere. Gleichgültig, ob in seiner literarischen Arbeit, im politischen Handeln, in privaten Ansichten, nirgendwo und niemals wird er die Mitte finden, nie wird er ausgewogen sein, nie maßvoll, sondern immer wird er alles in die eine Waagschale werfen, immer wird er extrem sein.

Mit dem Eingeständnis seiner Homosexualität fängt es an. Es würde ihm nicht genügen, seine Familie aufzuklären. Was er an sich selbst erkannt hat, sollen *alle* erkennen, was zwanzig Jahre lang in ihm gärte, muss er nun in die Welt hinausschreien. Er entschließt sich trotz erfolgreich abgeschlossenen Jurastudiums, Schriftsteller zu werden und verfasst seine Quasi-Autobiografie «Geständnis einer Maske». Eine abrupte Demaskierung, ein Befreiungsschlag aus gesellschaftlicher Umklammerung. Die Worte stoßen aus ihm hervor, alle seine Begierden, seine blutigen Visionen, seine «Schandtaten» schreibt er auf. Das Buch schlägt ein wie ein großer Stein im Wasser. Die ersten Wellen sind sintflutartig: Die Eltern sind beschämt, das Land schockiert, die Kritik zwar voll literarischem Lob, aber moralisch empört. Aber als die Gischt der ersten Aufregung sich gelegt hat, taucht dahinter ein neuer Mishima auf, der fortan kein Tabu mehr kennt.

Kein Zaudern duldet er mehr an sich, alles muss spontan sein, ekstatisch. Seine Reisen führen ihn nach Rio, New York, Paris und London, und überall stürzt er sich in hemmungslose Vergnügungen. Die Zahl der durchzechten Nächte ist wie die Zahl der Liebhaber nicht messbar. Er liebt die ordinären Bars und verrauchten Tavernen, liebt die Matrosen und die stillen, regennassen Ecken der Hafenviertel. Dabei ist er keineswegs diskret, sondern sorgt dafür, dass Kenntnis von seinem Treiben an die Öffentlichkeit gelangt, ja, er lässt sogar erotische Fotos von sich machen und verteilt sie an die Presse.

Der Lebensstil der westlichen Welt, er findet bei Mishima in jenen Jahren, der zweiten Phase seines Lebens, großen Anklang. Ehre, Tradition und Familiensinn, alle japanischen Tugenden gelten wenig für ihn. Die Handlungen seiner Bücher spielen zwar in Japan, aber sie duften selten danach. Die Figuren trinken oft schottischen Whisky und rauchen amerikanischen Tabak, die Straßenzüge wirken gelegentlich französisch, die Natur mediterran, wie in dem Roman «Die Brandung». Seine japanischen Romanhelden werden manchmal geradezu westlich dekadent, wie jener buddhistische Novize aus dem Roman «Tempelbrand», der sein Gotteshaus in der festen Absicht anzündet, sich danach mit dem Dolch zu richten, stattdessen aber nach der Brandlegung lieber auf einen Hügel steigt, sich mit Kuchen voll stopft und das Spektakel genießt.

Als ein britischer Produzent Mishima anbietet, den im Grunde anti-modernen Roman «Nach dem Bankett» in England zu verfilmen, vor englischer Kulisse, mit englischen Schauspielern und englischen Namen, ist Mishima begeistert. Alles, was aus Europa kommt und aus den Vereinigten Staaten, wird von ihm geradezu kultisch verehrt, und so sehnt er sich nach nichts mehr als nach einem anerkennenden Wort der westlichen Kritik.

Jedoch, die wirklich wichtigen Anerkennungen bleiben angesichts seiner für westliche Gemüter zu unbeständigen Schriften aus. Und auch als Person schätzt man ihn nicht: zu aufdringlich ist er den Mitteleuropäern, zu unmoralisch den Südeuropäern. Wo immer er in westlichen Staaten gastiert, wird er höflich, aber distanziert empfangen. Es ist diese subtile Form der Ablehnung, dieser Snobismus gegen einen, der doch selbst so gern zum Club der Snobs gehörte, der Mishima zornig macht und erneut die Flucht in ein Extrem antreten lässt: Der Lebemann wird radikal.

«Die moderne Welt ist abscheulich!» Dieser Ausruf Mishimas symbolisiert seine dritte und letzte Lebensphase. Ist es nur eine Laune, ein simpler Knacks, der ihn umtreibt? Nein, selbst der Wechsel von einem Extrem zum anderen braucht eine Ursache. Mishima hat in der Jugend mit aller Kraft seine sexuelle Identität geknebelt, bis ein Bordellbesuch ihn befreite und sein radikales Coming-out und die anschließende schwule Hyperaktivität verursachte. Und heute? Wieder hat er eine Identität zurückgedrängt, diesmal die rassische und nationale. Er hat vielen seiner Figuren europäische Augen gegeben, amerikanischen Habitus und überhaupt alle von ihm zunächst so bewunderten Schwächen der westlichen Welt. Bis zum letzten Muskel dehnt sein Rücken sich in der tiefsten Verbeugung vor den europäischen Gästen, die ihn besuchen.

Und wieder, wie schon zehn Jahre zuvor im Bordell, ist es ein lächerlich geringer Anlass, der in Mishimas Kopf eine gewaltige Verschiebung verursacht. Bei einem Abendessen mit europäischen Bekannten in Paris meint Mishima an den Worten und Blicken, die sie ihm schenken, ihre große Distanz und Verachtung für ihn zu spüren. Er ist tief getroffen. Plötzlich beginnen ihm auch alle anderen Zeichen des Tadels aufzufallen, die ausbleibenden Buchpreise, die verhaltenen Besprechungen seiner Bücher, sein geringer Bekanntheitsgrad in der westlichen Hemisphäre, der in so krassem Gegensatz zu seiner Popularität in Japan steht. Völlig unfähig, zu einer ausgewogenen Beurteilung zu kommen, völlig unfähig auch, sowohl japanisch als auch weltoffen zu sein, wendet er sich aus seinem zeitweiligen Extrem der Verleugnung alles Japanischen abrupt dem alten Japan der ritterlichen Werte und des religiösen Brauchtums zu – dem Japan also, das es nicht mehr gibt.

Nippon, das Land der aufgehenden Sonne, hat sich zusammen mit der übrigen Welt verändert; die alten Götter sind besiegt. Amerikanische Soldaten haben die neuen Idole mitgebracht: James Dean und Elvis Presley, Cola und Marihuana. Gewaltige Autokonzerne entstehen, Handelsketten dominieren das Stadtbild, Mannequins und Plüschtiere die Schaufenster. Wie ein Fremder geht Mishima plötzlich durch Tokio und traut seinen Augen nicht. In seiner Jugend hat er die Entwicklungen aus Desinteresse ignoriert, in seinen mittleren Jahren hat er sie nicht gesehen, weil er selbst Teil dieser modernen Zeit war. Aber nun, ein Bekehrter, den Westen und seine Mitbringsel ablehnend, will er diese Zeit bekämpfen.

Mishima beginnt mit seinem eigenen schmächtigen Körper, den er trainiert und zu Hochform bringt, ja sogar mittels fernöstlicher Kampfübungen zu einer Waffe macht. Es folgt die moralische Konsolidierung seiner Position, denn wer im Glashaus sitzt, kann schlecht mit Steinen werfen. Er heiratet Yoko, eine ihm bis dahin fremde Frau, die ihm von einem professionellen Heiratsvermittler zugeführt wird. Er lässt ihr offenbar große Freiheiten, und auch er selbst hat keineswegs seine sexuellen Vorlieben abgelegt, sondern lebt sie – mit Wissen Yokos – weiter aus. Die beiden Kinder, die aus der Verbindung hervorgehen, sind jedenfalls nicht die Früchte wahrer Leidenschaft, sondern eher eine Konzession an die Notwendigkeit für einen Ultrakonservativen, einen einwandfreien Hintergrund zu haben.

Richtungslos feuert er ab Ende der Fünfziger seine verbalen Salven mal gegen die Wirtschaftskartelle ab, dann gegen den politischen Klüngel, gegen den Luxus und die

Verarmung der Religion. Als sei der Geist seiner lange verstorbenen Großmutter in ihm wiedergeboren worden, wettert er in seinen Schriften gegen die Veränderungen der Gegenwart, die Verwestlichung Japans. Ganz so, wie manche in der Weimarer Republik gern das Bild des von den Siegermächten geknebelten Deutschland heraufbeschworen und die Rückkehr zum starken Staat gefordert haben, ganz so empfindet nun auch Mishima sein Land verfälscht. Der Tenno, der Kaiser, meint Mishima, hätte nach Kriegsende nicht erklären dürfen, nicht länger ein Enkel des Sonnengottes zu sein. «Warum ist der Kaiser Mensch geworden?», schreit Mishima ohnmächtig in ein Gedicht hinein.

«Mutige Soldaten sind gestorben, weil ein Gott sie kämpfen geheißen hatte, und weniger als ein halbes Jahr später wird dieser Kampf abgebrochen, weil ein Gott die Feuereinstellung befohlen hatte. Aber Ihre Majestät hat erklärt: In Wahrheit bin auch ich ein Sterblicher. Und das weniger als ein Jahr, nachdem wir als Granaten gegen die Bordwände der feindlichen Schiffe gefeuert wurden, für unseren Kaiser, der ein Gott war.»

Immer mehr verfällt er dem Nationalismus, schreibt sogar ein Buch über Ernst Röhm, den er bewundert. Literatur jedoch genügt ihm schon bald nicht mehr; in ihm beginnt, eine böse Idee zu reifen.

Mishima gründet die Schildgesellschaft, ein harmloser Name für eine Hundertschaft von extremen Nationalisten, die neben ihrer gemeinsamen politischen Anschauung auch die Vorliebe für den Kampf teilen. Gestern noch Zivilist, ist er nun Führer eines paramilitärischen Verbandes.

«Die Schildgesellschaft ist eine Armee im Wartestand.

Unmöglich zu wissen, wann unser Tag kommt. Vielleicht nie, vielleicht aber auch schon morgen. Bis dahin bleiben wir in Hab-Acht-Stellung. Keine Straßendemonstrationen, keine Plakataktionen, keine Auseinandersetzungen mit Molotow-Cocktails oder Steinwürfen. Bis zum letzten und schlimmsten Augenblick weigern wir uns, uns durch Handlungen bloßzustellen. Denn wir sind die kleinste Armee der Welt und die größte an Geist.»

In Wahrheit gibt es nicht viel Geistiges in der Organisation, die Mishima alleine bezahlt und ausrüstet. Es wird gesungen, Sport getrieben, in den allzu theatralischen Uniformen exerziert; ab und an wird vom «Kommandanten Mishima» eine Wehrübung abgehalten. Alles erinnert ein wenig an die Hitlerjugend, und nicht zufällig bedeutet der Name, den er dieser Truppe gibt, im englischen «Shield Society», abgekürzt SS. Zu seinem Stellvertreter ernennt Mishima seinen Gefährten und Liebhaber, Morita, einen zwanzigjährigen, schönen, trainierten Mann, der deutlich an all die tapferen, aber dummen und gewalttätigen Helden in Mishimas Büchern erinnert. Die letzte Strecke ihres Weges gehen die beiden gemeinsam.

Während die Schildgesellschaft zu einem Terrorinstrument ausgebildet wird, arbeitet Mishima weiter als Schriftsteller – als «nationaler» Schriftsteller – und macht sich an sein größtes literarisches Projekt, sein letztes und verräterischstes, in dem er der Prophet seines eigenen weiteren Werdeganges wird. Im Zentrum des vierteiligen Romanzyklus steht der stille und dennoch verzweifelte Kampf des Protagonisten Honda gegen die Hässlichkeit der neuen Zeit. Immer wieder verliebt Honda sich in junge Männer, die denken wie er, und einer von ihnen, Isao, der sehr an den real vorhandenen Morita erinnert, versucht im Buch mit einem Staatsstreich gegen die demokratische Regierung das Rad der Geschichte zurückzudrehen.

Offenbar glaubt der Schöpfer Isaos, Yukio Mishima, tatsächlich, mit einem Putsch und der nachfolgenden Rückkehr zum Kaiserkult, eine nicht aufzuhaltende Entwicklung aufhalten zu können: die Modernisierung und Liberalisierung der Gesellschaft. Er träumt von einer Moral und einer Zeit, die längst vergangen ist. Im entscheidenden Punkt sind seine Visionen diejenigen eines Mussolini, der sich die Auferstehung des Römischen Imperiums wünschte, oder eines Hitler, der Deutschland den sagenhaften germanischen Wurzeln entgegensehnte. Isao probt den Putsch, der Mishima vorschwebt.

Als Mishima den vierten und letzten Band beendet hat, gibt er dem Zyklus seinen Namen: «Das Meer der Fruchtbarkeit». Die Tetralogie verdankt ihren Titel einer Ebene auf dem Mond, die von den alten Astronomen so getauft wurde, in einer Epoche, als man noch an irdische Verhältnisse auf unserem Trabanten geglaubt hat. Unser Jahrhundert hat natürlich erforscht, dass das «Mare foecunditatis» ebenso trostlos und unfruchtbar ist wie alles auf dem Mond. Mishima weiß es auch. Über vier Lebensphasen Hondas spannt sich der massige Roman, aber am Ende bleibt dem großen Helden Honda, der in Wahrheit Yukio Mishima ist, nur der Tod jedes Geliebten und der Verlust jeder Illusion, nur die Leere, die Trostlosigkeit des Mare foecunditatis. Er hat nichts mehr zu verlieren.

Am Morgen des 25. November 1970 betreibt Mishima sorgfältigste Körperpflege, legt sich seine Paradeuniform an, ruft einige Journalisten an und bestellt sie zum Gebäude des Verteidigungsministeriums. Danach schickt er sein letztes Manuskript an seinen Verleger und hinterlässt seiner Frau auf dem Schreibtisch einen Zettel: «Das menschliche Leben ist kurz, ich aber möchte ewig leben.»

Er fährt mit ein paar Kampfgenossen seiner Schildgesellschaft und mit Morita zum Ministerium. Dort gelingt es Mishima mittels eines Tricks, den Oberkommandierenden der japanischen Streitkräfte in seine Gewalt zu bekommen und sich im Gebäude zu verschanzen. Einen Versuch der Soldaten, ihren Kommandeur zu befreien, kann Mishima mit Gewalt zurückschlagen, wobei sieben Truppenangehörige zum Teil schwer verletzt werden. Aus allen Fenstern werden nun von ihm nationalistische Transparente entrollt, in denen zum Umsturz aufgerufen wird.

Inzwischen herrscht in Tokio Krisenstimmung. Einheiten des Militärs sind in Alarmbereitschaft versetzt worden; die Regierung ist unterrichtet, der Kaiser benachrichtigt worden. Der Putsch hat das Ziel, ihn wieder zum Alleinherrscher zu machen, und noch ist nicht klar, wie der alte Mann, der als Gott geboren wurde und nach dem Krieg als blasser konstitutioneller Monarch weiterlebte, reagieren wird. Werden militärische Einheiten zu Mishima überlaufen? Tatsächlich hofft Mishima, einige hundert Soldaten auf seine Seite zu bringen und die Armee in Aufruhr zu versetzen. Gleich hinter dem Ministerium und nur durch einen Hof getrennt sind in einer Kaserne mehrere Kompanien des japanischen Heeres untergebracht. Mishima tritt auf den Balkon, um diese Mannschaft von seinen Zielen zu überzeugen. Aus dem Schriftsteller ist ein Demagoge geworden, aus dem Menschen ein Terrorist, kurz nachdem er es in seinen Büchern angekündigt hat:

«Wir sehen Japan sich am Wohlstand berauschen und in einem Nichts von Geist zugrunde gehen. – Unsere Grundwerte sind bedroht. – Der Kaiser hat in Japan nicht mehr den ihm zukommenden Platz.»

Fotografien dieses Moments auf dem Balkon zeigen ihn mit geballter Faust und weit aufgerissenem Mund, den faschistischen Diktatoren ähnelnd. Minutenlang schreit er und kreischt, doch dann fliegt ein Helikopter der Armee heran, kreist über dem Gelände und übertönt mit seinem Motorengeräusch jedes Wort Mishimas. Er spricht nur noch für sich, niemand hört ihn mehr. Seine rückwärts gewandten Phantasien ersterben – welche Ironie! – im Lärm der modernen Welt. Und Mishima mit ihnen.

In seiner Novelle «Patriotismus» hatte Mishima einige Jahre zuvor bereits beschrieben, was er nun tun wird, mehr noch, er hat die Novelle erst kurz zuvor mit sich selbst als Regisseur und Schauspieler verfilmt. Wer hätte ahnen können, dass der Film die Generalprobe zur Wirklichkeit würde? Noch immer steht Mishima auf dem Balkon des Ministeriums, in ganzer Kraft. So will er nun sterben, wie die Phantasiegestalten seiner Jugendjahre gestorben sind. Er – ein japanischer Sebastian, als der er sich vielleicht sieht – schlitzt sich langsam, nach einem uralten, seit Jahrzehnten nicht mehr praktizierten Ritual, den Bauch auf, den Schrei «Tenno heikai Banzai!» (Lang lebe der Kaiser) in die Welt grölend. Doch etwas geht schief: was ihn umbringen sollte, verletzt ihn nur. Mishima hockt auf dem Boden des

Balkons, blutet aus. «Köpfe mich», schreit er Morita an, den Gefährten, und nach kurzem Zögern holt Morita tatsächlich aus und lässt das Samurai-Schwert auf den Nacken des Leidenden niedersausen. Doch er versagt. Sein Schlag ist zu schwach, verwundet Mishima lediglich. Tränen stehen den beiden im Gesicht, Mishima die des Schmerzes, Morita solche des Abschieds. Vielleicht begreift der Zwanzigjährige erst jetzt, was geschieht. Seine Liebe zu Yukio Mishima ist zu groß, die Tötung des Geliebten gelingt ihm nicht. Lieber stirbt er selber. Er holt kein weiteres Mal zu einem Schlag aus, sondern greift sich ein Messer, rammt es sich in den Bauch. Aber sein Stoß ist halbherzig und tötet ihn nicht. Nun liegen sie beide am Boden, zwei muskulöse Körper am Ende ihrer Kräfte, und nehmen Abschied voneinander. Ein anderer Kämpfer tritt hinzu, köpft Mishima und gleich darauf Morita. Es ist vorbei.

Die Revolte ist beendet und Nippon atmet auf. Polizisten führen die übrigen, sich ergebenden Putschisten ab, Journalisten fotografieren das Blutbad, und irgendjemand nimmt die Köpfe und stellt sie wie Theatermasken eines japanischen Schauerstücks nebeneinander auf.

Michael Kühnen:
der rechte Verführer
(1956 – 1991)

Alle Mittel der Demokratie müssen genutzt werden, um sie zu beseitigen.
(*Michael Kühnen*)

Am 29. Januar 1991, kurz nach der Besetzung Kuwaits durch irakische Truppen, bringt der Hessische Rundfunk eine erstaunliche Meldung: Eine Gruppe um den Neonazi Michael Kühnen beabsichtige, sich dem Irak als Freiwilligenlegion zur Verfügung zu stellen. Gemeinsamer Hass gegen alles Jüdische, vor allem aber propagandistische Überlegungen haben ein übles Bündnis entstehen lassen. So sehr Sadam Hussein ideelle Unterstützung braucht, um die geschlossene Front der demokratischen Welt gegen ihn bröckeln zu lassen, so sehr braucht Michael Kühnen die Aufmerksamkeit der Presse, getreu seiner alten Devise: «Zuerst müssen wir bekannt sein, dann können wir beliebt werden.»

In einem Vertragsentwurf sind die Bedingungen des Einsatzes formuliert. Die Freiwilligenlegion wird mindestens zweihundert Mitglieder aus Deutschland, Großbritannien und den USA umfassen und den Streitkräften des Irak zur Verfügung stehen. Im Gegenzug soll Michael Kühnen der Kommandant der Truppe werden. Die Ankündigung dieser Kooperation schlägt im In- und Ausland hohe Wellen, bewirkt also genau das, was Kühnen beabsichtigt. Wie viele Jugendliche werden diesen jüngsten Coup des Verführers «geil» finden? Wie viele werden Kühnen für seinen vermeintlichen Mut bewundern? Doch bereits zum Zeitpunkt der von der rechtsextremen Szene bejubelten Ankündigung steht in der Führungsriege von Kühnens Vereinigung längst fest, dass es nie zu einem Einsatz im Irak kommen wird. «Kommandant Kühnen» ist todkrank, im Endstadium von AIDS, und diese Propagandamasche war sein definitiv letzter Coup.

Der am 21. Mai 1955 geborene Michael Kühnen wächst in einem gutbürgerlichen Haus auf. Die Eltern sind katholisch religiös und schicken ihren einzigen Sohn zeitweise sogar auf eine Klosterschule. Vielleicht treibt ihn ein innerer Protest gegen diese oktroyierte Frömmigkeit, gegen die strenge Moral, in die Arme von Nietzsches atheistischer Philosophie, die gerne von Rechtsextremen zu Propagandazwecken missbraucht wird.

Zu diesem Zeitpunkt, um 1969, ist die NPD profiliert und in sieben Länderparlamenten vertreten. Von ihren Erfolgen wird auch Michael Kühnen, der junge Schüler, angezogen. Er tritt in die Partei und deren Jugendorganisation «Junge Nationaldemokraten (JN)» ein. Wie manch anderer in seinem Alter beginnt er seine «Karriere» mit Hakenkreuzschmierereien, mit Kritzeln von NS-Parolen auf Schultafeln und Wände, mit dem Klopfen antisemitischer Sprüche und anderen weit verbreiteten Provokationen. Doch während seine Kameraden in der JN Anonymität vorziehen, nur im vertrauten Kreis den Mund voll nehmen, entwickelt sich bei Michael Kühnen bereits jener Drang zur Selbstdarstellung, der später sein Markenzeichen sein wird.

Als die Misserfolge der NPD sich häufen, als sie im Bundestagswahlkampf an der Fünf-Prozent-Hürde scheitert, als ihre Autoritäten sich zerstreiten und eine Spaltung droht, wendet Kühnen sich rasch von NPD und JN ab. In den folgenden Jahren wechselt er die Organisationen, denen er angehört, wie Wäsche. Seine Zugehörigkeiten sind noch willkürlich, ohne Struktur. Zunächst geht er zur «Aktion Neue Rechte ANR», die für Militanz in der rechten Bewegung steht. Dann jedoch wendet er sich einer maoistischen Partei zu, einer «Art chinesischem Nationalsozialismus», wie er meint. Es folgt die «Aktionsgemeinschaft Vierte Partei AVP», die eher ultrakonservativ als rechtsextrem ausgerichtet ist, und schließlich die «Deutsche Bürgerinitiative DBI», die sich für die Abschaffung der Demokratie einsetzt.

Noch während dieses orientierungslosen Taumels zwischen den rechten Vereinigungen tritt er 1974 seinen Wehrdienst an, verpflichtet sich als Zeitsoldat und steigt innerhalb von drei Jahren zum Leutnant auf, studiert sogar auf der Bundeswehrakademie. Hier, inmitten des Militärs, inmitten von Uniformen, starrer Hierarchie und «Führerprinzip» fühlt Michael Kühnen sich aufgehoben.

Das Jahr 1977 bringt die entscheidende Wende im Leben Kühnens, weg von den Geborgenheiten in Parteien und Militär, hin zur Eigenständigkeit. All die älteren Vorsitzenden rechter Parteien wie DBI und BBI haben den klugen, viel versprechenden jungen Mann viele Jahre an die Hand genommen, haben ihm ihre Philosophien eingetrichtert und ihn gelehrt, sie geschickt zu präsentieren. Langsam haben sie Michael Kühnen zu einer wichtigen Nachwuchsführungskraft ihrer Bewegung gemacht. Er darf Mitglieder «betreuen», darf Jugendliche in dubiose «Freizeitvereine» locken und sie dort indoktrinieren, darf Gruppen aufbauen, aufhetzen, militarisieren und schließlich auch leiten. Wirkliche Führung aber, ein strategisches Mitspracherecht zum Beispiel, das geben sie ihm nicht.

Mit solch einer zweiten oder dritten Position gibt sich ein Mensch wie Michael Kühnen nie zufrieden; er eignet sich nicht zum Stellvertreter oder Abteilungsleiter, zum Knecht anderer Interessen, er muss an der Spitze stehen. Schon mit zweiundzwanzig Jahren glaubt er sich zu einem Führer berufen, fühlt sich den alten Funktionären mit ihrer verschrobenen Medienpolitik und Werbestrategie überlegen. Ihm schwebt ein neuer Stil der Rechtsradikalität vor, eine moderne Propaganda, also eine kreative Verpackung für den verstaubten, hässlichen Inhalt.

Am 8. Mai 1977 bricht er mit seinen Lehrmeistern und gründet – noch ganz unscheinbar – mit zwei Freunden seine eigene Vereinigung, den «SA-Sturm Hamburg», den er bald darauf in «Aktionsgemeinschaft Nationaler Sozialisten (ANS)» umbenennt. Zwar bringen ihm seine rechtsradikalen Aktivitäten die unehrenhafte Entlassung aus der Bundeswehr ein, aber dies spornt ihn eher noch an, als dass es ihn hemmt. Er plant, die ANS für die Hamburger Bürgerschaftswahlen aufzustellen, die im Herbst 1978 anstehen. Natürlich weiß Kühnen, dass die ANS nur eine in einem halben Dutzend rechtsextremer Gruppierungen ist, die an den Wahlen teilnehmen möchten; daher versucht er von Anfang an, sich von diesen abzuheben. Die NPD und die anderen Rechtsextremen legen sich bei aller Schärfe ihrer Parolen dennoch das Mäntelchen der Verfassungstreue um; sie agitieren zwar aggressiv, aber sie enthüllen auf ihren Plakaten und Wahlveranstaltungen dennoch nicht ihre tatsächlichen Absichten, sondern bleiben vorsichtig. Keiner aus ihren Führungskadern würde sich jemals öffentlich als Hitlerfan bezeichnen, niemand würde verbotene Symbole oder Uniformen tragen.

Kühnen ist anders: Von Anfang an steht er unverblümt für seine extremen Positionen und für seine geradezu kultische Bewunderung alles Nazistischen ein. Er will um seine Überzeugung von der Richtigkeit des Nationalsozialismus nicht herumlavieren müssen, sondern im Gegenteil, er will sie als etwas verkaufen, worauf jeder stolz sein darf – die Negation des Bösen also. Berüchtigt und im ganzen Land bekannt wird zum Beispiel seine Idee, mit einigen Anhängern in Eselsmasken durch die Hamburger Innenstadt zu ziehen und Transparente zu tragen: «Ich Esel glaube noch, dass in deutschen KZ Juden vergast wurden».

Michael Kühnen ist ein ausgesprochen taktisch denkender Mensch, und er erkennt früher als andere Rechte das Hauptproblem der nazistischen Bewegung: die Frage der Wählbarkeit. Was so manchen sympathisierenden Filzhutträger davon abhält, sich zu den Rechtsextremen öffentlich und auch in der Wahlkabine zu bekennen, sind die entsetzlichen Verbrechen der Nazis in den Konzentrationslagern. Gerade weil Kühnen ein nüchterner Kopf ist, kann niemand mit Sicherheit sagen, ob er im tiefsten Innern wirklich glaubt, es seien keine Juden vergast worden, oder ob es pure Raffinesse ist, die ihn diese ungeheuerliche Behauptung aufstellen lässt.

So oder so, die Taktik, die hinter seiner abstoßenden Aktion steckt, ist offensichtlich: Sind erst einmal Zweifel an den Gräueln des Dritten Reiches geweckt worden, dann sinkt auch die Hemmschwelle der Menschen auf dem Weg nach rechts außen. Kühnens Strategie ist die rücksichtslose Offensive, sie prägt seinen ganzen Charakter.

In diesem Zusammenhang ist auch sein Selbstouting als Schwuler zu sehen: Michael Kühnen will um keinen Preis mit dunklen Geheimnissen angreifbar sein. Wenn die Menschen die Homosexualität abstoßend finden, so wird er sie dennoch nicht leugnen, sondern einfach zeigen, wie charmant, wie freundlich, zugänglich und doch selbstbewusst Homosexuelle sein können. Dabei geht er nicht so weit, Einzelheiten seines Privatlebens preiszugeben – nie erfährt man etwas über seine Beziehungen, nie ist eine Liebschaft an seiner Seite zu sehen. Er bemüht sich konsequent, zur Homosexualität als Begriff zu stehen, aber er weiß es stets zu vermeiden, von ihr ein anschauliches Bild zu geben. Das könnte die Anhänger überfordern. Und seine Rechnung geht weitgehend auf: Er wird von den meisten Mitgliedern und Sympathisanten voll akzeptiert. Dabei helfen ihm sein zu jener Zeit blendendes Aussehen sowie seine joviale Art, die er wie auf Knopfdruck ein- und auszuschalten vermag. Michael Kühnen ist der erste echte Medien-Neonazi.

Der Hintergrund jedoch ist grausig. Um auf seine ANS aufmerksam zu machen, klebt Kühnen in den Monaten vor der Wahl unermüdlich rassistische und volksverhetzende Plakate, in denen Abneigung gegen Minderheiten geschürt und für ein Großdeutsches Reich geworben wird. Unverblümt marschieren er und seine Kameraden in Uniformen auf, die sehr an diejenigen der SS erinnern, und ziehen damit die Aufmerksamkeit der Medien und bald auch der Bevölkerung auf sich. In seiner von ihm selbst herausgegebenen Untergrundzeitung «Neue Front» stilisiert er seine Vorbilder, die Nazigrößen Heß, Röhm und Göbbels, zu Helden; Hitler wird von ihm gar als «Heilsgestalt der arischen Rasse» gefeiert. Auch die Anwendung von Gewalt – die er in «revolutionäre Aktionsbereitschaft» umtauft – erlaubt er seinen Mitgliedern, solange sie der Inszenierung dient. Dass er binnen weniger Monate mehrmals wegen Aufstachelung zum Rassenhass und Kleben verbotener Plakate verhaftet wird, dass Ermittlungsverfahren gegen ihn eingeleitet werden, stört ihn wenig. Sein erstes Ziel hat er dennoch erreicht: Er wird wahrgenommen. Die ANS, spekuliert Kühnen, wird damit nicht bloß eine Buchstabenfolge auf einem ellenlangen Wahlzettel sein, vielmehr werden die Wähler sie mit einer bestimmten Form von Aktion assoziieren und damit langsam verinnerlichen.

Sein Vorhaben ist klar: Er will die Führungsfigur innerhalb der rechtsextremen Szene werden. Aber Kühnen denkt weiter, ist zu klug, um nicht zu wissen, dass sich allein mit hetzerischen Parolen nicht viele Stimmen fangen lassen. Daher werden auch populäre Forderungen in das «Kampfprogramm» der ANS aufgenommen, wie der Ausstieg aus der Atomkraft oder – im Zeitalter des von vielen Bürgern gefürchteten und gehassten RAF-Terrors – das energische Vorgehen gegen linksradikale Gruppen.

Doch dann verläuft nicht alles nach Plan: wenige Wochen vor der Wahl werden mehrere ANS-Mitglieder bei Überfällen auf ein Munitionsdepot der Bundeswehr, einen NATO-Stützpunkt sowie auf Sparkassen und private Geschäftsleute erwischt und verhaftet. Und nun handelt auch die Justiz. Michael Kühnen wird wegen mehrerer Vergehen, in der Hauptsache jedoch wegen Gründung einer terroristischen Vereinigung festgenommen und bald darauf vor Gericht gestellt. Es scheint das Aus für Kühnen und die ANS zu sein.

Ja, es hätte das Aus sein müssen, aber es kommt anders. Die Geschehnisse während des «Bückeburger Prozesses» im August 1979 gelten heute, über zwanzig Jahre später, als Skandal, aber schon damals wurde heftige Kritik an der Verhandlungsführung des Richters und dem anschließenden Urteil laut. Michael Kühnen könnte sich auf der Anklagebank reuig zeigen und auf die Milde einer bedächtigen Justiz setzen, stattdessen nimmt er kein Blatt vor den Mund und verwandelt den Gerichtssaal kurzerhand in eine Rednertribüne, verbreitet seine NS-Ideologie. Der Richter unternimmt kaum einen Versuch, den jungen Kühnen zu unterbrechen, so dass dieser sich frei entfalten kann. Selten hat Kühnen klarer Tacheles gesprochen als in diesem Saal, selten hat er aggressiver argumentiert, unverschämter beleidigt und heftiger gewettert als dort. Die Atmosphäre eines Gerichts scheint ihm geradezu Ansporn zu sein. Wie Adolf Hitler 55 Jahre zuvor im Hochverratsprozess nach dem gescheiterten Münchner Putsch, so präsentiert sich nun auch Kühnen nicht als Besiegter, sondern als Angreifer. Immer wieder erntet der rhetorisch Begabte gefälliges

Lachen, beistimmendes Kopfnicken und sogar Applaus. Sobald er eine seiner schlagfertigen Wendungen zum Besten gegeben hat, wendet er sich grinsend um, lächelt selbstbewusst der Zuschauertribüne zu, fährt sich mit Hitler'scher Geste kokett durch die schwarzen Haare und lässt sich bejubeln. Die Nürnberger Nachrichten berichten von anwesenden «paramilitärischen Wehrsportlern, gerade volljährigen SA-Stürmern, Hakenkreuzschmierern, Bombenbauern und Bombenlegern».

Zwei Wochen lang ist Michael Kühnen der ungehemmte Held des Saales. Am Ende wird er zwar der Volksverhetzung, Verherrlichung von Gewalt etc. für schuldig befunden und zu vier Jahren Haft verurteilt, jedoch vom wichtigsten Vorwurf, der Gründung einer terroristischen Vereinigung, freigesprochen. Die ANS wird nicht verboten. Als Begründung dafür werden sogar Kühnens Plakate mit der Aufschrift «Kauft nicht bei Juden!» als «gängiger Boykottaufruf» eingestuft.

Die Verurteilung zu vier Jahren Haft bringt Michael Kühnen Vor- und Nachteile. Innerhalb der Szene ist er, der Vierundzwanzigjährige, wegen seines spektakulären Auftritts vor Gericht in kürzester Zeit zur Symbolfigur geworden. Er hat persönliche Interessen hinter die Ideologie gestellt und gilt fortan als mutig und außerordentlich willensstark, genau das, was Orientierungslose und Menschen mit gering ausgeprägtem Selbstbewusstsein als Leitfigur benötigen. In der Haft schreibt er ein Ernst Röhm gewidmetes Buch mit dem Titel «Die zweite Revolution», eine demonstrative Parallele zu Hitler, der in der Festungshaft sein politisches Credo «Mein Kampf» verfasste.

Und doch verliert Michael Kühnen in diesen Jahren einen Teil der Kontrolle über die ANS. Natürlich bleibt er über Freunde, die ihn besuchen, in Kontakt mit der Organisation und versucht, sie von der Zelle aus zu leiten, natürlich auch hat er treue Paladine, die sein Fähnchen weiterhin hochhalten, aber einige Querschläger innerhalb der ANS versuchen schon bald, sich selbst zu profilieren. So wird zum Beispiel im Mai 1981 der mit Kühnen befreundete Kamerad Johannes Bügner von eigenen Leuten wegen seiner Homosexualität ermordet, ein Akt, der von Michael Kühnen weder verhindert noch gesühnt werden kann. Dazu kommt, dass seine Jahre in der Haft eine psychische Belastung darstellen. Leicht steckt er diese Zeit jedenfalls nicht weg, und seine Furcht, eines Tages erneut im Gefängnis zu landen, ist groß.

Schon bald nach seiner vorzeitigen Entlassung Ende 1982 geht Michael Kühnen mit neuem Elan ans Werk. Seine ANS ist ihm zu klein, und so führt er 1983 die Vereinigung mit den «Nationalen Aktivisten (NA)» herbei und übernimmt die Führung dieser neuen, jetzt 300 Mitglieder umfassenden «unerschütterlichen Gemeinschaft», wie Kühnen sie nennt. Der neue Schwerpunkt der Propaganda und Mitgliederwerbung der ANS/NA wird von Norddeutschland nach Hessen verlagert, mit dem kleinstädtischen Langen als «Hauptstadt der Bewegung». In diesem sowohl industriell erschlossenen wie auch ländlich geprägten Bundesland, das zudem über einen in manchen Regionen ausgeprägten Anteil an Ausländern verfügt, glaubt Michael Kühnen den nötigen Nährboden für seine rassistische Propaganda zu finden. Und tatsächlich scheint die Rechnung zunächst aufzugehen, die Mitgliedszahlen steigen an. Doch bei der hessischen Landtagswahl im Herbst 1983 fährt die von Kühnen unterstützte und von ihm abhängige Partei AAR trotz – oder wegen – heftigster Hetze lediglich 890 Stimmen ein (null Komma null Prozent) und bleibt damit weit hinter den selbst gesteckten Erwartungen zurück.

Die volksverhetzenden Tiraden während des hessischen Landtagswahlkampfes haben noch ein Nachspiel und führen zu Ermittlungsverfahren gegen Kühnen sowie im Dezember 1983 zum überfälligen Verbot der ANS/NA durch den Bundesinnenminister. Doch mehr als den Namen der Vereinigung hat man Kühnen damit nicht geraubt. Er gründet einfach eine neue Vereinigung mit dem scheinbar harmlosen, an einen Literaturklub erinnernden Namen «Leserkreise», mit dem in Wahrheit aber die Bezieher der Untergrundzeitung «Neue Front» gemeint sind. Außerdem splittert er seine Bewegung auf, verteilt die Anhänger auf Vereine wie die «Taunusfront» oder die «Frankfurter Front», um den Verfassungsschützern die Übersicht zu erschweren.

Als Kühnen im März 1984 eine weitere Verhaftung wegen der altbekannten Delikte und eine neuerliche mehrjährige Haftstrafe droht, entscheidet er sich zur Flucht ins Ausland. Über die Schweiz und Italien gelangt er nach Frankreich. Was jedoch auf den ersten Blick wie ein Road-Movie wirkt, ist in Wahrheit bar jeder Romantik. Michael Kühnen ist völlig pleite, sogar verschuldet, und er kann sich nur mittels bescheidener, ja sogar entwürdigender Geldzuweisungen, die schon seit Jahren über Mittelsmänner an ihn und seine Organisation gehen, über Wasser halten. Die Flucht spitzt diese Situation noch zu. Später wird er über seine finanzielle Lage schreiben:

«Im September 1977 verlor ich meine materielle Lebensgrundlage, als ich wegen meiner politischen Aktivitäten aus der Bundeswehr entlassen wurde. – Wer kann wirklich ermessen, was dreizehn Jahre materiell ungesichertes Leben an der Armutsgrenze und acht Jahre Gesinnungshaft für einen Menschen bedeuten? Es war immer ein menschlich zermürbender Kampf. – Ich bin maßlos verbittert über die bürgerlichen Nationalen, die mich mit guten Ratschlägen, mit Zwanzig- oder Fünfzig-DM-Spenden abspeisen. – Andere im nationalen Lager verdienen sich eine goldenen Nase –.»

Diese «anderen» haben unter anderem gute Kontakte nach Südamerika. Obwohl der *Konsum* von Drogen von den führenden Rechtsradikalen abgelehnt wird, so machen sich nicht alle von ihnen ein schlechtes Gewissen daraus, wenn sie mit Drogen *handeln*. Ob Kühnen je in derartige Machenschaften verstrickt war, ist unklar, aber verurteilt hat er solche Praktiken zur Geldbeschaffung nicht: «Wenn es der Sache nutzt, dann ist mir egal, woher die Gelder kommen», gibt er einmal in einem Gespräch mit einem Journalisten zu. Dennoch bleibt nach Kühnens Worten die fortwährende Beschaffung von Geld stets ein «schwieriges Kapitel».

Doch auf seiner Flucht leidet Kühnen noch unter anderen Ängsten, vor allem unter der Furcht, aufgespürt zu werden. Er ist ja keineswegs der kaltblütige Heros, als der er sich ausgibt. Seine Stärke ist die Rhetorik, das Zusammenschmieden von Menschen, die Motivierung Unentschlossener, der Aufruf zur «zweiten Revolution», also die Instrumentalisierung anderer, nicht der eigene körperliche Kampf auf den Barrikaden oder die Flucht vor der Staatsmacht. Hin- und hergerissen zwischen der Liebe zur Selbstdarstellung einerseits und der Furcht vor längerer Haftstrafe andererseits, gerät er in diesen Monaten so manches Mal an seine psychischen Grenzen.

Im Oktober 1984 gelingt es der französischen Polizei, den Flüchtigen in Paris festzunehmen. Kühnen wird nach Deutschland ausgeliefert und dort zu drei Jahren und vier Monaten Haft verurteilt. Erneut ist er zum Stillhalten verdammt. Hat er während seiner ersten Haft die Stagnation seiner Vereinigung und den teilweisen Verlust seiner Kontrolle über sie hinnehmen müssen, so ereilt ihn nun ein weit schlimmeres Schicksal, nämlich seine Entthronung als deren Führer.

Michael Kühnens Homosexualität ist in der «Bewegung», wie er seine Vereinigung gerne nennt, anerkannt, aber nicht vollständig unumstritten. Sein offener Umgang damit, die Tolerierung dieser erotischen Neigung durch seine Anhänger, ist dauerhaft nur deshalb möglich gewesen, weil Kühnen von Anfang an sehr geschickt ein zweites Idol neben Adolf Hitler für die Bewegung aufgebaut hat: den schwulen Ernst Röhm. Natürlich hat es dennoch immer Skeptiker in seinen eigenen Reihen gegeben, aber die Masse der Bewegung akzeptierte Kühnens Schwulsein.

Doch nun, abermals in der Haft, haben seine innerparteilichen Schwulenhasser freies Feld. Sie verbreiten gezielt die Furcht, dass mit der öffentlich bekannten Neigung ihres Führers die gesamte Ideologie des Nationalsozialismus und damit das Programm der Bewegung ad absurdum geführt würde. Die Nazis hatten Schwule ins KZ gesperrt, gefoltert und ermordet. Wenn man nun diese von Hitler befohlene Richtlinie nicht befolgen, ja als Irrtum bezeichnen würde, wie könne man dann glaubwürdig gegenüber den Mitgliedern und den Wählern behaupten, die anderen Richtlinien seien richtig? Mit welchem Recht könne man dann gegen Juden wettern, gegen Farbige, Behinderte, Obdachlose, Sinti und Roma und alle die anderen «Minderwertigen»?

Aufgehetzt von einer kleinen Minderheit, schließen sich immer mehr Mitglieder der Opposition gegen Kühnen an. Natürlich verstecken sich hinter den kritischen Bemerkungen über Kühnen kaum sachliche Bedenken, sondern zumeist primitive menschliche Eitelkeiten. Kühnen soll abgesetzt werden, damit andere die «Führer» werden können. Es ist nichts anderes als eine Palastrevolution von Ehrgeizlingen, die Michael Kühnen 1986, da er sich aus der Haft heraus nicht wehren kann, des Vorsitzes seiner Bewegung beraubt. Nur der hessische Landesverband widersetzt sich einer Entmachtung ihres «Chefs», wie sie ihn in Anklang an Röhms Lieblingstitulierung nennen. Doch sie können die Vorgänge nicht aufhalten. Kühnens innerparteiliche Erzgegner verkünden nach seiner erfolgreichen Demontage: Homosexualität sei «eine lebenszerstörende, krankhafte Abnormalität – Sollte es bei uns den einen oder anderen Schwulen geben, so ist er hiermit aus der Bewegung ausgeschlossen.»

Michael Kühnen bleibt nichts anderes übrig, als sich schriftlich gegenüber seinen Kameraden und der Öffentlichkeit zu verteidigen. In seinem Essay «Nationalsozialismus und Homosexualität» stellt Kühnen auf sechzig Seiten ebenso pathetisch wie wortreich eine pseudobiologische Theorie auf, wie sich diese beiden Begriffe trotz ihrer scheinbaren Widersprüchlichkeit dennoch vertragen. Doch dieses eine Mal haben die Worte dieses blendenden Rhetorikers keine Wirkung. Abgesehen davon, dass der Essay in seinen sachlichen Feststellungen zumeist blanker Unsinn ist, ist er auch viel zu kompliziert geschrieben, um von der Mehrzahl der Rechtsradikalen verstanden zu werden. Entmachtet und fast vergessen, «aus dem aktiven politischen Kampf» zurückgezogen, schreibt Michael Kühnen 1987 in seiner Zelle sein drittes und letztes Werk: «Das politische Lexikon der Neuen Front». Es scheint ihm nur noch der undankbare Platz des Parteiphilosophen zu bleiben.

Um so erstaunlicher ist die Wendung, die sich nur einen Tag nach seiner Haftentlassung am 1. März 1988 vollzieht. Als hätte ein mächtiger, wohlmeinender Freund ihm wieder auf die Beine helfen wollen, führt eine am 2. März groß angelegte, bundesweite Razzia der Polizei zur Verhaftung aller maßgeblichen innerparteilichen Gegner Kühnens, nur ausgerechnet der ihm treu ergebene hessische Verband bleibt als einziger von dieser Aktion verschont. Mit einem Schlag ist Kühnen wieder ganz oben.

Wie schon nach seiner ersten Haftentlassung, so sprüht er auch dieses Mal wieder voller Aktivität. Er gibt seiner Bewegung einen neuen Namen, die «Nationale Sammlung NS», und tatsächlich beabsichtigt er, seine Truppen dichter und straffer geführt denn je um sich zu scharen. Zunächst teilt Kühnen Deutschland in Gaue auf, von denen jeder einen Gauleiter erhält. Sie sollen einmal die Führungsriege des von Kühnen proklamierten «Vierten Reiches» sein; die Görings und Himmlers von morgen also – viele sind allerdings kaum volljährig, da es nur wenige erwachsene Mitglieder in Kühnens Bewegung gibt. Außer jenen Gauen, die mit den Bundesländern identisch sind, werden auch die Gaue «Ostmark» (Österreich), «Flandern» (Niederlande) und «Saar-Ruhr» (Elsaß / Frankreich) eingerichtet.

Im Übrigen gründet Kühnen mehrere Vereine, die als Vorfeldorganisationen gedacht sind. Mit ihnen soll die Schwelle für Interessierte gesenkt werden, sich rechtsextrem zu engagieren.

«Wir wollen jetzt erstmals eine Massengefolgschaft, eine große Zahl passiver, aber zahlender Mitglieder.»

Wer noch nicht zur «kämpferischen Elite» will oder darf, wessen Loyalität also noch erprobt werden muss, der also kommt in einen jener Vereine, für die Kühnen immer harmlosere Namen erfindet: Wer würde schon hinter der «Aktion Lebensschutz», dem «Arbeitskreis für deutsch-alternative Politik» oder der «Arbeitsgemeinschaft für ständische Wirtschaftsgestaltung» eine rechtsextreme Gruppierung vermuten? Für weniger zimperliche Beitrittswillige werden dagegen Vereine mit sehr deutlicher Titulierung erschaffen: Bezeichnungen wie «Antizionistische Aktion» oder «Bürgerinitiative gegen Kriegsschuld und antideutsche Gräuellügen» sprechen für sich.

Auch in anderer Hinsicht geht es in Kühnens Bewegung zur Sache. Die Ausbildung der besagten kämpferischen Elite wird vorangetrieben; in paramilitärischen Lagern von

Schleswig-Holstein bis in den Libanon erhalten einige seiner Männer das mentale und technische Rüstzeug, um bei der für die nahe Zukunft erhofften «großen Krise des Parteienstaates» die Machtübernahme herbeizuführen. Ihre militärische Schlagkraft erproben diese rechten Guerillas nicht bloß in eigens veranstalteten Manövern, sondern wenig später auf dem Balkan, wo sie für «die Erhaltung der weißen Rasse gegen das Serbentum» auf kroatischer Seite in den realen Krieg ziehen. Fast jeder in der Bewegung, sagt Kühnen einmal in einem Interview, habe sich auf die eine oder andere Weise ein privates Waffendepot angelegt: «Solche Sachen hat jeder verantwortungsvolle Kamerad in seinem Versteck.»

Allerdings gibt er auch die eindeutige Order aus, die Waffen vorerst nicht einzusetzen. Damit zieht er die Konsequenz aus der Vergangenheit, als rechte Terroranschläge wie auf dem Oktoberfest in München das «Ansehen» der Rechtsextremisten schwer beschädigten.

Seine organisatorische Neuordnung in den Jahren 1988/1989 wird abgeschlossen durch seine Zuwendung zur anderen Hälfte der Gesellschaft, den Frauen. Für sie gründet er – wie originell! – den «Mädelbund», eine Bezeichnung, die man schon aus Hitlers Reich kennt. Da sich Kühnens Verständnis von der Rolle der Frau an seinen nazistischen Vorbildern orientiert – er bezeichnet Frauen als «Naturwesen», während Männer «Kulturwesen» sind – wird der Mädelbund nichts anderes als eine Anti-Feministinnen-Bewegung, deren weibliche Mitglieder in einer fast bemitleidenswerten Form von Lebensmasochismus jede Gleichstellung ihres Geschlechts ablehnen.

Mit solch entwickelter Organisation ist Michael Kühnen bestens auf den Fall der Mauer und ein wiedervereinigtes Deutschland vorbereitet. Dass zwischenzeitlich seine NS verboten wurde, kompensiert er rasch mit der Gründung der «Deutschen Alternative DA», in der die gleichen Köpfe wie in der Vorgängerorganisation sitzen. Der Staat wird an der Nase herumgeführt – und die Medien ebenso. Niemand aus der rechten Szene beherrscht die Instrumentalisierung von Journalisten so gut wie Michael Kühnen. Er weiß, dass in den neuen Bundesländern ein gewaltiges Protestpotenzial unzufriedener junger Leute einzufangen ist, aber um sie wirklich auf seine Seite zu kriegen, muss er es schaffen, als Erster bekannt zu werden. Und dazu braucht und missbraucht er die Medien. Geschickt veranstaltet er daher spektakuläre Aufmärsche und provokante Aktionen, auf abgelegenen Plätzen werden Fackelumzüge in SS-ähnlichen Uniformen arrangiert, Heldengedenktage abgehalten und heidnische Rituale zelebriert. Viele Journalisten, dankbar für jede außergewöhnliche Meldung, zahlen Michael Kühnen sogar «Eintritt», um berichten und Fotos machen zu dürfen.

Auch zu einigen Mitgliedern der uniformierten Staatsgewalt findet Kühnen rasch den rechten Draht. Es gelingt ihm immer wieder in einer Mischung aus List und Charme, laut Gesetz verbotene Demonstrationen mit verfassungsfeindlichen Inhalten genehmigen zu lassen, und so verbinden viele Ostdeutsche die Plakate «Deutschland den Deutschen» und ähnliches Zeug sehr rasch mit Kühnens Bewegung. Sein Name wird auf diese Weise zum Begriff, und seine Anwerber haben leichtes Spiel, auf Fußballplätzen, in Pfadfinderlagern und den Kneipen der sächsischen, vorpommerschen und brandenburgischen Provinz Scharen junger Gefolgsleute zu rekrutieren. Er organisiert sogar selbst Musikproduktionen und richtet einen Eishockeytourismus ein, um in den gecharterten Bussen mit den Jugendlichen in ersten Kontakt zu kommen und sie seiner Organisation nahe zu bringen.

Als es ihm dann noch gelingt, zwei der maßgeblichen Leugner des Holocaust exklusiv für seine Bewegung zu gewinnen und sie als Dauerredner seiner Veranstaltungen zu präsentieren, gibt er innerhalb der entstehenden rechten Szene der neuen Bundesländer endgültig den Ton an. In manchen Städten Brandenburgs beherrschen Kühnens Horden zeitweise völlig das Stadtbild, und sogar in Berlin bringen seine Gesinnungsgenossen die ganze Weitlingstraße im Stadtteil Lichtenberg unter Kontrolle, machen sie zum quasi gesetzlosen Raum, indem sie Ausländer, Farbige und Linke verprügeln und vertreiben. Bald darauf legen sie im Keller eines Hauses der Weitlingstraße ein Waffendepot mit Pistolen, Gewehren und sogar Panzerfäusten an und planen in den «Stabsräumen» ungestört provokante Aktionen.

Michael Kühnen ist selbst gerne Gast in der Weitlingstraße, doch betätigt er sich – wie seit jeher – «lediglich» als Aufheizer der Jugendlichen. «Sobald es brenzlig wurde, ist er zusammen mit seiner engsten Clique abgehauen», berichtet sinngemäß ein ehemaliger Anhänger des Neonaziführers einem Fernsehteam. Die Schmutzarbeit überlässt Kühnen gerne den Skinheads, von denen er im Übrigen nicht viel hält:

«Die Skinheads, die sind verrückt und dumm. Sie denken nicht mit den Köpfen, sondern mit dem Bauch. Sie können zwar gute Soldaten sein, aber keine brauchbaren Menschen.»

Nein, er hat nichts übrig für die einfachen Knechte seiner Gesinnungsgemeinschaft, die kleinen Azubis und Handwerkergesellen mit den Schaftstiefeln und den grünen Bomberjacken, die sich allesamt auf den Versammlungen nur mit Dosenbier zulaufen lassen, statt seinen Reden zu lauschen. Schon sein großes Vorbild Hitler hat solche undisziplinierten Leute in seiner SS nicht geduldet, und Kühnen würde sie ebenso nicht dulden, wäre er nicht auf ihre Fäuste angewiesen. Er, der bürgerlich erzogen, klassisch gebildet und ideologisch bewandert ist, der drei Bücher geschrieben und zahllose Reden verfasst hat, der ein Martyrium in der Haft durchlebt hat, hält sich deshalb für besser als die anderen, ja, ist bei allem Nazismus im Kopf am Ende ein Stück weit Bourgeois geblieben.

In der zweiten Jahreshälfte 1990 verändert sich Michael Kühnens Aussehen auffällig. Sein Gesicht wird zunehmend hager, seine Statur fast klapprig. Die Stimmen werden lauter, die ihn verdächtigen, an AIDS erkrankt zu sein – nicht gerade werbewirksam für einen Neonazi. Es gelingt ihm zwar mittels zahlreicher Dementis, diese Gerüchte zunächst als unglaubhaft hinzustellen und sogar seine engsten Vertrauten im Unklaren über seinen wirklichen Zustand zu lassen, aber sein fortschreitender Verfall spricht schon bald Bände.

Und noch etwas verändert sich. Kühnen war zwar immer den Medien zugetan, aber hat doch stets dafür gesorgt, dass sie nur die Kulisse zu sehen bekommen, nie die Geschehnisse dahinter. Doch plötzlich gewährt er einigen

Journalisten, Buchautoren, sogar Kameraleuten, Einblicke in die Struktur der Bewegung, ihre Kontakte ins Ausland, ihre Finanzierung, die heimlichen Machtkämpfe. Damit schadet er der Bewegung, deren ungeschriebenes Gesetz Verschwiegenheit lautet, aber er nutzt sich selbst, denn auf diese Weise gelingt es ihm, sich vor der Öffentlichkeit als Dreh- und Angelpunkt der rechten Szene Deutschlands zu produzieren, sich aufzubauschen.

Michael Kühnen weiß zu diesem Zeitpunkt, dass er nicht mehr lange zu leben hat. Nur noch mit Mühe, unter Aufbietung seines ganzen Willens, kann er solche Aktionen wie den Röhm-Gedenktag und den Irak-Coup hinter sich bringen. Im Januar 1991 gibt Kühnen, mit brüchiger Stimme, sein letztes Interview, dann zieht sich der Fünfunddreißigjährige in ein kleines Haus in der thüringischen Provinz zurück, wo er sterben will.

Doch eine letzte, kleine Rache der staatlichen Ordnung macht diesen Wunsch Kühnens zunichte. Viele Jahre lang hat er verfassungsfeindliche Pamphlete gedruckt, er hat verbotene Symbole benutzt, gegen jede Menschlichkeit gewettert und zum Rassenhass aufgestachelt, aber kurz vor seinem Tod wird er wegen «Fahrens ohne Pflichtversicherung» vorläufig festgenommen. Als Polizisten ihn am 11. April aus seinem Haus abführen wollen, finden sie jedoch ein Wrack vor. Kühnen kann nicht aufstehen, nicht laufen, kaum sprechen. Vollständig haftunfähig, wird er ins Kasseler Krankenhaus gebracht. Bis zuletzt beharrt Michael Kühnen auf seinen kalten, menschenverachtenden Standpunkten, ja, noch am Tage seines Todes schwört er den Umstehenden, weiterzukämpfen.

Als Michael Kühnen am 25. April 1991 stirbt, lodern am Horizont bereits die feigen Feuer in Hoyerswerda, Mölln und Rostock. Seine Erben halten nicht viel von «politischer Provokation» und «waffenloser Politik», wie Kühnen sie – wenn auch nur aus taktischen Gründen – viele Jahre lang vertreten hat. Doch Heftigkeit ersetzt niemals organisatorisches Geschick, Hemmungslosigkeit niemals verkäuferisches Talent, und so zerfällt Kühnens Bewegung schon bald nach seinem Tod in mehr oder weniger aktive Einzelgruppen, die ihren Gründervater entweder als Märtyrer verehren oder als Schwulen verfluchen.

Jeffrey Dahmer: Der Massenmörder (1960 – 1994)

Wie würde es Ihnen gefallen, wenn Sie mit fünfzehn eines Morgens aufwachen und feststellen, dass Sie Phantasien darüber haben, eine Leiche zu lieben?
(*Dahmers Verteidiger an die Geschworenen*)

Kain erschlug den Abel. Von Anbeginn der Zeit, sagt die Bibel, gibt es das Verbrechen auf Erden, und von allen Verbrechen scheint den Menschen die Mordtat das schrecklichste. Abscheu und Furcht vor dem Töten eines anderen Menschen sind uns Jahrtausende hindurch in jede Faser geimpft, in jedes Empfinden gepresst worden, und so geht immer ein schrecklicher Aufschrei durchs Land, wenn ein Massen- oder Sexualmörder sein Unwesen treibt. Ein Krieg mit hunderttausend Toten, ein Tyrannenregime mit unzähligen Verschleppten und Gefolterten erschüttert die meisten Europäer und Amerikaner weit weniger als der gewaltsame Tod eines Einzelnen.

Jeffrey Dahmer hat siebzehn junge Menschen eigenhändig ermordet. Nicht wenigen Lesern wird Dahmer deswegen als der schlimmste aller Schurken in diesem Buch erscheinen, und doch stehen seine siebzehn Toten den hunderttausenden Opfern päpstlicher Inquisition gegenüber. Dahmer hat seine Opfer geköpft, doch die Guillotinen Robespierres haben das Gleiche bei Zehntausenden getan; Dahmer hat die Leichen zerstückelt, und doch sahen sie nicht schlimmer aus als die Millionen von Giftgas zerfressenen oder von Granaten zerfetzten Soldaten des ersten Weltkriegs, den Oberst Redl mitverschuldet hat. Was Dahmers Tat für den empfindsamen Menschen so eindringlich macht, ist ihre Unmittelbarkeit. Er hat eben nicht von Ferne einen Tod per Hinrichtungsdekret oder Kriegserklärung angeordnet, er hat nicht über Umwege dafür gesorgt, dass eine Hatz Menschen in den Selbstmord treibt; er hat nicht einen Befehl zum Töten gegeben, sondern er hat das Leben mit eigener Hand ausgelöscht. Jeffrey Dahmer ist nicht der größte Schurke in diesem Buch, aber seine Taten sind ganz sicher die scheußlichsten.

Exakt zum Beginn der Geisterstunde, um Mitternacht zwischen dem 22. und 23. Juli 1991 öffnet der US-Officer Rolf Mueller den Kühlschrank der Wohnung 213 in der North 25th Street 924 in Milwaukee und setzt damit den Schlusspunkt unter eine der schrecklichsten Mordserien in der Geschichte der Vereinigten Staaten. Im Zimmer nebenan wird der Wohnungsinhaber Dahmer von Muellers Kollegen, Robert Rauth, bewacht. Mueller greift nach einer Pappschachtel, wie sie für Torten benutzt wird, und zieht sie aus dem Kühlschrank heraus. Er öffnet sie – und klappt sie sofort wieder zu, schließt eilig den Kühlschrank. Atemlos fordert er Verstärkung an, denn in der Pappschachtel liegt ein menschlicher Kopf. Und noch in der gleichen

Stunde verharren herbeigerufene Fahnder in fassungslosem Schweigen angesichts der ersten Objekte, die sie zutage fördern: Außer jenem Kopf im Kühlschrank finden sie in einer großen Gefriertruhe drei weitere Köpfe sowie menschliche Organe und einen männlichen Torso, in einem Kochtopf ein paar Hände und Genitalien, in Schubladen Skelettteile, in Regalen Totenschädel.

Neben diesen eindeutigen Anzeichen des Horrors werden jedoch auch Gegenstände des alltäglichen Bedarfs registriert, deren wahre Bedeutung erst viel später von Dahmer selbst und einer Armada von Gerichtspsychologen entschleiert wird. Der Zweck der Kettensäge und der fleischzersetzenden Säuremittel wird in Anbetracht der Körperteile schnell deutlich. Aber was hat es mit dem Video auf sich, das in Dahmers Wohnung gefunden wird, «Die Rückkehr der Jedi Ritter»? Erfüllte auch die Bohrmaschine einen grausigen Zweck? Welche Bewandtnis hat es mit dem Lateinsprachkurs, den Räucherstäbchen, den blauen Glühbirnen, den Malfarben, den vielen Rumflaschen? Warum fanden sich zwar Unmengen von Würzmitteln in der Wohnung, aber keine Nahrungsmittel? Fragen, die Teile eines abscheulichen und rätselhaften Puzzles sind, welches erst nach Monaten der Verhöre und Grabungen, der Gutachten und Prozessaussagen zu einem Bild zusammengesetzt werden kann, einem Bild über die Abgründe der menschlichen Seele. Wie konnte Dahmer zu einem Massenmörder werden, ausgehend von dem unschuldigen Punkt, an dem er sein Leben begann?

Jeffrey Dahmer wird am 21. Mai 1960 in Milwaukee im US-Bundesstaat Wisconsin geboren. Sein Vater Lionel ist Chemiker und mit jenem spröden Charme ausgestattet, für den diese Berufsgruppe bei vielen Menschen berüchtigt ist; ein solider, langweiliger Mann, der wenig spricht und kaum Gefühle zeigt. Außer mit seiner Arbeit ist Lionel nebenbei noch mit Joyce verheiratet. Sie wiederum zeigt Gefühl im Übermaß. Wie Yukio Mishima in seiner Großmutter, so hat Jeffrey in seiner Mutter einen hypersensiblen, lärmempfindlichen Charakter als erste Bezugsperson. Ständig jammert sie über undefinierte Schmerzen, immerzu beklagt sie Muskelkrämpfe oder Kopfweh. Obwohl das Ehepaar stets in ruhigen Gegenden wohnt, obwohl Lionel seiner Frau wegen ständig umzieht, beschwert sich Joyce immer wieder über den Lärm der Nachbarn, über das Bellen eines Hundes oder das Weinen eines Kindes. Niemand kann ihr irgendetwas recht machen. Ihre Launen gehen bisweilen gewitterartig in wilden Jähzornsausbrüchen auf ihren Mann und den ältesten Sohn Jeffrey nieder, viel öfter aber zeigen sie sich in langen Perioden der Hypochondrie, des beständigen Selbstmitleids. Bald schon helfen ihr nur noch Schmerz- und Schlafmittel, die sie in stetig steigenden Dosen zu sich nimmt.

Da Lionel sich von früh bis spät im Labor der Firma versteckt, für die er arbeitet, bleibt Jeffrey meist auf sich allein gestellt. Seine ersten Hobbys – da ist er fünf oder sechs Jahre alt – erscheinen typisch für Kinder, die in ländlicher Umgebung aufwachsen, doch sie verlieren ihre Unschuld, wenn sie im Kontext seiner späteren Taten betrachtet werden. Jeffrey liebt Tiere, vor allem schrumpelige und glitschige Amphibien wie Kröten und Schildkröten; auch hält er sich Hunde, Katzen und Kaninchen. Auffällig ist vor allem sein Interesse für die in Museen ausgestellten Dinosaurier, überhaupt für alles, was mit der Vor- und Frühgeschichte der Menschheit zu tun hat. Überfahrene oder verendete Vögel und Eichhörnchen bringt er vorsichtig nach Hause, seziert sie, untersucht ihre Organe und ihre Anatomie und legt sie anschließend zwecks Austrocknung in Bleichlauge ein, die er vom Chemikervater bekommen hat. Anschließend bewahrt Jeffrey die Knochen auf, aber es kommt auch vor, dass er sie im Wald bestattet. Niemals tötet er selbst ein Tier oder quält es, denn nicht das lebende Wesen interessiert ihn, nicht das Sterben, sondern immer nur das Tote.

Als die Familie wieder einmal umzieht, besteht Joyce darauf, dass ihr knapp zehn Jahre alter Sohn alle Tiere weggeben muss, und auch der Vater stimmt dieser Maßnahme zu. Ein Schlag für den Jungen. Er fühlt sich von denen, die er liebt, betrogen und im Stich gelassen und entzieht ihnen sein Vertrauen. Von diesem Tag an ist er mürrisch und unnahbar. Sein Interesse für alle Gruppenaktivitäten schwindet, sowohl den Schulsport als auch das Spielen mit anderen Kindern verabscheut er, immer brötelt er alleine vor sich hin, verschließt sich in seinen Gedanken, niemanden lässt er mehr wirklich an sich heran. Die Familie schreitet kaum ein. Jahrelang beschäftigt Jeffrey sich damit, ein selbst erdachtes Spiel namens «Infinity Land» zu spielen: Strichmännchen, also Knochengerüste, die sich nicht zu nahe kommen dürfen, da sie sonst ausgelöscht werden, und deren Ziel es ist, in ein dunkles Loch zu gelangen – das Infinity Land, das Land der Unendlichkeit.

Im Alter von dreizehn Jahren wird Jeffrey von einem Zehnjährigen verführt. Eric Tyson, ein Junge aus der Nachbarschaft, lockt den schweigsamen, aber äußerlich attraktiven Jeffrey in sein Baumhaus. Dort zieht er sich aus, zieht auch Jeffrey aus und küsst ihn, umarmt ihn, streichelt seine Brust. Zum ersten Mal kommt Jeffrey in Kontakt mit seiner Sexualität, mit Erotik überhaupt, und auf Jahre hinaus wird die Erinnerung an jene Stunden mit Eric auch das Einzige sein, was Jeffrey von dieser Erotik bleibt. Insgesamt dreimal treffen die beiden Jungen sich in ihrem Versteck, tauschen Zärtlichkeiten aus. Jeffrey, der Unerfahrene, der Selbstbezogene, geht zum ersten Mal seit langer Zeit wieder eine Beziehung ein, die diesen Namen verdient: Ein Mensch, der sich für ihn interessiert und ihm eine neue Welt zeigt. Dass es ein kleiner, drei Jahre jüngerer Bube ist, spielt dabei für Jeffrey keine Rolle. Doch dann stellt Eric diese Begegnungen ein: zu gefährlich, wie er sagt. Ein weiteres Mal ist Jeffrey von einer wichtigen Bezugsperson enttäuscht worden. Und schlimmer noch, zum ersten Mal verknüpft Jeffrey Enttäuschung und Vergänglichkeit mit Sexualität, ein bedeutender Motivknoten für seine künftigen Verbrechen.

Während um den jugendlichen Jeffrey herum die Ehe seiner Eltern in einem Meer von gegenseitigem Hass ertrinkt, so ertrinkt er selbst im Alkohol. Mit vierzehn Jahren schon beschafft er sich heimlich Whisky und Schnaps, erscheint betrunken in der Schule und kann dem Unterricht kaum noch folgen. Der intelligente Bursche mit einem gemessenen IQ von einhundertundsiebzehn fällt innerhalb von zwei Jahren in fast allen Fächern durch – außer in Biologie, wo er mit seinen fundierten Kenntnissen aus dem Tierreich und der menschlichen Anatomie glänzt –, und nur mit

Hilfe gutmütiger Lehrer schafft er seinen High-School-Abschluss. In diesen Jahren sinnt Jeffrey jedoch über ganz andere Dinge nach als Schulnoten und Berufsperspektiven.

Ein gut aussehender, muskulöser Jogger, der jeden Morgen vor dem Haus der Eltern vorbeiläuft, fasziniert ihn. Diese an sich für einen jungen, schwulen Burschen nicht ungewöhnliche Leidenschaft erhält nur dadurch ihre Brisanz, dass Jeffrey gar nicht den Wunsch hat, mit dem Jogger zu reden oder zu schlafen, sondern ihn bewusstlos zu schlagen und dann anzustarren. Er stellt sich vor, wie seine Finger über den mächtigen Brustkorb des Sportlers fahren, wie sie seine Schultern liebkosen, die Bauchdecke, die Schenkel, und vielleicht würde der unbekannte Jogger tatsächlich Jeffrey erstes Opfer werden, wenn er nicht eines Tages ausbleiben und nicht mehr wiederkehren würde.

Im Juni 1978 wird die Ehe von Lionel und Joyce geschieden. Gleich nach der Scheidung verreist Joyce. Lionel zieht in ein Motel. Ein Missverständnis unter den geschiedenen Eltern führt dazu, dass Jeffrey mehrere Wochen allein in dem Haus lebt, weil jeder der beiden Elternteile glaubt, der Sohn befinde sich beim anderen. Zum ersten Mal in seinem Leben ist Jeffrey äußerlich ungebunden, aber diese Freiheit führt nur dazu, dass er die Phantasien, die ihn seit einiger Zeit heimsuchen, nicht mehr im Zaum halten kann. Er braucht einen Körper, den er streicheln kann, anstarren kann, und der nur ihm gehört – auf immer. Jeffrey will nichts mehr hergeben, woran er hängt.

Am 26. Juni 1978, wenige Wochen nach seinem achtzehnten Geburtstag, mitten in seiner Eremitenphase, fährt Jeffrey in einem alten Auto ein wenig durch die Gegend, scheinbar planlos. Er glaubt selbst, dass er es aus Langeweile tue, aber viel wahrscheinlicher ist, dass er an jenem Tag unbewusst nach jener Gelegenheit sucht, die sich ihm schließlich auch bietet: Ein junger Tramper, der wegen der großen Hitze mit freiem Oberkörper am Straßenrand der anderen Fahrspur steht. Jeffrey wendet den Wagen und bietet Steven Hicks aus Illinois an, mitzukommen und bei ihm zu Hause ein paar Biere zu trinken. Hicks willigt ein. Jeffrey spürt schnell, dass Hicks nicht schwul ist, und dass er sich niemals betasten lassen würde. Aber Jeffreys Begierden werden übermächtig, sie begnügen sich nicht länger mit Phantasien, mit Pornoheften und Kalenderbildern, sie verlangen nach einem Körper, nach einem realen, fleischlichen Körper, dem er Liebe schenken kann, ohne dass sie zurückgewiesen wird, der bei ihm bleibt und ihn nie wieder verlässt: Ohne es zu diesem Zeitpunkt schon geistig erfasst zu haben, sucht Jeffrey Dahmer nach einem Toten.

Nachdem sie ein paar Biere getrunken haben und Hicks gesagt hat, dass er bald weiter müsse, kann Jeffrey nicht länger an sich halten. Er greift nach einer Hantelstange und erschlägt Steven Hicks von hinten. Anschließend würgt er ihn minutenlang und lässt sich schließlich sowohl erschöpft wie befriedigt neben der Leiche nieder, er umarmt sie, streichelt sie, betrachtet sie genau. Und dann legt er sich auf die Leiche, masturbiert darauf.

Doch schon nach wenigen Minuten überwiegt sein Schrecken über die Tat und die Möglichkeit seiner Entdeckung. Gewiss, er ist allein in dem Haus, aber wie lange noch? Wo soll er eine Leiche verstecken? Ohne zu Zögern greift er zu der einzigen Möglichkeit, die ihm in den Sinn kommt, nämlich den Toten zu zerstückeln und in Müllsäcken zu verstauen. So geschieht es. In der Nacht macht er sich mit dem Auto auf den Weg, um die Säcke zu einer Schlucht zu fahren, doch eine Polizeistreife unter Officer Munsey kontrolliert ihn wegen auffälligen Fahrverhaltens. Munsey wirft auch einen Blick in den Kofferraum und erkundigt sich nach dem schrecklichen Gestank, der aus den Müllsäcken steigt. Hausmüll, den er zur Deponie fahren will, behauptet Jeff. Um diese Uhrzeit? Doch Jeff hat für alles eine Ausrede parat. Sechzehn Menschen könnten gerettet werden und Jeffrey selbst bliebe eine lange Leidenszeit erspart, wenn der Officer einen Blick in die Säcke werfen würde, doch er erteilt Jeffrey lediglich einen Strafzettel und lässt ihn dann ziehen. Jeff ist nach diesem Vorfall ziemlich nervös, und er wagt nicht, sein Vorhaben umzusetzen. Stattdessen fährt er zurück zu seinem Haus und versteckt die Müllsäcke in einem großen Abwasserrohr im Garten. Die Tat bleibt unentdeckt.

«Nachdem es passiert war, dachte ich, ich sollte einfach versuchen, so normal wie möglich weiterzuleben und das Ganze zu begraben, aber solche Dinge lassen sich nicht begraben.»

Tatsächlich versucht Jeffrey so manches, um «normal» zu werden. Er schreibt sich zum Beispiel an der Universität ein. Aber Steven Hicks lastet wie ein Fluch auf ihm. Es gibt keinen Tag, an dem Jeffrey die Erinnerung nicht überfällt, plötzlich und ohne Vorankündigung, beim Frühstück oder mitten in der Vorlesung, beim Duschen oder beim Einkaufen, immerzu sieht er das Bild des Toten vor sich, immerzu das blutige Gemetzel, das er an ihm verübt hat. Ohnehin schon ein standfester Trinker, flüchtet Jeffrey sich nun vollends in den vermeintlichen Trost des Alkohols. Nur in der Trunkenheit gelingt Jeffrey das völlige Vergessen, aber um den Preis der Abtötung aller Gefühle in ihm. Mehr denn je wird Jeffrey mürrisch und verschlossen, er entwickelt überhaupt keinen Humor mehr, lacht nicht, spricht nur noch mit eintöniger, an einen Roboter erinnernder Stimme. Jeffrey beginnt langsam, den Kontakt zum Leben zu verlieren.

Doch immerhin, eines gelingt ihm schließlich doch: Er tötet vorerst nicht. Er hat zwar nicht alle Facetten seiner Existenz unter Kontrolle – er trinkt, er gammelt, er lässt sich gehen, er fliegt von der Universität –, aber er beherrscht seine zwanghaften Gefühle. Zunächst tritt er auf Anraten seines Vaters in die Army ein. Lionel hofft, dass die Army seinen Sohn Disziplin lehrt, und anfangs scheint es sogar, als könnte es gelingen. Nach der Grundausbildung kommt Jeffrey in eine Sanitätseinheit, die in Deutschland stationiert ist. Von 1979 bis 1981 bleibt Jeffrey als einfacher Sanitätssoldat im rheinland-pfälzischen Ort Baumholder. Dort verhält er sich einigermaßen normal. Seine Kameraden finden ihn zwar seltsam, sie bemängeln seinen Alkoholkonsum und vermuten sogar ganz richtig, dass er «etwas verberge», aber sie schieben es darauf, dass er anscheinend homosexuell ist. Er wird eben einfach als Außenseiter angesehen, mehr nicht. Vermutlich verhält Jeffrey Dahmer sich in jenen Jahren wie viele Schwule, die bei Streitkräften ihren Dienst tun. In seiner Freizeit fährt er oft ins eine Autostunde entfernte Frankfurt am Main und blättert dort in einem Pornoladen einschlägige Magazine durch.

Nach Ablauf seines Vertrages mit der Army schlägt er

sich eine Weile als Barmann in Florida durch, bevor er im Dezember 1981 bei seiner gutmütigen, frommen Großmutter, der Mutter seines Vaters, im kleinstädtischen West-Allis / Wisconsin aufgenommen wird. Er macht ihr die Haus- und Gartenarbeit, als Gegenzug erhält er freie Kost und Logis; außerdem arbeitet er bei einem medizinischen Plasmacenter, wo er Spendern das Blut abnimmt.

Tatsächlich bessert Jeffrey sich zunehmend unter dem Einfluss der «netten alten Dame», wie er sie nennt. Mit dem unbewussten Vorsatz, die Vergangenheit zu zerstören, stattet er seinem Vater und dessen zweiter Ehefrau einen Besuch in Bath / Ohio ab, wo sie in jenem Haus leben, das die Leiche von Steven Hicks beherbergt. Während Vater und Stiefmutter außer Haus sind, holt er die vor fast vier Jahren im Abwasserrohr versteckten Überreste von Steven Hicks hervor und zerschmettert die Knochenreste mit einem großen Stein. Anschließend verteilt er die tausend Splitter im angrenzenden Wald. Steven Hicks soll damit endgültig ausgelöscht werden.

Und es scheint zu funktionieren. Fortan geht er regelmäßig mit seiner Großmutter in die Kirche, er studiert die Bibel, liest viele Bücher, pflegt brav den Garten, arbeitet zuverlässig und fleißig im Plasmacenter, trinkt kaum noch Alkohol, verdrängt seine wirren Phantasien, verdrängt seine ganze Sexualität. Alles, was mit Männern und mit Sexualität zu tun hat, schiebt Jeffrey weit von sich. Jahrelang kann er sich in diesem Zustand der Abstinenz halten, und die gesamte Familie glaubt schon bald, dass Jeffrey über den Berg sei.

Doch immer sind es die scheinbar nebensächlichen und

schnell vergessenen Begebenheiten, die eine Katastrophe herbeiführen. Wer weiß, ob diese künstliche Unterdrückung aller Triebe nicht noch Jahrzehnte oder sogar sein ganzes Leben lang gehalten hätte, wenn nicht jener verdammte Zettel gewesen wäre: Zwölf Worte, jedes wie ein Geschworener, verurteilen Dahmer und sechzehn Familien zu großem Leid. Während er in einer Bibliothek liest, geht eine männliche Gestalt an Jeffrey vorbei und lässt einen Zettel fallen, auf dem steht: «Komm in die Toilette im ersten Stock und ich blase dir einen». Jeder andere würde entweder empört oder gleichgültig den Zettel zerknüllen oder im anderen Fall die Einladung mit Interesse annehmen. Am nächsten Tag hätte man den Vorfall wohl schon vergessen.

Jeffrey jedoch ist kein herkömmlicher Mann. Er geht zwar nicht auf das Angebot des Unbekannten ein, aber es dauert nur wenige Tage, bis er wieder anfangen muss zu trinken, um seine Phantasien im Zaum zu halten. Bald darauf hilft auch das nicht mehr. Er geht nun abends in eine einschlägige Sauna, nicht jedoch, um zu flirten oder Sex zu haben, nein, um Männer mit hohen Schlafpulverdosen, die er ihnen heimlich in die Drinks schüttet, bewusstlos zu machen. Danach masturbiert er über den Regungslosen, ergötzt sich an den Brüsten, den Rippen und Schultern. Reichen ihm anfangs zwei bis drei Besuche pro Monat, erhöht sich der Takt im Laufe der Zeit. Als sich immer mehr Gäste über ihn bei der Leitung der Sauna beschweren, erhält er Hausverbot, doch das bewirkt lediglich, dass er seine Schlafmittel-Opfer in Bars aufgabelt und die Betäubung anschließend in einem Hotelzimmer vornimmt.

Doch so groß der Abstand von Jeffreys perfiden Coups auch ist, so sehr sie ihn für kurze Augenblicke auch befriedigen, so ungelöst bleibt bei all dem sein eigentliches Problem – das Verlassenwerden. Denn diese Betäubten erwachen irgendwann, er kann sie nicht behalten, nicht dauerhaft besitzen. Zunächst kommt er auf die Idee, den frisch bestatteten Leichnam eines jungen Mannes nachts auf dem Friedhof auszugraben und in Besitz zu nehmen; da aber der Boden gefroren ist, kann er sein Vorhaben nicht in die Tat umsetzen. Jeffrey Dahmer versucht so manches, um seine wirren Gelüste ohne körperlichen Schaden für Menschen auszuleben. Er versucht sogar, sich mit einer besonders echt aussehenden männlichen Schaufensterpuppe zu trösten, die er aus einem Store stiehlt, doch findet seine Großmutter diese Puppe so unheimlich und verdächtig, dass Jeffrey sie entsorgen muss. Am 21. November 1987 treffen schließlich Jeffreys unbewusste Machtgefühle die Entscheidung für ihn und setzen jene Mordserie in Gang, für die er bis heute berüchtigt ist.

Am Morgen des 22. November wacht Jeffrey Dahmer in jenem Hotelzimmer auf, in dem er mit dem hübschen, blonden Steven Tuomi auf seine übliche Weise (mit Schlafpulver) die Nacht verbracht hat. Das erste, was Dahmer spürt, ist ein Schmerz in beiden Händen, und dann sieht er bläulich unterlaufene Prellungen darauf. Neben ihm liegt Tuomi, tot, mit eingedrücktem, eingeschlagenem Brustkorb. Jeffrey erinnert sich an nichts, aber ihm ist sofort klar, dass er den jungen Mann getötet hat. Haben seine Hände bloß auf Tuomi eingeschlagen oder haben sie auch versucht, sich in den bewusstlosen oder gar schon toten Körper zu bohren? Hat er in einem Wahn versucht, an Tuomis Eingeweide zu gelangen?

Mittels eines großen Koffers, den er rasch in einem nahe gelegenen Store kauft, schafft er die Leiche Tuomis in den Keller des Hauses seiner Großmutter, zerstückelt sie dort, steckt sie – wie schon bei Hicks – in Säcke und stopft sie in einen Müllcontainer. Den Kopf behält er, kocht ihn in einem herkömmlichen Aluminiumtopf auf der Herdplatte und bewahrt ihn «als Andenken» einige Wochen auf, bevor er auch ihn beseitigt. Doch dieses Verbrechen ist das letzte, das von Dahmer «ungewollt» verübt wird.

Die beiden nächsten Morde an James Doxtator und Richard Guerrero verübt er im Hause seiner Großmutter, immer Samstag nachts. Während die Oma in ihrem Zimmer friedlich schläft, betäubt er die Gefährten mit Schlafpulver, erwürgt sie danach, praktiziert seine üblichen Rituale; während er mit der Oma am darauf folgenden Sonntag Vormittag frühstückt, erkaltet die Leiche in seinem Bett; während die Oma in der Kirche um des Enkels Seelenheil betet, zerstückelt er seine ermordeten Opfer. Jeff ist endgültig in jenem dunklen Loch angelangt, das er als Kind als Ziel des Spiels markierte, er ist in seinem grausigen Infinity Land:

«Es war ein beständiges und nie endendes Verlangen, um jeden Preis jemanden zu besitzen, jemanden, der gut aussah. – Es war überwältigend, einfach unerbittlich.»

Nur Tote kann Jeffrey lieben, und um also lieben zu können, muss er töten.

Da Jeffrey den letzten funktionierenden Rest seines Gewissens wieder mit Alkohol betäubt, gibt die Großmutter ihren Enkel auf und bittet ihn, auszuziehen. Er muss sich eine eigene Bleibe suchen und findet sie in einem heruntergekommenen Viertel von Milwaukee. Von dort aus kann er in den kommenden Jahren ungestört seine blutigen Streifzüge unternehmen, wobei er immer grausamer vorgeht. Überall findet er seine Opfer, in Bars, an Bushaltestellen, in schwulen Buchläden, auf Gay-Pride-Paraden. Er spricht sie an, ob sie nicht für ein paar Dollar bei ihm zu Hause ein bisschen nackt posieren oder Sex mit ihm haben wollen. Jeffrey ist zwar ungewöhnlich blass und spricht mit einem sonoren, gleichgültigen Tonfall, dennoch machen ihn seine blonden Haare, das markante, männliche Kinn und die vollen Lippen zu einem attraktiven Mann. Er findet fast immer jemanden, der auf sein Angebot eingeht, meist Farbige, aber ab und an auch Weiße. Seine Tötungsweise bleibt gleich, aber das, was er mit seinen toten Opfern anstellt, steigert sich ins Bestialische. Manche häutet er, andere werden in zerfressende Säuren eingelegt, wieder andere mit Bohrmaschinen durchlöchert oder gekocht:

«Ich zertrennte die Gelenke, die Armgelenke und Beingelenke, und musste den Topf zweimal füllen, um alles zu kochen.»

Einer Salome gleich liebkost er die abgeschnittenen Köpfe seiner Opfer, spricht mit ihnen und macht manchmal sogar Oralsex in ihren verzerrten Mündern. Irgendetwas behält er immer von den zerstückelten Toten zurück, Schädel, Knochen, ganze Skelette. Diese Stücke sind «heilige Objekte» auf seinem «Schrein».

Der «Schrein» verkörpert die religiöse Komponente in Jeffrey Dahmers Todesrausch. Ein schwarzes Tuch über das

Aquarium geworfen, vom Licht des Aquariums durchschimmert; wie von Kannibalen bemalte Knochen darauf verteilt; eine Lampe mit blauen Glühbirnen in der Mitte, die eine magische Stimmung schaffen soll; rechts und links aufgehängte Skelette; dazwischen überall qualmendes Räucherwerk, vor allem Weihrauch: das ist Dahmers Schrein.

Es ist keine wirklich religiöse Zeremonie, die Dahmer vor diesem Schrein vollzieht, sondern eher eine mystische Reliquienverehrung und die Anbetung und damit Legitimierung einer undefinierten, destruktiven Macht in seinem Innern. Jeffrey Dahmer ist nicht kreativ, er kann sich seinen Kult nicht selbst erschaffen, sondern muss ihn über eine Fiktion beziehen, aus einem Film. In «Die Rückkehr der Jedi Ritter» erscheint die Gestalt des Imperators, eines mönchisch gekleideten, bösartigen, knochigen, runzligen Mannes. Dieser Imperator wird Dahmers Vorbild, ihm eifert er nach, ihm opfert er die Knochen, seinen Kult der «dunklen Macht» übernimmt er, lediglich ergänzt um ein bisschen lateinisches Gemurmel aus dem Sprachkurs.

Er hat jeden Bezug zur Realität verloren. Nichts interessiert ihn mehr außer seinen Phantasien und dem Altar, an dem er ihnen opfert. Weder politische noch familiäre Geschehnisse, weder die Menschen in der Welt da draußen noch Hobbys noch seine eigene Gesundheit nehmen seine Gedanken auch nur für eine einzige Sekunde in Anspruch:

«Am Ende hatte ich an nichts anderem mehr Vergnügen, an gar nichts, nicht einmal an den alltäglichen Dingen. – Ich hatte kein Vergnügen daran, zum Essen auszugehen, ich fühlte mich einfach nur leer, frustriert und getrieben, immer weiterzumachen.»

Die Abstände zwischen seinen Morden verringern sich, und die Pannen häufen sich. Manchmal liegt es daran, dass er das Schlafpulver für seine Zwecke unzureichend dosiert, dass er nicht aufpasst und die nur Benommenen, nicht Bewusstlosen, auf die Straße taumeln. Eine dieser Pannen bringt ihm eine Verurteilung wegen «sexueller Notzucht» ein. Brav erscheint er bei den Bewährungshelfern, brav auch erscheint er zu seinen vom Gericht verordneten Therapiesitzungen, doch eine wirkliche psychiatrische Betreuung erhält Dahmer nicht. Und das, obwohl sein Vater das Gericht dringlich darum bittet: «Ich hoffe inständig, dass sie auf irgendeine Weise einschreiten, um meinem Sohn wirklich zu helfen», schreibt er. «Das könnte seine letzte Chance sein». Obwohl Lionel Dahmer und sogar die Therapeuten eine psychiatrische Einweisung empfehlen, da Jeffrey offensichtlich über ein gewalttätiges Potential verfüge, wird eine solche Maßnahme nie eingeleitet. Es bleibt bei einer geringfügigen Gefängnisstrafe, einer mehrjährigen Bewährung und gelegentlicher therapeutischer Zwangsbetreuung. Wirklich aufhalten können diese Maßnahmen Dahmer nicht.

Seine letzten Wochen in Freiheit verbringt Dahmer zwischen hunderten von Leichenteilen in seiner kleinen Wohnung. Anthony Sears, Raymond Smith, Ernest Miller, David Thomas, Curtis Straughter, Erroll Lindsey, Tony Hughes, Konerak Sinthasomphone, Matt Turner, Jeremiah Weinberger, Oliver Lacy und Joseph Bradehoft sind von ihm dort getötet und auf irgendeine Weise aufbewahrt worden. Dahmer stopft die Tiefkühltruhe mit menschlichen Körperteilen voll, er duscht neben verwesenden Leichen, er brät sich menschliche Oberarme, würzt sie scharf. Er schläft und isst in einer Wohnung, die den Gestank des Todes in sich und auch nach außen trägt. Die Ermahnungen des Hauswarts führen immer nur kurzzeitig zur Besserung. Schließlich wird Dahmer die Wohnung gekündigt. Er müsste wissen, dass dies sein Ende bedeutet, denn wie soll er vor seinem Umzug dieses Dutzend Leichen verschwinden lassen, wie unerkannt bleiben mit solch einer stinkenden Fracht? Doch Dahmer lebt ja schon lange nicht mehr in der Wirklichkeit, sondern in einer konstruierten, illusionären Welt. Er unternimmt nichts, seine Sachen zu packen, und es ist nur noch eine Woche bis zum vorgeschriebenen Auszug. In diese Tage fällt seine letzte Tat, an der er scheitern wird oder besser: die ihn erlöst. Es scheint fast, als habe Jeffrey Dahmer im tiefsten Innern seine Verhaftung gewollt, um der selbst erschaffenen Hölle zu entfliehen.

Am späten Abend des 22. Juli 1991 gelingt es dem zweiunddreißigjährigen Tracy Edwards aus Dahmers Wohnung zu fliehen, nach dem dieser versucht hatte, ihn mit Handschellen zu fesseln. An Tracy Edwards linkem Handgelenk baumeln noch diese Handschellen, als er auf die Polizeistreife der Officers Mueller und Rauth trifft und sie stoppt. Edwards erklärt, ein «Freak» habe ihn zu ketten versucht und bittet die Cops, ihn von den metallenen Fesseln zu befreien. Hätten die Schlüssel der Officers gepasst, wäre Dahmer erneut davongekommen, doch da das nicht der Fall ist, sind die Polizisten gezwungen, den «Freak» aufzusuchen.

Edwards führt sie zu der Wohnung Dahmers. Dieser öffnet auch die Tür, lässt die Cops sogar ins Wohnzimmer ein, und erwidert auf die Frage nach dem Schlüssel für die Handschellen, sie lägen im Schlafzimmer. Mueller geht ins Schlafzimmer, doch außer dem Schlüssel findet er auch noch Polaroid-Fotos von entsetzlich verstümmelten Leichen, die offenkundig in eben jenem Zimmer aufgenommen wurden, in dem Mueller jetzt steht. Er sagt seinem Kollegen, er solle gut auf den Verdächtigen aufpassen, fordert per Funk Verstärkung an und öffnet schließlich zwecks erster oberflächlicher Durchsuchung der Wohnung den Kühlschrank.

Der Kreis schließt sich. Fassungslos und bleich über seine entsetzliche Entdeckung geht Mueller ins Wohnzimmer zurück, wo ihn Dahmer mit den Worten empfängt: «Für das, was ich getan habe, verdiene ich den Tod.»

Die in den Tagen darauf stattfindenden Vernehmungen enthüllen das Ausmaß von Dahmers Verbrechen. Dahmer hält keine Information zurück, beschreibt seine Taten bis ins kleinste Detail, ganz so, als würde er über jemand anderen sprechen, nicht über sich. Aus den Vermisstenkarteien identifiziert er seine Opfer, «damit wenigstens die Familien Gewissheit bekommen», wie er sagt.

Und dann stellt sich noch ein unfassbarer Zufall heraus: Der vernehmende Lieutenant stellt beim Studium von Dahmers Polizeiakten fest, dass er selbst es war, der dem Mörder vor dreizehn Jahren einen Strafzettel wegen verkehrsgefährdenden Verhaltens erteilt hat. Hätte er damals einen einzigen Blick in die stinkenden Säcke mit der Leiche von Steven Hicks geworfen, würde er damit sechzehn jungen Menschen das Leben gerettet haben.

Jeffrey Dahmer erfährt vom Gericht keine Milde. Er wird für zurechnungsfähig erklärt und zu neunhundert Jahren Haft verurteilt. Doch sitzt er davon nur drei Jahre ab. Am 28. November 1994 wird Jeffrey Lionel Dahmer von einem Mithäftling des Columbia Prison erschlagen.

Literatur

Alexander der Große

Gerhard Wirth: Alexander der Große. rororo 1973
Siegfried Lauffer: Alexander der Große. dtv 1978
Wolfgang Will: Alexander der Große. Verlag W. Kohlhammer 1986

Heliogabal

Ivar Lissner: So lebten die römischen Kaiser. Walter Verlag 1969
Gisela Gottschalk: Die großen Cäsaren. Scherz Verlag 1980
Reinhard Raffalt: Große Kaiser Roms. Piper Verlag 1986

Sixtus IV.

Soldan / Heppe: Geschichte der Hexenprozesse. Phaidon Verlag 1997
Henry Charles Lea: Geschichte der spanischen Inquisition. Greno 1988
Hermann Schreiber: Geschichte der Päpste. Gondrom Verlag 1989
Eric Lacanau / Paolo Luca: Die sündigen Päpste. Bastei Lübbe 1990
Biographisch-Bibliographisches Kirchenlexikon1995
Siegfried Obermeier: Die unheiligen Väter. Bastei Lübbe 1998
Horst Herrmann: Sex & Folter in der Kirche. Orbis Verlag 1998
Nigel Cawthorne: Das Sexleben der Päpste. Benedikt Taschen Verlag 1999

Friedrich der Große

Wolfgang Venohr: Fridericus Rex. Gustav Lübbe Verlag 1985

G. P. Gooch: Friedrich der Große. Heyne 1986
Christian Graf von Krockow: Die preußischen Brüder. dtv 1998
Christopher Duffy: Friedrich der Große. Patmos 2001

Maximilien Robespierre

Stefan Zweig: Joseph Fouché. Fischer 1952
Albert Camus: Der Mensch in der Revolte. Rowohlt 1969
Max Gallo: Robespierre. Stalling 1970
Friedrich Sieburg: Robespierre. Ullstein 1988
Norman Hampson: Saint-Just. Steidl Verlag 1992
Maximilien Robespierre: Robespierre. AL 2001
Louis A. Saint-Just / Maximilien Robespierre: Die Französische Revolution, AL 2001

Alfred Redl

Egon Erwin Kisch: Wie ich erfuhr, dass Redl ein Spion war. Aufbau 1961
Georg Markus: Der Fall Redl. Ullstein 1986

Ernst Röhm

Joachim C. Fest: Das Gesicht des Dritten Reiches. Piper Verlag 1963
Otto Gritschneider: «Der Führer hat Sie zum Tode verurteilt». C. H. Beck 1993
Roland Müller / Uwe Kawohl (hrsg.): Die «Röhm-Affäre». BdWI-Verlag 1999

J. Edgar Hoover

J. M. Charlier / P. Demaret: Der Bulle: J. Edgar Hoover im FBI. Dt. Buch-Gem. 1976
Giuliana Muscio: Hexenjagd in Hollywood. Verlag Neue Kritik 1982
Anthony Summers: J. Edgar Hoover: Der Pate im FBI. Langen Müller 1993

Yukio Mishima

Yukio Mishima: Geständnis einer Maske. Rowohlt 1985

Marguerite Yourcenar: Mishima oder Die Vision der Leere. Fischer 1988

Henry Scott Stokes: The Life and Death of Yukio Mishima. Farrar, Strauss & Giroux 1995

Michael Kühnen

Richard Stöss: Die extreme Rechte in der Bundesrepublik. Westdt. Verl. 1989

T. Assheuer / H. Sarkowicz: Rechtsradikale in Deutschland. Beck 1990

Michael Schmidt: Heute gehört uns die Straße ... Econ Verlag 1993

Franziska Hundseder: Stichwort Rechtsextremismus. Heyne Verlag 1993

Franziska Hundseder: Rechte machen Kasse. Knaur 1995

Jeffrey Dahmer

Robert J. Dvorchak: Wer ist Jeffrey Dahmer? Bastei Lübbe 1992

Don Davis: Jeffrey Dahmer. Heyne 1992

Brian Masters: Todeskult: Der Fall Jeffrey Dahmer. Rowohlt 1995

(Kursiv gesetzte Buchangaben beziehen sich auf inzwischen vergriffene Titel, die allenfalls noch in Bibliotheken ausgeliehen werden können.)

Inhalt

Die Auflösung des „Bilderrätsels" auf dem Buchumschlag.

Von links (Buchrückseite) nach rechts sind abgebildet:

Heliogabal, Röhm, Alexander der Große, Robespierre, Dahmer, Mishima, Hoover, Sixtus IV., Kühnen, Friedrich der Große

Victor Aadlon

HEIM & GARTEN

Roman

ISBN 3 928983 98 9

In seinem vielbeachteten Debut «Alles im Fluss» geriet Aadlons erfolgreicher Werbemann Carl in die Midlife-Krise. «Heim & Garten» erzählt, wie es weitergeht: Aadlon schildert in der für ihn typischen Mischung aus witzigem Plauderton und Suche nach der eigenen Wahrheit die Wiederbegegnung mit den Personen und Orten der Kindheit. Nach einer Reise in die eigene Vergangenheit kehrt Carl der Großstadt den Rücken und zieht aufs Land.

Kaum je habe ich ein Buch gelesen, in dem das Spektakuläre, das Sensationelle so hintangestellt ist zu Gunsten einer Betonung des scheinbar Nebensächlichen, zu Gunsten einer sogenannten Unterströmung, die einen sogenannten Überbau nicht vermissen lässt, weil das nervöse Hin und Her unter der Oberfläche den eigentlichen Reiz, die tatsächliche Farbenfülle ausmacht.

Walter Foelske in *Queer*

MännerschwarmSkript Verlag

Bernd-Ulrich Hergemöller

SODOM UND GOMORRHA

Zur Alltagswirklichkeit und Verfolgung Homosexueller im Mittelalter
ISBN 3 928983 81 4

«Sodom und Gomorrha» faßt Forschungsergebnisse über gleichgeschlechtliches Leben im Jahrtausend zwischen 500 und 1500 zusammen.
Neben dem Aspekt der Verfolgung behandelt der Band die Alltagssituation der «Sodomiter» und frühe Formen einer «Subkultur». Eine klare Trennung zwischen Text und Anhang gewährleistet, dass das Buch wie ein «Lesebuch» aufgenommen werden kann. Die Register dienen einer schneller Erschließung des Textes unter speziellen Forschungsgesichtspunkten.

«Sodom und Gomorrha» macht auf eine hartnäckige Forschungslücke der deutschen Mediävistik aufmerksam, die das Thema Homosexualität bislang stillschweigend ausgespart hat. (...) «Sodom und Gomorrha» kann als Grundstein einer zukünftigen *queer*-Mediävistik gelten.

Bertina Mathes in *Zeitschrift für Germanistik*

MännerschwarmSkript Verlag